増補改訂版

会社法
中小企業
モデル定款

株式譲渡制限会社定款参考例

全国中小企業団体中央会／編

第一法規

はじめに

　平成18年5月1日から施行された会社法では、定款自治が拡大されたことにより、定款に委ねられた規定が非常に多く存在し、商法では法律事項であった項目についても、定款自治範囲が拡大したことから経営の自由度が高まりました。

　特に、機関設計については、機関設計の自由度を高め、圧倒的多数の中小会社（株式譲渡制限会社）においても、柔軟な会社経営を実現することが可能となっていることから、極めてスリムな機関設計でスタートし、会社の成長に応じて機関設計を変えていくために参考となる定款参考例が求められていました。

　そこで、全国中小企業団体中央会では、平成17年度に「株式譲渡制限会社定款参考例策定委員会」を設置し、「株式譲渡制限会社における定款参考例」を策定するとともに、平成19年度には、上記の定款参考例の改訂を行い、バリエーションに富む機関設計を掲載した定款参考例をとりまとめてきたところです。そして、平成22年度においては、これらの集大成として、実務として広く一般的に利用されている定款参考例と、新事業等に果敢に挑戦できる定款参考例をとりまとめました。

　本定款参考例は、これから株式譲渡制限会社を設立することをお考えになっておられる方、あるいは、特例有限会社から株式会社に移行することをお考えになっておられる方、さらに、現在株式会社であって、実態に合った定款に変更することをお考えになっておられる方の参考に供しようとするものです。本書を活用され自由闊達な事業活動を展開していただくことを願ってやみません。

最後に、本事業の委員長である大野筑波大学教授、全原稿を確認しご調整いただきました委員長代行の北沢弁護士並びにご支援ご協力を賜りました委員各位に対しまして、深く感謝の意を述べさせていただきます。

平成23年7月

全国中小企業団体中央会

「株式譲渡制限会社定款参考例改訂委員会」
委員名簿・専門委員名簿

【委員長】

大 野 正 道　　筑波大学大学院ビジネス科学研究科企業法学教授・
　　　　　　　　弁護士

【委員長代行】

北 沢 　 豪　　弁護士（阿部・田中・北沢法律事務所）

【委員】

山 田 秀 雄　　弁護士（山田・尾﨑法律事務所）
鯖 田 豊 則　　東京国際大学商学部教授・公認会計士・中小企業診
　　　　　　　　断士
白 井 輝 次　　税理士（コンパッソ税理士法人代表社員）
山 田 和 江　　税理士（税理士法人東京合同代表社員）
安 田 善 美　　司法書士（安田善美司法書士事務所）

【専門委員】

松 嶋 隆 弘　　日本大学法学部教授・弁護士（みなと協和法律事務
　　　　　　　　所）
受 川 環 大　　駒澤大学大学院法曹養成研究科教授
大久保 拓 也　　日本大学法学部准教授
山 田 信 之　　司法書士（司法書士山田信之事務所）
久 我 祐 司　　司法書士（司法書士久我事務所）
土 屋 文 博　　弁護士（春日部法律事務所）

定款例の利用について

1 本書のうち、定款例 A ないし C 及び特例有限会社の定款例は、一般的に利用されているものを踏まえて作成されていますが、本書のそれ以外の部分は必ずしも一般といえない定款条項を含んでいます。これは、主として、以下の理由によります。

　すなわち、本書は、①非公開会社・特例有限会社に適用されるべき法理は社団法理ではなく、準組合法理（後述第2部第1編1．参照）であり、②定款作成の法律的性質は合同行為ではなく契約であるとする立場に立っていますが、わが国においては、社団法理・合同行為説が判例通説とされているからです。

　定款例 A ないし C 及び特例有限会社の定款例は、わが国の判例通説及び実務においても問題なく通用する条項によって構成しました。これに対し、他の定款例は、主として、準組合法理・契約説に基づき、ドイツ有限会社実務において用いられている条項を日本法に適合するよう修正したチャレンジングなものですが、先例が乏しく、その有効性が明らかでないものも含まれています。

2 会社の設立に際しては定款を作成する必要がありますが、株式会社の設立の場合については、公証人の認証を受けなければ定款は効力を生じません（会社法30条1項）。これに対し、定款変更の際は、公証人の認証は不要とされています。前記のとおり、本書に含まれている定款条項には、定款の認証及登記の局面において、効力を否定的に判断される可能性のあるものがあり、以下の点に留意いただく必要があります。

(1) 有効性が必ずしも明確でない定款条項の導入は、実際上、定款変更によらざるを得ず、また、商業登記に関連するものは、当面、使用を避けざるを得ないと思われます。

(2)　有効性が必ずしも明確でない定款条項を導入した場合、これをめぐって訴訟が提起され、その効力が裁判所によって否定されることもあり得ます。よって、そのようなリスクを伴う条項であることを踏まえたうえで導入するかどうかを判断する必要があります。

(3)　有効性が必ずしも明確でない定款条項の導入を依頼者に勧める専門家は、前記の事項を依頼者に十分説明し、そのリスクを周知徹底する必要があります。

目　次

はじめに

定款例の利用について

序　論

- 第1編　定款自治の拡大――――――――――――――――――3
  - 1．定款の記載（記録）事項……………………………………… 3
  - 2．定款自治に関する解釈………………………………………… 4
  - 3．任意的記載（記録）事項と定款変更………………………… 5
- 第2編　非公開会社の機関設計―――――――――――――――6
  - 1．株式譲渡制限の意義…………………………………………… 6
  - 2．機関設計………………………………………………………… 7
    - (1)　機関の設置に関する定款例　7
    - (2)　会社法における機関設計のルール　8
    - (3)　大会社でない非公開会社における機関設計　9
  - 3．会計参与………………………………………………………10
    - (1)　会計参与の意義　10
    - (2)　会計参与の設置　12
    - (3)　会計参与の義務及び権限　13
    - (4)　会計参与の選任及び解任　15
    - (5)　会計参与の任期　17
    - (6)　会計参与の報酬等　17
    - (7)　会計参与の損害賠償責任の軽減　18

第1部 基本編

第1編　定款例A【株主総会＋取締役】─────────────23
 第1章　総則［1－4条］　*26*
 第2章　株式［5－11条］　*33*
 第3章　株主総会［12－19条］　*45*
 第4章　取締役［20－25条］　*56*
 第5章　計算［26・27条］　*69*
 第6章　附則［28－31条］　*72*

第2編　定款例B【株主総会＋取締役＋監査役】──────77
 第1章　総則［1－4条］　*80*
 第2章　株式［5－11条］　*81*
 第3章　株主総会［12－19条］　*84*
 第4章　取締役［20－25条］　*88*
 第5章　監査役［26－29条］　*91*
 第6章　計算［30・31条］　*95*
 第7章　附則［32－35条］　*96*

第3編　定款例C【株主総会＋取締役会＋監査役】─────99
 第1章　総則［1－4条］　*102*
 第2章　株式［5－11条］　*103*
 第3章　株主総会［12－19条］　*107*
 第4章　取締役、取締役会及び代表取締役［20－30条］　*111*
 第5章　監査役［31－36条］　*119*
 第6章　計算［37・38条］　*122*
 第7章　附則［39－42条］　*123*

第4編　特例有限会社の定款例────────────────127
 第1章　総則［1－4条］　*131*
 第2章　株式［5－9条］　*133*

第3章　株主総会［10－17条］ *137*

　　　第4章　株主総会以外の機関［18－22条］ *141*

　　　第5章　計算［23・24条］ *148*

　　　第6章　附則［25条］ *150*

第5編　個別に追加する条項 ──────────────── 153

　第1章　株　式 ──────────────────── 153

　　1．株式の準共有 ……………………………………… 153

　　2．全部の株式についての特別の定め …………………… 157

　　　⑴　株式の譲渡制限　*157*

　　　⑵　取得請求権付株式　*159*

　　　⑶　取得条項付株式　*160*

　　3．種類株式 …………………………………………… 163

　　　⑴　発行可能株式総数等　*163*

　　　⑵　議決権制限株式　*164*

　　　⑶　拒否権付種類株式　*166*

　　　⑷　全部取得条項付種類株式　*168*

　　4．株式の譲渡制限 …………………………………… 171

　　　⑴　株式の譲渡制限　*171*

　　　⑵　みなし承認の定め　*174*

　　　⑶　指定買取人の定め　*175*

　第2章　株主総会 ─────────────────── 178

　　1．株主総会の招集等 ………………………………… 178

　　2．株主総会の決議の方法 …………………………… 181

　　3．株主総会における議決権の代理行使 …………… 183

　　4．株主総会の決議・報告の省略 …………………… 185

　第3章　取締役・取締役会・監査役 ─────────── 192

　　1．所有と経営の一致 ………………………………… 192

　　2．取締役の資格 ……………………………………… 194

　　3．取締役の任期 ……………………………………… 195

4．取締役会の招集権者及び議長 ························198
　　5．取締役会の決議の省略 ································200
　　6．取締役会への報告の省略 ······························202
　　7．所有と経営の一致 ····································203
　　8．監査役の権限 ··204
　　9．監査役の任期 ··205
　第4章　定款の変更 ─────────────────209

第2部　応用編

第1編　総則的規定 ─────────────────215
　　1．定款と準組合法理 ····································215
　　2．会社の非公開性 ······································224
　　3．定款自治 ··226
　　4．株主の権利に関する属人的定め ························229
第2編　譲渡条項等 ─────────────────233
　　1．譲渡条項 ··233
　　2．制限的承継条項 ······································255
　　3．消却条項 ··260
第3編　補償条項 ──────────────────265
第4編　退社・除名 ─────────────────277
　　1．退社条項 ··277
　　2．除名条項 ··281
第5編　ドイツ有限会社定款 ────────────287
　　1．有限会社の設立手続の概要と設立証書 ··················287
　　2．定款の法的性質・記載事項と規定例 ····················289

目 次

第3部　条文編

定款例A【株主総会＋取締役】……………………………………301
定款例B【株主総会＋取締役＋監査役】…………………………307
定款例C【株主総会＋取締役会＋監査役】………………………314
特例有限会社の定款例 ………………………………………………323

序　論

第1編　定款自治の拡大 …………………………… 3

第2編　非公開会社の機関設計 …………………… 6

第1編

定款自治の拡大

1．定款の記載（記録）事項

　定款に定めることができるものには、①絶対的記載（記録）事項、②相対的記載（記録）事項、③任意的記載（記録）事項がある。

① 絶対的記載（記録）事項

　　これは、定款に必ず記載（記録）しなければならない事項であって、記載（記録）がなければ定款の効力が認められない事項である。株式会社については、(1)目的、(2)商号、(3)本店の所在地、(4)設立に際して出資される財産の価額又はその最低額、(5)発起人の氏名又は名称及び住所（会社法27条各号）、並びに、(6)発行可能株式総数（会社法37条1項）がこれに当たる。

　　(1)から(5)までの事項は、公証人の認証（会社法30条）の対象となる原始定款に定めておかなければならない。これに対して、(6)は定款の認証時点に定められている必要はなく、会社の成立時（すなわち設立登記時（会社法49条））までに、発起人全員の同意（発起設立の場合）又は創立総会の決議（募集設立の場合）で定めれば足りる（会社法37条1項、98条）。

② 相対的記載（記録）事項

　　これは、その記載（記録）がなくとも定款の効力には影響しないが、当該事項自体の効力を発生させるためには定款に定めを置く必要がある事項である。変態設立事項（会社法28条）や公告の方法（会社法939条）等がこれに当たる。

　　変態設立事項（現物出資、財産引受け、発起人の報酬・特別利益、

設立費用）が相対的記載（記録）事項とされているのは、それに該当する事項の効果を成立後の会社に帰属させると、当該会社は設立の当初から重大な負担を負う危険性があるためである。そこで、⑴原始定款に定め、⑵原則として裁判所の選任する検査役の調査を受け、その結果に基づいて定款変更が強制される（会社法33条）。

③　任意的記載（記録）事項

これは、定款への記載（記録）は定款自体の効力にも当該事項の効力発生にも影響しないが、定款に規定することで会社の自治法規として扱われる事項である。代表的なものを挙げると、株主総会の議長、取締役の員数、取締役会の招集権者、事業年度等である。

2．定款自治に関する解釈

②や③に当たる事項は多様であり、特に③は法律の規定に違反しないものであれば規定することができる（会社法29条）ので、さまざまな事項を記載（記録）することできるはずである。

これに関して、会社法の立法担当者は、基本的に会社法のすべての規定を強行規定としたうえで、定款自治が認められるべき規律についてはその旨が明らかになるように一定の方向付けを行ったとしている（相澤哲＝郡谷大輔「会社法制の現代化に伴う実質改正の概要と基本的な考え方」商事法務1737号16頁（平成17年））。すなわち、会社法は「定款に別段の定め」を設けることができる事項は列記している（会社法89条1項、139条1項、309条1項等）から、法律上定款に対する言及がなく（解釈上）定款に別段の定めを置くことができる事項は認められないとする（相澤哲＝郡谷大輔「新会社法の解説（2）会社法総則・株式会社の設立」商事法務1738号12〜13頁（平成17年））。その理由として、解釈上定款の定めを設けられる事項を許容することは、法的安定性に欠け、実務上の取扱いとしても適切な運用をすることが困難な場合が生じ得ることを挙げる。

この見解については、立法の方向性はともかく、会社法の個々の条文の強行法規制は依然として解釈によって定まると考えるべきであり（奥島孝康ほか編『新基本法コンメンタール　会社法１』別冊法学セミナー204号83頁〔山本爲三郎執筆〕、平成22年）、法律が特に定款自治を認めていない限り他のオプションをすべて排除するという立法政策が正当化されるか、明文の規定により認められた定款自治の限界につき解釈の余地がある以上、定款自治の範囲の完全な明文化は不可能である等の理由から、批判が強い（江頭憲治郎＝門口正人編集代表『会社法大系（１）会社法制・会社概論・設立』12～14頁〔江頭憲治郎執筆〕、青林書院、平成20年、江頭憲治郎『株式会社法（第３版）』52頁、有斐閣、平成21年）、江頭憲治郎編『会社法コンメンタール（１）総則・設立（１）』328～348頁〔森淳二朗執筆〕、商事法務、平成20年、酒巻俊雄＝龍田節編集代表『逐条解説会社法（３）総則・設立』276～277頁〔酒井太郎執筆〕、中央経済社、平成20年）、松井信憲『商業登記ハンドブック（第２版）』78～79頁、商事法務、平成21年）。それを踏まえると、法律の規定に反しない事項であれば、会社法が明文で「定款に別段の定め」を設けることができると定めるルール以外のルールについても、必要に応じて設けることができると解すべきである。

3．任意的記載（記録）事項と定款変更

　（①・②は当然）③を定款に規定した場合、当該事項の変更や定款からの削除については定款変更の手続が必要となる（会社法466条、309条２項11号。奥島ほか編・前掲書83頁〔山本執筆〕）。これによって、定款に定めた内容を簡単に変更することができなくなる。

　　　　　　　　　　　　　　　　　　　　　　　　　　（大久保拓也）

第2編

非公開会社の機関設計

1．株式譲渡制限の意義

　株式（細分化された割合的単位の形をとる株式会社の社員としての地位をいう。）は、自由に譲渡できるのが原則である（会社法127条）。株式会社は元来、出資者を広く集めて大規模な企業として展開することが予定されているところ、出資者を広く集めるためには、必要なときにいつでも株式を譲渡して投下資本を回収できることを保証しておく必要があるからである。

　しかしながら、現実には広く出資者を集めて大規模な展開を予定する会社はごく一部である。大多数の会社は中小規模であり、そこでは、同族会社や同じ志を持つ者同士でつくった会社のように株主の個性が重視されることが通常である。このような会社にとって、外部者や、考え方・利害関係の異なる者らが容易に参加できると困るであろう。

　そこで、法は、会社にとって好ましくない者が株主として参加することを防止できるように、定款をもって、株式の譲渡につき株式会社の承認を要する旨を定めることができると規定している（会社法107条1項1号）。

　定款により株式の譲渡制限条項が付されている場合には、当該株式会社の承諾がなければ、その効力を会社に対抗することができない。

　もっとも、会社の承諾がなくても、当事者間では譲渡は有効となる。当事者は会社に対して譲渡承認請求をすることができ、これを受けた会社は、自己又は指定買取人が買い取らない限り、譲渡を承認したものとみなされる（会社法136条〜145条）。したがって、譲渡制限株式につい

ても株主の譲渡による投下資本回収の手段は確保されているといえよう（相澤哲ほか編著『論点解説　新・会社法』135頁、商事法務、平成18年）。

2．機関設計

(1) 機関の設置に関する定款例

〈例1〉

（機関の設置）
第1条　当会社は、株主総会及び取締役のほか、次の機関を置く。
(1) 取締役会
(2) 監査役
(3) 監査役会
(4) 会計監査人

〈例2〉

（機関の設置）
第1A条　当会社は、株主総会及び取締役のほか、会計参与を置く。

（機関の設置）
第1B条　当会社は、株主総会及び取締役のほか、取締役会、指名委員会、監査委員会及び報酬委員会を置く。

（機関の設置）
第1C条　当会社は、株主総会及び取締役以外の会社法第326条第2項に定める機関を置かない。

序論

(2) 会社法における機関設計のルール

　会社法は、株式会社の機関構成について、最小限、株主総会と取締役で足りるとしている。出資者が1人で会社を設立し、運営することができるようにするためである。

　ところで、中小規模の会社にあっても、その実態は家族的経営のものから将来の株式公開を予定したものまでさまざまである。また、株主によっては、会社の規模にかかわらず、経営者への権限集中による弊害や会社の違法行為を監視し阻止する仕組みを構築したいとの要望もあろう。

　そこで、会社法は、資本金の額等にかかわらず、定款の定めにより、取締役会、会計参与、監査役会、会計監査人又は委員会という機関を置くことを認めた（会社法326条2項）。それ故、小規模会社であっても、大会社と同様の機関設計をとることが可能となっている。

　もっとも、機関設計には一定の制約、ルールが存する。会社法は、株式会社につき、公開会社（会社法2条5号）か否か、大会社（会社法2条6号）か否かの区分に応じて、その機関設計に一定のルールを定めている。

　会社法における機関設計のルールは、主に次のとおりである。

　ⅰ　株式会社は、株主総会及び1人又は2人以上の取締役を必ず置かなければならない（会社法295条、326条1項）。

　ⅱ　株式会社は、定款の定めによって、取締役会、会計参与、監査役、監査役会、会計監査人又は委員会を置くことができる（会社法326条2項。なお、設置する場合にはその旨の登記も必要である。会社法911条3項15～19号、22号）。

　　　特例有限会社は、監査役のみを置くことができる（会社法の施行に伴う関係法律の整備等に関する法律（以下「整備法」という。）17条1項）。なお、通常の株式会社の場合と異なり、監査役を置く旨は登記事項ではない（整備法43条1項）。

　ⅲ　取締役会を設置する場合、取締役は3人以上でなければならない

（会社法331条4項）。

iv 監査役会を設置する場合、監査役は3人以上で、そのうち半数以上は社外監査役でなければならない（会社法335条3項）。

v 公開会社、監査役会設置会社、委員会設置会社は、取締役会を置かなければならない（会社法327条1項）。

vi 取締役会設置会社（委員会設置会社を除く。）は、監査役を置かなければならない。

　ただし、非公開会社については、会計参与を設置するならば監査役を置かなくてよい（会社法327条2項）。

vii 会計監査人設置会社（委員会設置会社を除く。）は、監査役を置かなければならない（会社法327条3項）。

viii 委員会設置会社は、監査役を置いてはならない（会社法327条4項）。

ix 委員会設置会社は、会計監査人を置かなければならない（会社法327条5項）。

x 大会社（公開会社でないもの及び委員会設置会社を除く。）は、監査役会及び会計監査人を置かなければならない（会社法328条1項）。

xi 公開会社でない大会社は、会計監査人を置かなければならない（会社法328条2項）。

(3) 大会社でない非公開会社における機関設計

以上の機関設計のルールを前提に、大会社でない非公開会社（特例有限会社を除く[※1]）において取り得る機関設計は、次のとおりである。

① 株主総会＋取締役（＋会計参与[※2]）

② 株主総会＋取締役＋監査役（＋会計参与）

③ 株主総会＋取締役＋監査役＋会計監査人（＋会計参与）

④ 株主総会＋取締役会＋会計参与

⑤ 株主総会＋取締役会＋監査役（＋会計参与）

序論

⑥　株主総会＋取締役会＋監査役会（＋会計参与）
⑦　株主総会＋取締役会＋監査役＋会計監査人（＋会計参与）
⑧　株主総会＋取締役会＋監査役会＋会計監査人（＋会計参与）
⑨　株主総会＋取締役会＋委員会＋会計監査人（＋会計参与）

※1　特例有限会社において任意に設置できるのは監査役のみである。
※2　④以外については会計参与を任意に設置できる。

　ところで、廃止された有限会社法においては、社員総会と取締役は必置の機関であったが、取締役会制度は設けられておらず、監査役は置いても置かなくてもよかった。会社法は、かかる有限会社の簡便な機関設計を株式会社において可能としている。そこで、従前の有限会社のごとき小規模の会社にあっては、上記①又は②が選択しやすいであろう。
　他方、平成17年改正前商法下では、株式会社においては取締役会及び監査役が必置の機関であり、会社法施行後も存続する株式会社にあっては、その定款には取締役会及び監査役を置く旨の定めがあるものとみなされる（整備法76条2項）。そこで、会社法施行前から存続する株式会社が従前の機関設計を引き継ぐ場合には⑤となるが、新たに④の機関設計も検討の余地があろう（3．会計参与の箇所を参照）。
　監査役会、委員会の設置は、これにより比較的高度の企業統治構造を構築することが可能となるが、機関構成が複雑となることもあり、中小企業においてはあまり利用されていないようである。また、会計監査人の設置は、中小企業にとっては費用面からみて現実的でなく、むしろ後述する会計参与の設置が検討されるところであろう。

3．会計参与

(1) 会計参与の意義

　特例有限会社を除くすべての株式会社は、定款の定めによって、会計参与を置くことができる（会社法326条2項）。

会計参与とは、公認会計士（監査法人を含む。）又は税理士（税理士法人を含む。）である者が（会社法333条）、取締役・執行役と共同して計算書類及びその附属明細書、臨時計算書類並びに連結計算書類等（以下「計算書類等」という。）を作成する会社の機関である（会社法374条1項）。

　会計参与は原則として任意機関であるが、非公開会社である取締役会設置会社において監査役を置かない場合には、必ず設置しなければならない（会社法326条2項、327条2項但書）。

　会計参与を設置することのメリットとして、以下のものを考えることができる。

① 　有資格者である公認会計士や税理士が、取締役・執行役と共同して計算書類等を作成し、かつ、会社とは別に計算書類等を保存、開示する職務を担うものであるから（会社法378条1項）、これが設置されることにより、計算書類等の虚偽記載や改ざんを抑止し、計算書類等の記載の正確さに対する信頼が高められることが期待できる。

　　　計算書類等（決算書等）の信頼が高められることによって、ⅰ株主が会社の経営状態をより正確に把握できるようになる、ⅱ金融機関からの信頼が高まり、円滑な資金調達が可能となる、ⅲ取引先の信用が増し、業務の拡大につながる等の効果が期待できる。

② 　取締役会設置会社は、監査役を設置しなければならない（会社法327条2項）が、非公開会社の場合、取締役会設置会社であっても会計参与を設置することによって、監査役の設置が不要となる（同項但書）。

　　　平成17年改正前商法下の株式会社では監査役が必置機関であったため、特に会計の専門知識のない名目上の監査役が置かれていたこともしばしばあったが、これをやめることができ、代わりに会計の専門家である会計参与を設置することで、会社の経理部門を強化することができる。

序　論

以下、機関設計として会計参与を設置する場合の定款例を挙げる。

(2) 会計参与の設置

（会計参与設置会社）
第2条　当会社は会計参与を置く。

解説

1　規定の趣旨

　　会計参与を設置する場合には、定款にその旨を定める必要がある（会社法326条2項）。

　　なお、「当会社は会計参与を置くことができる。」というような定めは、定款で定めるべき機関設計を他の機関による決定に委任することとなる内容のものであるから、無効である（相澤ほか編・前掲書271頁）。

2　会計参与の設置

　　原則として任意設置機関であるが、非公開会社である取締役会設置会社において監査役を置かない場合には必ず設置しなければならないことは前述した。

　　特例有限会社には、会計参与を設置することはできない（整備法17条1項）。

3　会計参与の資格・人数

　　会計参与は、公認会計士若しくは監査法人又は税理士若しくは税理士法人でなければならない（会社法333条1項）。会計参与が法人であるときは、その社員の中から会計参与の職務を行うべき者を選定し、これを株式会社に通知しなければならない（同条2項）。

　　なお、会計参与には独立性が要請されることから、会社又はその子会社の取締役、監査役、執行役又は支配人その他の使用人は、その会社の会計参与となることができない（会社法333条3項1号）。

　　業務の停止の処分を受け、その停止期間を経過しない者、及び税理

士法43条の規定により同法2条2項に規定する税理士業務を行うことができない者も会計参与となることはできず（会社法333条3項2号、3号）、会計参与がこれらの欠格事由に該当することとなった場合には、その時点で会計参与の資格を失う。

会計参与の人数については、特に制限はないが、複数選任された場合、すべての会計参与と取締役・執行役の意思の合致がないと、計算書類等は作成できない点に注意を要する。

(3) 会計参与の義務及び権限

（会計参与の義務）
第3条　会計参与は、取締役と共同して、計算書類及びその附属明細書、臨時計算書類、その他必要に応じて連結計算書類を作成する。また、会計参与は、法令の定めるところにより、会計参与報告を作成しなければならない。
2　会計参与は、法令に別段の定めがある場合を除き、各事業年度に係る計算書類及びその附属明細書並びに会計参与報告につき定時株主総会の日の1週間前の日から5年間、臨時計算書類及びこれについての会計参与報告につき臨時計算書類を作成した日から5年間、当該会計参与が定めた場所に備え置かなければならない。
3　当会社の株主及び債権者は、会社法第378条第2項の規定に従い、会計参与に対し、前項に記載された書類の閲覧及びその謄本・抄本等の交付を請求することができる。

（会計参与の権限）
第4条　会計参与は、いつでも、会計帳簿又はこれに関する資料につき、閲覧及び謄写をし、又は取締役及び支配人その他の使用人に対して会計に関する報告を求めることができる。

序論

> 解　説

1　規定の趣旨

　　第3条は会計参与の義務等に関する規定であり、第07条は会計参与の権限に関する規定である。第3条第2項において、計算書類等の備置期間の始期を定時株主総会の日の1週間前の日としているのは取締役会非設置会社を前提とするものであり、取締役会設置会社にあっては2週間前の日となる（会社法378条1項1号）。

2　計算書類の共同作成

　　会計参与の中心的な職務である計算書類等の取締役・執行役との共同作成については会社法374条1項に、会計参与報告の作成については同項に、計算書類等の保存・開示義務については同法378条に、また、会計参与の権限については同法374条にそれぞれ規定されており、必ずしも定款に明記する必要はない。

　　しかしながら、会計参与制度が新しい制度であるため、取締役、株主等において会計参与の職務や権利義務について理解を得やすいように、確認的に規定したものである。

3　取締役と会計参与の意見の不一致

　　会計参与は、取締役・執行役と共同して計算書類等を作成すると規定されている（会社法374条）。

　　それゆえ、取締役・執行役と会計参与との意見が一致しない限りは、計算書類等を法律上作成することができないことになる。

　　両者の意見が最後まで一致しない場合には、以下の措置をとることが考えられる。

(1)　取締役側の修正

　　　計算書類等の作成に関する事項について会計参与が取締役・執行役と意見を異にするときは、会計参与は、株主総会において意見を述べることができる（会社法377条1項）。

　　　そこで、会計参与が当該株主総会において意見を述べることにより、取締役・執行役に意見を修正してもらうか、取締役・執行役を

第2編　非公開会社の機関設計

解任してもらって別の取締役・執行役と共同して計算書類等を作成する。
(2)　会計参与側の修正

　　株主総会で会計参与を解任し、別の会計参与を選任する。若しくは、会計参与が自ら辞任し、一時会計参与の職務を行うべき者の選任を裁判所に申し立てる（会社法346条2項。ただし、辞任をしても、新たに選任された会計参与が就任するまで、会計参与としての権利義務を果たさなければならない。同条1項）。

　　こうして、新たに就任した会計参与が取締役・執行役と共同して計算書類等を作成する。
(3)　株主総会で会計参与を設ける旨の定款の定めを廃止する。

　　なお、日本公認会計士協会・日本税理士会連合会による『会計参与の行動指針』中の「会計参与約款」第17条が参考になろう（http：//www.nichizeiren.or.jp/taxaccount/pdf/koudoushishin080709.pdf）。

(4)　会計参与の選任及び解任

> （選解任の方法）
> 第5条　会計参与を選任し、又は解任する株主総会の決議は、議決権を行使することができる株主の議決権の3分の1以上を有する株主が出席し、出席した当該株主の議決権の過半数をもって行わなければならない。
> 2　前項の決議をする場合には、会計参与が欠けるときに備えて補欠の会計参与を選任することができる。

解　説

1　規定の趣旨

　　会計参与は、株主総会の決議によって選任され、又は解任される（会社法329条1項、339条1項）。

序論

　　第1項は、機動的に会計参与を選任できるようにするため、会社法341条の規定に基づき、選任の場合における株主総会決議の定足数を緩和したものである。
　　また、第2項は、会社法329条2項の規定に基づき、補欠の会計参与の選任について規定したものである。

2　会計参与の選任要件及び解任要件

　　会社法は、会計参与を取締役・監査役とともに役員として規定しており（会社法329条1項）、その選任及び解任の要件も取締役と同様とする。すなわち、議決権を行使することができる株主の議決権の過半数を有する株主の出席が定足数となり、出席した当該株主の議決権の過半数をもって決議するのが原則である（会社法309条1項）。
　　もっとも、定款の定めにより、定足数については3分の1以上と緩和し、又は加重（3分の2以上でもよい。）することができ、決議要件については出席した株主の議決権の過半数を上回る割合を定める（加重）ことができる（会社法341条）。
　　取締役の選任については、機動的な選任を可能とするべく、定足数を「3分の1以上」として定款で定足数軽減を図ることが一般的であることから、本規定もこれに合わせたものである。

3　補欠の会計参与の選任

　　会社法329条2項及び会社法施行規則96条は、補欠の役員（取締役、会計参与及び監査役）をあらかじめ株主総会で選任する場合について定めている。
　　会計参与設置会社にあっては、会計参与が欠けた状態では計算書類等が作成できなくなる。
　　本条第2項は、欠員発生に備えて、定款上、補欠の会計参与の選任をすることができるように配慮したものである。

(5) 会計参与の任期

（会計参与の任期）
第6条　会計参与の任期は、選任後10年以内に終了する事業年度のうち最終のものに関する定時株主総会の終結の時までとする。
2　任期の満了前に退任した会計参与の補欠として、又は増員により選任された会計参与の任期は、退任した会計参与又は他の在任会計参与の任期の満了する時までとする。

解　説

1　規定の趣旨

　　第1項は、会社法334条1項、332条2項の規定に基づき、会計参与の任期を規定したものであり、第2項は補欠又は増員により選任された会計参与の任期を、それぞれ定めたものである。

2　会計参与の任期

　　会計参与の任期については、取締役の任期に関する会社法332条の規定が準用されており（会社法334条1項）、非公開会社の場合、定款によって、選任後10年以内に終了する事業年度のうち最終のものに関する定時株主総会の終結の時まで伸長することができる（会社法334条1項、332条2項）。

　　しかしながら、仮に会社が会計参与の解任を望んだ場合、株主総会の普通決議でいつでも解任することができる（会社法339条1項）が、解任された会計参与から会社に対して損害賠償請求がなされるおそれがあるので注意を要する（同条2項）。

(6) 会計参与の報酬等

（会計参与の報酬等）
第7条　会計参与の報酬、賞与その他の職務執行の対価として当会社から受ける財産上の利益は、株主総会の決議によって定める。

序　論

> **解　説**

1　規定の趣旨

　会社法379条1項は、会計参与の報酬等は、定款にその額を定めていないときは、株主総会の決議によって定めると規定する。

　もっとも、実務上、定款に具体的な金額を定めることはほとんどなく、本規定のように株主総会の決議にて定めるのが通常である。

2　会計参与の報酬等

　ここに「報酬等」とは、報酬、賞与その他の職務執行の対価として会社から受ける財産上の利益をいう（会社法361条1項）。

　本規定は会社法361条1項の表現に従った記載となっているが、同じ定款中の取締役の報酬規定等において報酬等をあらかじめ上記のように定義し、「（以下「報酬等」という。）」として、本規定において「会計参与の報酬等は…」と記載を簡略化してもよい。

(7)　会計参与の損害賠償責任の軽減

（会計参与の責任免除）
第8条　当会社は、取締役の過半数の同意によって、会社法第426条第1項の規定により、会計参与（会計参与であった者を含む。）の会社法第423条第1項の責任を、法令の限度において免除することができる。

（会計参与の責任免除）
第8A条　当会社は、取締役会の決議によって、会社法第426条第1項の規定により、会計参与（会計参与であった者も含む。）の会社法第423条第1項の責任を、法令の限度において免除することができる。

（会計参与との責任限定契約）
第9条　当会社は、会社法第427条第1項の規定により、会計参与との間に、会社法第423条第1項の責任を限定する契約を締結することができる。
2　前項に規定する責任限定契約において、会社法第427条第1項に規定する定款所定の額は、金〇〇〇円とする。

解　説

1　規定の趣旨

　会計参与は、その任務を怠ったときは、会社に対し、これによって生じた損害を賠償する責任を負う（会社法423条1項）。
　しかしながら、その責任が重いと、なり手が限られてしまう。
　そこで、会計参与の損害賠償責任を軽減し、もって外部から優秀な人材を迎えやすくするために、本各規定を設けた。

2　損害賠償責任の減免制度

　会社法は、会計参与についても、取締役、監査役等と同様に、会社法423条1項の損害賠償責任を減免する制度を設けている。
① 総株主が同意すれば、責任が全部免除される（会社法424条）。
② 会計参与がその職務を行うにつき善意でかつ重大な過失がない場合、株主総会の特別決議により、責任を法定の限度まで免除することができる（会社法425条1項）。
　法定の限度とは、会計参与の場合、その職務執行の対価等の額の2年分相当額である（同項1号ハ）。
③ 取締役が2名以上いる監査役設置会社又は委員会設置会社は、会社法426条1項の規定に基づき、会計参与がその職務を行うにつき善意でかつ重大な過失がない場合、株主総会の特別決議によらずに、取締役の過半数の同意（取締役会設置会社でない株式会社の場合）又は取締役会決議（取締役会設置会社の場合）によって、責任を法定の限度まで免除することができる旨を定款で定めることがで

きる。なお、監査役の権限を会計監査に限定している会社は、監査役設置会社には当たらない。

　第8条及び第8A条の各規定は、これに基づくものである。なお、第8A条の規定は、監査役設置会社で取締役会も設置している場合に関するものである。

④　会社法427条1項の規定に基づき、会計参与がその職務を行うにつき善意でかつ重大な過失がない場合、その責任を限定する契約を締結することができる旨を定款で定めることができる。

　第9条の規定は、これに基づくものである。

　なお、賠償額については、定款で定めた額の範囲内であらかじめ会社が定めた額と、法定の限度額（最低責任限度額。会社法425条1項1号ハ）とのいずれか高い額を限度とすることができるが、本規定は最低責任限度額までとした。

(土屋文博)

第1部　基本編

第1編　定款例Ａ【株主総会＋取締役】………………23

第2編　定款例Ｂ【株主総会＋取締役＋監査役】……77

第3編　定款例Ｃ【株主総会＋取締役会＋監査役】…99

第4編　特例有限会社の定款例………………127

第5編　個別に追加する事項………………153

第1編

定款例A【株主総会＋取締役】

【実務上のポイント】

1 定款例Aの特徴

　定款例Aは、会社の機関として、株主総会と取締役のみが置かれるものである。定款例Aを採用するには、会社の発行するすべての株式について譲渡制限があること、すなわち非公開会社であることが条件となる。公開会社には取締役会の設置が義務づけられているからである（会社法327条。定款例A第6条）。なお、大会社である非公開会社は、会計監査人の設置義務があり（会社法328条2項）、会計監査人の設置義務がある場合には監査役の設置義務もある（会社法327条3項）ので、定款例Aを採用することはできない。

　定款例Aにおける各機関の権限分配は、次のとおりである。

　株主総会は、会社法に規定する事項及び株式会社の組織、運営、管理その他株式会社に関する一切の事項について決議をすることができる（会社法295条1項）。なお、会社法の規定により株主総会の決議を必要とする事項について、取締役、執行役、取締役会その他の株主総会以外の機関が決定することができることを内容とする定款の定めは、その効力を有しない（会社法295条3項）とされる。

　取締役は、定款に別段の定めがある場合を除き、株式会社の業務を執行する権限を有する（会社法348条1項）。代表取締役を定めない場合、取締役は、各自、株式会社を代表するが（会社法349条1項、2項）、代表取締役を定める場合は、定款、定款の定めに基づく取締役の互選又は株主総会の決議によって、取締役の中から代表取締役を定

めることができ（会社法349条3項）、選定された代表取締役のみが会社の代表権を有することとなる（会社法349条1項但書）。

2 他の機関構成からの移行上の留意点
(1) 定款例Bから定款例Aへ移行する場合

　定款例Bの機関構成［株主総会＋取締役＋監査役］から定款例Aへ移行する場合、監査役を置く旨の定款規定を廃止するとともに、監査役に関連する定款規定をすべて変更する必要がある。

　監査役を置く旨の定款規定を廃止することにより、監査役は、任期満了退任となる（会社法336条4項1号）。

　なお、定款例Aは、監査役設置会社ではないので、定款規定に基づく取締役の同意による責任の免除（会社法426条）は適用がなく、定款例Bにおいて、当該規定をおいていた場合には、これも廃止する必要がある。

　株式会社と取締役との間の訴えにおける会社の代表は、定款例Bの監査役設置会社では、監査役が行うが（会社法386条）、定款例Aでは、株主総会が当該訴えについて株式会社を代表する者を定めることができるとされている（会社法353条）。なお、株主総会が当該訴えについて会社を代表する者を定めない場合は、取締役又は代表取締役が会社を代表する（会社法349条1項）。

(2) 定款例Cから定款例Aへ移行する場合

　定款例Cの機関構成［株主総会＋取締役会＋監査役］から定款例Aへ移行する場合、取締役会及び監査役を置く旨の定款規定を廃止するとともに、取締役会及び監査役に関連する定款規定をすべて変更する必要がある。なお、定款規定に基づく取締役の同意による責任の免除（会社法426条）は、(1)と同様に適用がないので、当該規定がある場合はこれも廃止する必要がある。

　また、株式の譲渡制限規定として、例えば「当会社の株式を譲渡

するには、取締役会の承認を受けなければならない。」との定款規定を設けていた場合は、取締役会以外の機関（例えば株主総会、代表取締役など）を承認機関とする定款変更が必要となるが、これは登記事項の変更となるので、取締役会の廃止の登記と同時に登記しなければならない。

　取締役会の廃止に伴い、株主総会の権限が、次のとおり変更となる。すなわち、取締役会設置会社の株主総会は、会社法に規定する事項及び定款で定めた事項に限り、決議をすることができるとされている（会社法295条2項）のに対し、取締役会を置かない株式会社の株主総会は、会社法に規定する事項及び株式会社の組織、運営、管理その他株式会社に関する一切の事項について決議をすることができることとなる（会社法295条1項）。

　また、現在の登記実務では、取締役会の廃止の際に、改めて代表取締役を選定しないときは、各自代表となり（会社法349条2項）、従前の代表取締役以外の取締役の代表権が復活する、すなわち、取締役全員が代表取締役となると解釈されるので、「年月日代表権付与」を登記原因とする代表取締役の登記が必要となる。

　例えば、従前の役員構成が代表取締役A、取締役B、取締役Cである会社において、取締役会の廃止の登記をする際に、同時に代表取締役の選定をしない場合は、B、Cについて、「年月日代表権付与」を登記原因として代表取締役の登記が必要なる。

　従前の代表取締役Aのみが代表取締役となるようにするためには、取締役の廃止と同時に、改めて、定款、定款の定めに基づく取締役の互選又は株主総会の決議によって、取締役の中から代表取締役を定める必要がある。

第1章　総　則

> （商号）
> 第1条　当会社は、株式会社○○と称する。

解　説

1　規定の趣旨

会社法27条2号の「商号」を規定するものである。

2　株式会社の商号

(1)　会社の商号

　商号は、商人が営業について自己を表示する名称であり、会社については、その名称を商号とするものとされている（会社法6条）。商号は定款の絶対的記載事項であり（会社法27条2号）、登記事項でもある（会社法911条3項2号）。

　海外での活動が予想される会社では、商号の規定に続けて、「英文では○○と表示する。」とする例が多いが、これは商号の訳文であって、商号を規定するものではない。

(2)　株式会社という文字の使用

　会社は、株式会社、合名会社、合資会社又は合同会社の種類に従い、それぞれその商号中に株式会社、合名会社、合資会社又は合同会社という文字を用いなければならず、その商号中に、他の種類の会社であると誤認されるおそれのある文字を用いてはならないとされている（会社法6条2項、3項）。

(3)　同一商号・同一住所の禁止

　平成17年改正前商法19条は、他人が登記した商号は、同市町村内において、同一の営業のためにこれを登記することはできないとし、さらに、旧商業登記法27条は、同市町村内において、同一の営業のため他人が登記したものと判然区別することができない場合、商号の登記はできないとしていた。この規制（類似商号規制）は、

既登記商号に保護を与える趣旨によるが、効果が限定的であり、逆に弊害が大きいとして、会社法はこれを廃止している。したがって、会社法の下では、他人が登記した商号と同一又は類似の商号を、同市町村内において、同一の営業のために登記することも可能となる。ただし、その商号が他人の既に登記した商号と同一であり、かつ、その営業所（会社にあってはその本店）の所在地が当該他人の商号に係る営業所の所在場所と同一であるときには、商号の登記は認められない（整備法135条による改正後の商業登記法27条）。これは、不動産登記等において、法人が住所と商号によって特定されるものとされているため、同一商号・同一住所の登記は認めることができないという趣旨による。

(4) 不正競争防止法・商標法による規制

平成17年改正前商法20条は、商号の登記をした者は不正競争の目的で同一又は類似の商号を使用する者に対して、その使用の差止請求をすることができるとされていたが、会社法においては、この規定は採用されていない。しかし、同様の規定が不正競争防止法に規定されている。

不正競争防止法2条1項では、「不正競争」を次のように規定している。

（定義）

第2条　この法律において「不正競争」とは、次に掲げるものをいう。

一　他人の商品等表示（人の業務に係る氏名、商号、商標、標章、商品の容器若しくは包装その他の商品又は営業を表示するものをいう。以下同じ。）として需要者の間に広く認識されているものと同一若しくは類似の商品等表示を使用し、又はその商品等表示を使用した商品を譲渡し、引き渡し、譲渡若しくは引渡しのために展示し、輸出し、輸入し、若しくは電気通信回線を通じて提供

> して、他人の商品又は営業と混同を生じさせる行為
> 二　自己の商品等表示として他人の著名な商品等表示と同一若しくは類似のものを使用し、又はその商品等表示を使用した商品を譲渡し、引き渡し、譲渡若しくは引渡しのために展示し、輸出し、輸入し、若しくは電気通信回線を通じて提供する行為
> （第三号以下省略）

　この不正競争によって営業上の利益を侵害され、又は侵害されるおそれがある者は、その営業上の利益を侵害する者又は侵害するおそれがある者に対し、その侵害の停止又は予防を請求することができ（同法3条）、また、故意又は過失により不正競争を行って他人の営業上の利益を侵害した者は、これによって生じた損害を賠償する責任を負う（同法4条）。

　また、商標法36条1項では、商標権者又は専用使用権者は、自己の商標権又は専用使用権を侵害する者又は侵害するおそれがある者に対し、その侵害の停止又は予防を請求することができると規定し、差止請求権を認めるとともに、損害賠償額についての推定規定を設けて（商標法38条）商標権者等の保護を図っている。

　これらの規定によって、商号の登記が不正競争に該当し又は商標権の侵害と判断され、差止請求が認められると、商号の使用差止めのみならず、商号の登記の抹消を命じられることもあるので、注意が必要である。

（目的）
第2条　当会社は、次の事業を営むことを目的とする。
　(1)　○○○○
　(2)　○○○○
　(3)　前各号に付帯関連する一切の事業

解説

1 規定の趣旨

会社法27条1号の「目的」を規定するものである。

2 目的の意義

目的は、会社が営もうとする事業の内容をさすものであり、商号、本店等とともに、会社を識別する標識の一つとされている。目的は定款の絶対的記載事項であり（会社法27条1号）、登記事項でもある（会社法911条3項1号）。

株式会社の取締役は定款を遵守すべき義務を負っているので（会社法355条）、取締役が目的の範囲外の行為を行うことは取締役の義務違反となり、会社に対する損害賠償責任の原因となるほか（会社法423条1項）、株主による差止請求の対象ともなる（会社法360条）。さらに、取締役が株式会社の目的の範囲外において、投機取引のために株式会社の財産を処分するときは、会社財産を危うくする罪に問われることもあり得る（会社法963条5項3号）。

3 目的の適格性

従来、登記実務においては、目的の適格性を判断する基準として、営利性、適法性、明確性、具体性が挙げられていた。会社がその事業としてする行為及びその事業のためにする行為は商行為とされており（会社法5条）、また、会社の目的である事業が強行法規又は公序良俗に反するものであってはならないことは当然であるから、会社法の下でも、目的の営利性及び適法性は、従来と同様に判断されると思われる。これに対し、具体性の要件は、類似商号規制と関連するものであり、会社法が類似商号規制を廃止したことから、従来の実務の判断基準は緩和され、「会社の設立の登記等において、会社の目的の具体性については、審査を要しないものとする。」とされた（平成18年3月31日民商第782号民事局長通達第7部の第2）。ただし、「目的の記載内容が抽象的に過ぎる場合には、許認可や取引等において一定の不利益を受ける可能性がある」との指摘がなされているので（商事法務

1768号8頁)、注意が必要である。なお、法務省民事局のウェブサイト「会社法の施行に伴う会社登記についてのQ&A」のQ15の（注2）において、「目的について適法性や明確性がないもの（公序良俗に反するもの、記載内容が不明確なもの）などはこれまでと同様に登記することはできません。」という記載がある。

（本店の所在地）
第3条　当会社は、本店を東京都〇〇区に置く。

解説

1　規定の趣旨

会社法27条3号の「本店の所在地」を規定するものである。

2　本店所在地の意義

本店とは、会社の主たる営業所をさす。本店の所在地は定款の絶対的記載事項であり（会社法27条3号）、登記事項でもある（会社法911条3項3号）。「所在地」は、最小独立の行政区画を意味するものと解されており、定款の規定としては、市町村（東京都の特別区の場合は区）をもって定めれば足り、何丁目何番何号という記載は不要である。

前記のとおり、本店は会社を識別する指標の一つとされており、本店所在地が同一である場合、他人の既に登記した商号と同一の商号の株式会社の登記は認められない（商業登記法27条）。

株式会社は、その本店の所在地において設立の登記をすることによって成立し（会社法49条）、株主名簿、株主総会議事録、計算書類等、各種の重要書類等を備え置くべき場所は、原則として本店である（会社法125条、318条、413条等）。また、株主総会等の決議の取消しの訴え等、会社の組織に関する訴えは、被告となる会社の本店の所在地を管轄する地方裁判所の管轄に専属する（会社法835条）。

なお、従来は、株主総会の招集地は本店所在地又はこれに隣接する

地とされてきたが（平成17年改正前商法233条）、会社法は、このような招集地の制限を廃止した。

（公告方法）
第4条　当会社の公告方法は、官報に掲載する方法とする。

解　説

1　規定の趣旨

　会社法939条1項1号に基づき、官報に掲載する方法を公告方法として規定するものである。

2　公告方法の意義

　公告方法は、会社（外国会社を含む。）が公告（会社法又は他の法律の規定により官報に掲載する方法によりしなければならないものとされているものを除く。）をする方法である（会社法2条33号）。公告方法には、官報に掲載する方法、時事に関する事項を掲載する日刊新聞紙に掲載する方法、電子公告の3種があり、そのいずれかを定款で定めることができるが、定款に規定がない場合、公告方法は官報に掲載する方法となる（会社法939条1項、4項）。

3　各公告方法の利害得失

(1)　公告方法の選択にあたっては、各公告方法の利害得失を検討する必要がある。3種類の公告方法のうち、掲載時における費用の点のみを比較すると、官報公告が最も安価である。電子公告を利用するには、法務大臣の登録を受けた調査機関の調査を受けなければならず、その料金（会社法949条2項、電子公告規則10条2項4号）を負担する必要があるが、総体として、日刊新聞紙による場合よりも、電子公告に要する費用ははるかに少額である。しかし、以下に検討するように、電子公告を選択した場合、貸借対照表の要旨のみの掲載が認められない点で負担が重いということができる。

(2) 公告方法の選択と貸借対照表の公告

　会社法440条においては、平成17年改正前商法283条7項と同様に、①電子公告を公告方法と定めたときは、貸借対照表の公開を含め、すべての公告事項につき、電子公告によることになるが（会社法2条33号、34号、939条1項3号）、②官報・日刊新聞紙を公告方法と定めたときは、貸借対照表についてのみ電磁的方法によることも選択できるものと規定している（会社法2条33号、440条3項）。

　なお、貸借対照表の公示を官報で行う場合は、要旨のみを掲載することが認められるが、電磁的方法による場合は、要旨では足りず、全部を掲載する必要があるという相違がある（会社法440条2項、3項）。

(3) 債権者保護手続との関係

　会社法は、株式会社が資本減少、準備金減少、組織変更、合併、会社分割を行う場合、官報による公告のほかに、知れている債権者に対する個別の催告を要求するが、会社が債権者に対し、一定の期間内に異議を述べることができることその他所定の事項につき、官報公告を行い、かつ、公告方法に関する定款の定めに従い、日刊新聞紙による公告又は電子公告により、二重に催告を行うときは、原則として、個別の催告を省略することができるとする（会社法449条2項、3項、779条2項、3項、789条2項、3項、810条2項、3項）。これらの例外規定の適用を受けるためには、その前提として、定款において、公告方法を日刊新聞紙に掲載する方法又は電子公告と規定しておく必要がある。

〔代案(1)　当会社の公告方法は、電子公告とする。ただし、事故その他やむを得ない事由によって電子公告をすることができない場合は、官報に掲載する。〕

　公告方法を電子公告とする場合は、定款規定としては、上記代案のとおり、電子公告を公告方法とする旨を定めることでかまわない

が（会社法939条）、登記の際は、具体的なウェブサイトのURLを登記する必要がある（会社法911条３項29号イ、会社法施行規則220条１項２号）。また、決算公告のみを通常の公告とは異なるウェブサイトのURLとすることも可能である（会社法施行規則220条２項）。

なお、電子公告は一定期間の公告が義務づけられており、公告の中断があった場合には、公告の効力が認められないことがある（会社法940条３項）。そのため、事故その他やむを得ない事由によって電子公告をすることができない場合の公告方法をあらかじめ定款に定めておくことが認められており（会社法939条３項後段）、上記代案では、代替措置として官報に掲載する方法を定めている。

〔代案(2)　当会社の公告方法は、官報に掲載する方法とする。
２　前項の規定にかかわらず、当会社は会社法第440条第３項に規定する措置をとることができる。〕

公告方法が、官報に掲載する方法又は時事に関する事項を掲載する日刊新聞紙に掲載する方法である場合には、貸借対照表の公告についてのみ電磁的方法によることも選択できる（会社法440条３項）。この場合、必ずしも定款規定による必要はないが、代案(2)では、明確化のために、定款に定めをおいている。

なお、登記の際は、具体的なウェブサイトのURLを登記する必要がある（会社法911条３項27号、会社法施行規則220条１項１号）。

第２章　株　式

（発行可能株式総数）
第５条　当会社の発行可能株式総数は、〇〇〇〇株とする。

第1部　基本編

解　説

1　規定の趣旨

　会社法37条1項の規定に基づき、発行可能株式総数を規定するものである。

2　発行可能株式総数

　従来、「会社が発行する株式の総数」（授権資本）は、定款の絶対的記載事項とされていた（平成17年改正前商法166条1項3号）。会社法は、その用語を「株式会社が発行することができる株式の総数」（発行可能株式総数）に変えるとともに公証人による定款認証の段階では、定款に定めていなくてもよいこととした（会社法37条）。しかし、発行可能株式総数を定款で定めていない場合、発起人は、株式会社の成立の時（会社法49条）までに、その全員の同意によって、定款を変更して発行可能株式総数の定めを設けなければならない（会社法37条1項）。本条は、最初から定款に発行可能株式総数を定める場合の例である。

　なお、発行可能株式総数を定款で定めている場合、発起人は、株式会社の成立の時までに、その全員の同意によって、発行可能株式総数についての定款の変更をすることができる（会社法37条2項）。

　なお、発行可能株式総数は、登記事項でもある（会社法911条3項6号）。

3　設立時発行株式の総数と発行可能株式総数の関係

　設立時発行株式の総数は、発行可能株式総数の4分の1を下ることができないのが原則であるが、設立しようとする株式会社が公開会社でない場合は、この限りでないとされている（会社法37条3項）。定款例Aは非公開会社に関するものであり（定款例A第6条）、設立時発行株式の総数は、発行可能株式総数の4分の1未満であっても差し支えない。

4　発行可能株式総数の変更

　発行可能株式総数は、定款変更の手続により変更することができる

が、発行可能株式総数についての定款の定め自体を廃止してしまうことはできない（会社法113条1項）。

　定款変更により、発行可能株式総数を変更する場合の規制は次のとおりである。まず、減少の場合は、公開会社であると否とを問わず、変更後の発行可能株式総数は、当該定款の変更が効力を生じた時における発行済株式の総数を下ることができない（会社法113条2項）。これに対し、増加の場合、公開会社においては、変更後の発行可能株式総数は、当該定款の変更が効力を生じた時における発行済株式の総数の4倍を超えることができないのに対し、非公開会社の場合は、このような制限がない（会社法113条3項）。この増加の場合の規制の仕方の相違は、会社法における公開会社と非公開会社の差異を端的に示すものということができる。すなわち、公開会社においては、募集株式の発行の場合の募集事項の決定にあたるのが取締役会であるところから（会社法201条1項）、取締役会への無限定の授権を避ける趣旨で発行可能株式数の増加につき発行済株式の総数の4倍という限度が設定されている。これに対し、非公開会社においては、募集事項の決定機関は原則として株主総会であって、取締役等に募集事項の決定を委任する場合も、募集株式数の上限及び払込金額の下限を株主総会が定めることとしているので（会社法199条、200条）、あえてこのような制限をする必要はないと考えられるのである。

　定款例Aは非公開会社に関するものであり（定款例A第6条）、定款変更により発行可能株式総数を増加する場合、その上限に制約はない。

（株式の譲渡制限）
第6条　当会社の発行する株式は、すべて譲渡制限株式とする。
2　当会社の株式を譲渡により取得するには、株主総会の普通決議による承認を要する。

解説

1 規定の趣旨

　会社法107条1項1号、2項1号イの規定に基づき、会社が発行する全部の株式の内容として、株式の譲渡制限を定めるものである。

2 会社法における株式の譲渡制限

(1)　株式会社は、その発行する株式の全部の内容として、譲渡による当該株式の取得について当該会社の承認を要することを定めることができるが（会社法107条1項1号）、その場合は、当該株式を譲渡により取得することについて、当該株式会社の承認を要する旨を定款で定めなければならない（会社法107条2項1号イ）。本条は、会社法107条2項1号イに基づく定款規定の一例である。

　譲渡制限株式（会社法2条17号）の株主は、その有する株式を他人（当該譲渡制限株式を発行した株式会社を除く。）に譲り渡そうとするときは、当該株式会社に対し、当該他人が当該譲渡制限株式を取得することについて承認をするか否かの決定をすることを請求することができ（会社法136条）、また、譲渡制限株式を取得した株式取得者は、株式会社に対し、当該譲渡制限株式を取得したことについて承認をするか否かの決定をすることを請求することができる（会社法137条1項）。承認を決定する機関は、原則として株主総会であり、その決議は普通決議とされるが（会社法139条1項本文、309条）、決議要件を加重することも可能である。本条は、承認を決定する機関及び決議要件につき、この原則的扱いによることとしている。

　本条の規定は、譲渡承認請求の手続や会社が譲渡を承認しない場合の先買手続等については特段の規定を置いておらず、これらの扱いは、すべて会社法の規定に従うことになる。なお、譲渡承認請求の方法について、特段の制限はなく、口頭による請求も有効と解される。

(2)　本条には、非公開会社に固有の制度を利用するための前提として

の意味もある。本条により、会社は公開会社（会社法2条5号）でない会社（非公開会社）となる。定款例Aでは、株式の相続人等に対する売渡しの請求に関する規定（定款例A第7条、会社法174条以下）、取締役の資格を原則として株主に限定する規定（定款例A第21条第1項本文、会社法331条2項但書）、取締役の任期を選任後10年以内に終了する事業年度のうち最終のものに関する定時株主総会の終結の時まで伸長する旨の規定（定款例A第22条第1項、会社法332条2項）を置き、取締役会は設置しないところから取締役会に関する規定を置いていない（定款例A第4章、会社法327条1項）。これらは、いずれも株式の譲渡制限に関する本条が存在して初めて規定することが可能になるものである。

3 譲渡制限のバリエーション

会社法は、譲渡制限株式につき一定の場合には承認を要しないものとすることや、取締役会設置会社の譲渡承認機関を株主総会にし、さらには代表取締役とすること等を認める（会社法107条2項1号ロ、139条1項但書）。したがって、本条第2項の規定に代えて、次のような条項を置くことも可能である。

〔代案(1)　2　当会社の株主でない者が当会社の株式を譲渡により取得するには、株主総会の普通決議による承認を要する。〕

この規定は、株主間の譲渡については承認を要しないものとする趣旨であり、従来の有限会社の場合と同様の扱いをする場合の規定の例である。なお、会社の閉鎖性を維持するだけでなく、株主間の持株比率を維持する必要もあるという場合については、この代案は不適当である。

〔代案(2)　2　甲野太郎の直系卑属でない者が当会社の株式を譲渡により取得するには、株主総会の普通決議による承認を要する。〕

この規定は、特定の者に対する譲渡について会社の承認を不要とす

る場合の一例である。

〔代案(3)　2　当会社の株式を譲渡により取得するには、代表取締役の承認を要する。〕

　この規定は、承認のための手続につき、株主総会決議ではなく、代表取締役の承認を要するものとする場合の例である。
　なお、登記実務では、次のような定款例も可能とされている。

〔代案(4)　第6条　当会社の株式を譲渡により取得するには当会社の承認を要する。
　2　前項の承認機関は、株主総会とする。〕

　これは、株式の譲渡を承認する機関は、株式の内容とはされていないことを根拠とする（会社法107条2項1号）。この場合は、第1項のみが登記される（商業登記記録例第9の1の(1)の〔注〕：平成18年4月26日民商第1110号民事局商事課長通知）。したがって、機関構成の変更などに伴って、第2項の承認機関を変更した場合であっても登記事項に変更は生じないこととなる。

4　指定買取人

　株式会社がこの譲渡承認請求を受けた場合において、承認をしない旨の決定をしたときは、自ら対象株式を買い取ることとなるが（会社法140条1項）、対象株式の全部又は一部を買い取る者を指定することも認められ（会社法140条4項）、この指定買取人をあらかじめ定款に規定しておくことも可能である（会社法140条5項但書）。指定買取人をあらかじめ規定する場合は、本条の3項として、次のような条項を置くことが考えられる。

〔代案(5)　3　当会社が株式の譲渡による取得を承認しない場合は、代表取締役がその対象株式を買い取る。〕

（株式の相続人に対する売渡請求）
第7条 当会社は、相続により当会社の株式を取得した者に対し、当該株式を当会社に売り渡すことを請求することができる。

解　説

1　規定の趣旨

会社法174条の規定に基づき、株式の相続制限を定めるものである。

2　相続制限の明定

会社法174条は、譲渡制限株式につき、相続その他の一般承継によりこれを取得した者に対し、株式会社から売渡しを請求する旨を定款で定めることができるものとする。従来の株式譲渡制限制度では、相続その他の一般承継による取得を制限することができないとされていたが、閉鎖的な会社において、会社の運営上好ましくない者が株主となることを防ぐ必要があることは、相続その他一般承継による場合も同様である。このような要請に応えるため、会社法は、明文をもって、定款による相続制限を認めた。なお従来、相続制限の必要性を主張する見解においては、合併を含め、包括承継ないし一般承継すべてについて制限する必要があるという立場が当然の前提とされていたと考えられるが、この点の解決が真に問題となるのは相続の場合であって、合併等の場合にまで規制を広げると、かえって弊害を生ずる事態も考えられる。比較法的にみても、ドイツでは、相続の場合にのみ認められており、フランスにおいても、相続による場合と夫婦共有財産の清算の場合にのみ許容されている（大野正道「非公開会社の法理と企業承継」『非公開会社の法理』248頁、システムファイブ、平成19年）。本条は、売渡請求が認められる場合を、相続の場合に限定する趣旨によるものである。

3　売渡請求の手続等

会社が、この規定に基づき、売渡請求をしようとするときは、その

都度、株主総会の特別決議によって、売渡請求をする株式の数等を決定しなければならない（会社法175条1項、309条2項3号）。売渡請求の相手方は、この株主総会において、原則として議決権を行使することができない（会社法175条2項）。この総会決議があると株式会社は売渡請求をすることができるようになるが、株式会社が相続等があったことを知ったときから1年を経過したときは売渡請求は認められない（会社法176条1項但書）。売渡請求は、その請求に係る株式の数等を明らかにしてしなければならないが、株式会社は、いつでも、売渡請求を撤回することができる（会社法176条3項）。なお、この売渡請求による株式の買取りについては、会社法461条1項5号による財源規制があるので、注意を要する。

4　売買価格の決定

　株式会社がこの売渡請求をした場合、株式の売買価格は、株式会社と売渡請求の相手方との協議によって定めるのが原則だが（会社法177条1項）、協議が調わないときは、当事者の申立てにより、裁判所が決定する（会社法177条2項、4項）。そして、この決定にあたっては、売渡請求の時における株式会社の資産状態その他一切の事情を考慮しなければならない（会社法177条3項）。所定の期間内にこの申立てがなされないときは、売買価格についての協議が調った場合を除き、売渡請求は効力を失うものとされている（会社法177条5項）。

（株券の不発行）
第8条　当会社の株式に係る株券は、これを発行しない。

解　説

1　規定の趣旨

　会社法においては、株券は発行しないことが原則であり（会社法214条）、これを確認的に規定するものである。

2 株券の不発行

会社法は、株式会社はその株式（種類株式発行会社にあっては、全部の種類の株式）に係る株券を発行する旨を定款で定めることができると規定する（会社法214条）。すなわち、株券の不発行を原則とし、株券を発行する場合は定款に規定を置くものとする趣旨である。これは、従来、閉鎖的株式会社においては、株券が事実上発行されないことが多いという実態を反映したものということができる。

会社法上は、このような規定を置かなくとも同様と結果となるので、本条の規定は確認的規定である。

なお、株券発行会社が株券を発行する旨の定款の定めを廃止する場合は、会社法218条の規定による必要があるので注意を要する。特に会社法施行前に設立した株式会社については、株券を発行しない旨の定款の定めをおいていた場合（平成17年改正前商法227条1項）を除き、株券を発行する旨の定款の定めがあるもの（すなわち株券発行会社）とみなされている（整備法76条4項）。

（株主名簿記載事項の記載又は記録の請求）
第9条　当会社の株式を当会社以外の者から取得した者が、当会社に対し、当該株式に係る株主名簿記載事項を株主名簿に記載し、又は記録することを請求するには、法令により共同してすることを要しないものとされる場合を除き、その取得した株式の株主として株主名簿に記載され、若しくは記録された者又はその相続人その他の一般承継人と共同して、当会社所定の書式による請求書に署名又は記名押印のうえ、これを当会社に提出しなければならない。

解説

1 規定の趣旨

会社法133条の規定による株主からの株主名簿記載事項の記載又は記録の請求について、請求の方法を規定するものである。

2 株主名簿の名義書換請求

　定款例Aが予定する株券不発行会社（定款例A第8条）では、株式（振替株式を除く。）の譲渡は、当事者間の意思表示のみによって効力を生じる。そして、株主名簿の名義書換は、会社及びその他の第三者に対する対抗要件となる（会社法130条1項）。なお、株式取得の対抗要件として株主名簿の名義書換を必要とするのは、譲渡による取得の場合のみならず、相続等の一般承継の場合も同様である。

　会社法は、株主名簿の名義書換を請求するためには、利害関係人を害するおそれがないものとして法務省令により規定する場合を除き、その取得した株式の株主として株主名簿に記載・記録された者又はその相続人その他の一般承継人と共同してしなければならないとする（会社法133条2項）。本条は、これを前提として、請求にあたっては、会社所定の請求書によるべきことを規定するものである。

　また、会社法は、株式取得者が取得した株式が譲渡制限株式である場合には、会社の譲渡承認を受けなければ、原則として、株主名簿記載事項の記載・記録請求はできないものとする（会社法134条）。定款例Aが予定する会社の株式はすべて譲渡制限株式であり（定款例A第6条）、会社の譲渡承認がなければ、株主名簿の名義書換請求自体、認められないことになる。

（募集株式の割当てを受ける権利）
第10条　当会社の株主（当会社を除く。）は、その有する株式の数に応じて募集株式の割当てを受ける権利を有する。ただし、当該株主が割当てを受ける募集株式の数に1株に満たない端数があるときは、これを切り捨てる。
2　前項の規定は、株主総会の特別決議により、募集株式の割当てに関し、これと異なる定めをすることを妨げるものではない。

> 解説

1 規定の趣旨

　募集株式の発行において、株主が株式の割当てを受ける権利を有する旨を規定するものである（会社法202条）。

2 募集株式の発行等と株主の支配的利益

　平成17年改正前商法280条ノ5ノ2は、譲渡制限会社につき、株主は新株引受権を有する旨を明定しており、譲渡制限会社の定款では、これを確認的に規定する例が多かった。

　会社法は、従来の新株発行と自己株式の処分を併せて、「募集株式の発行等」という概念にまとめているが、平成17年改正前商法280条ノ5ノ2に相当する規定は存在しない。本条のような規定を置くことの法的意義については多少の疑問もあるものの、平成17年改正前商法280条ノ5ノ2が「株主ハ新株ノ引受権ヲ有ス」としていたのは、既存株主の持株比率に比例して割り当てるのでない限り、株主の支配的利益を保護するため、原則として、新株発行事項の決定は株主総会の特別決議によるという意味であり、会社法でもこの点に実質的変更はないという指摘がなされている。したがって、平成17年改正前商法280条ノ5ノ2と同趣旨の定款規定を置くことは、会社法のもとにおいても可能と思われる。本条は、平成17年改正前商法280条ノ5ノ2が株主に付与していた新株引受権と同趣旨の権利を規定するものであり、これによる株主の権利は、株主総会の特別決議により排除することができる。本条2項は、この趣旨を明確化するものである。

（基準日）

第11条　当会社は、毎事業年度末日の最終の株主名簿に記載又は記録された議決権を有する株主をもって、その事業年度に関する定時株主総会において議決権を行使することができる株主とする。

2　前項のほか、株主又は登録株式質権者として権利を行使すること

> ができる者を確定するため必要がある場合には、2週間前に公告して、臨時に基準日を定めることができる。

解説

1 規定の趣旨

第1項は、会社法124条3項但書の規定に基づき、株主の定時株主総会における議決権行使に関する基準日を規定し、これに関する公告を省略するための規定である。第2項は、会社法124条1項による基準日制度を確認的に規定したものである。

2 基準日

株式会社は、一定の日(基準日)を定めて、基準日において株主名簿に記載され、又は記録されている株主(基準日株主)をその権利を行使することができる者と定めることができる(会社法124条1項)。基準日を定める場合、株式会社は、基準日株主が行使することができる権利の内容を定めることを要するが、この権利は、基準日から3か月以内に行使するものに限るとされている(会社法124条2項)。株式会社が基準日を定めた場合は、当該基準日の2週間前までに、当該基準日及び基準日株主が行使することができる権利の内容を公告しなければならない(会社法124条3項本文)。基準日に関する規定は、原則として質権者にも準用される(会社法124条5項)。本条第2項の規定は、以上の基準日の制度を確認的に規定したものである。

3 基準日の公告の省略

基準日の公告(会社法124条3項本文)は、定款に当該基準日及び基準日株主が行使することができる権利の内容について定めがあるときは省略することができる(会社法124条3項但書)。本条1項の規定は、基準日を事業年度末日、行使し得る権利の内容を定時株主総会における議決権と規定するものであり、これにより、公告の省略が認められる。なお、定款例A第27条第1項は、剰余金配当請求権の基準日に関する規定の例である。

4 議決権に関する基準日

会社法は、基準日株主が行使することができる権利が株主総会又は種類株主総会における議決権である場合には、会社は、当該基準日後に株式を取得した者の全部又は一部を当該権利を行使することができる者と定めることができるとする。ただし、この場合も、当該株式の基準日株主の権利を害することはできない（会社法124条4項）。この規定は、組織再編行為等により新たに基準日後に株主になった者にも議決権を行使させる必要があるという実務界の要望が容れられたものといわれている。もっとも、必ずしも定款に規定を置く必要はなく、会社は、議決権行使を認めるか否かを基準日後に決定すれば足りると考えられるが、基準日における持株比率とは異なった持株比率で議決権行使がなされ得ることを事前に明示しておくことは、基準日株主との関係でも意味があると考えられる。組織再編行為等があった場合において、定時株主総会・臨時株主総会に関する基準日が経過した後に株主となった者にも議決権行使を認めることを規定するのであれば、本条に第3項として、次のような条項を置くことが考えられる。

〔代案(1)　3　第1項の規定にかかわらず、当該基準日の後に、募集株式の発行等、吸収合併、吸収分割又は株式交換により当会社の株式を取得した者は、当該株主総会において議決権を行使することができる。前項の基準日が、株主総会における議決権を行使することができる者を確定するために定められた場合も同様とする。〕

第3章　株主総会

（権限）
第12条　株主総会は、法令に規定する事項及び当会社の組織、運営、

> 管理その他当会社に関する一切の事項について決議をすることができる。

解説

1　規定の趣旨

　会社法295条1項の規定の内容を、確認的に規定するものである。

2　取締役会を設置しない会社の株主総会

　昭和25年改正商法は、取締役会制度を導入し、これに伴って、株主総会の権限を縮小した。改正前の株主総会は、株式会社のあらゆる事項を決議することができる「万能の機関」とされていたが、改正後の株主総会の権限は、商法又は定款に定める事項に限定されることになった（平成17年改正前商法230条ノ10）。これに対し、有限会社の社員総会については、平成17年廃止前有限会社法上、平成17年改正前商法230条ノ10に対応する規定は置かれておらず、社員総会は、依然として、「万能の機関」とされていた。この相違は、有限会社には取締役会が原則として設置されないことに対応するものと考えられる（なお、平成17年廃止前有限会社法では、取締役会は法定の機関ではなく、定款の定めに基づく任意の機関であったので、有限会社が「取締役会」を置いたとしても、社員総会の権限に影響はなかった。）。

　会社法は、このような扱いを踏まえ、取締役会が設置されるかどうかにより、規制を変えている。すなわち、取締役会を設置しない会社の株主総会は、会社法に規定する事項及び株式会社の組織、運営、管理その他当株式会社に関する一切の事項について決議をすることができるものとし（会社法295条1項）、取締役会設置会社の株主総会は、会社法に規定する事項及び定款で定めた事項に限り、決議をすることができるものとする（会社法295条2項）。定款例Aは、取締役会を設置しない会社を前提としているので、本条のように、会社法295条1項の趣旨を、確認的に規定することが相当と思われる。

第1編　定款例A【株主総会＋取締役】

（招集）
第13条　定時株主総会は、毎事業年度末日の翌日から3か月以内に招集し、臨時株主総会は必要がある場合に招集する。
2　株主総会は、法令に別段の定めがある場合を除くほか、社長たる取締役が招集する。
3　株主総会を招集するには、会日より5日前までに、議決権を行使することができる株主に対してその通知を発しなければならない。

解　説

1　規定の趣旨

　第1項前段は、定時株主総会（会社法296条1項）の招集時期を特定し、同項後段は、臨時総会を必要に応じて招集し得ることを確認的に規定するものである（会社法296条2項）。第2項は、株主総会の招集者を原則として社長たる取締役とする（会社法296条3項）。第3項は、会社法299条1項に基づき、招集の期間を短縮するものである。

2　定時株主総会と臨時株主総会

　定時株主総会は、毎事業年度の終了後一定の時期に招集しなければならない（会社法296条1項）。会社法が要求するのは、「一定の時期」に招集することだけであり、必ずしもその時期を定款に規定しておく必要はないが、従来からの実例に従い、定款例Aでも招集の時期を規定している。

　「事業年度末日の翌日から3か月以内」と規定しているのは、基準日（会社法124条、定款例A第11条）との関係による。すなわち、基準日株主が行使することができる権利は、基準日から3か月以内に行使するものに限るとされているため（会社法124条2項）、基準日を利用して、事業年度末日現在の株主をもって定時株主総会において議決権を行使することができる株主とするためには（定款例A第11条第1項）、定時株主総会を事業年度末日の翌日から3か月以内に招集する必要があることになる。

株主総会は、必要がある場合には、いつでも、招集することができ（会社法296条2項）、これを臨時株主総会と呼ぶ。定時株主総会と臨時株主総会の区別は、開催時期によるとする見解が有力である。

3　株主総会の招集権者

株主総会を招集するにあたっては、取締役が1名の場合は当該取締役が単独で、また、取締役が複数である場合にはその過半数により、株主総会の日時、場所、目的事項等を決定する（会社法298条1項、348条1項、2項）。これに基づき、代表権を有する取締役が株主に対して通知を発することになるが、本条第2項は、これを社長たる取締役が行うものとする。なお、会社法297条に基づき株主が招集にあたる場合もあるところから、法令等に別段の定めがある場合を例外として規定している。

4　株主総会の招集通知の期間

株主総会の招集の通知は、非公開会社では、株主に書面投票・電子投票を認める場合を除き、株主総会の会日の1週間前までに株主に発送しなければならない（会社法299条1項）。この期間は、定款例Aが予定する取締役会非設置会社では、定款によりさらに短縮することができるものとされており（会社法299条1項かっこ書き）、本条第3項は、これを5日前としている。

なお、株主に書面投票・電子投票を認める場合は、非公開会社であっても（取締役会の設置の有無にかかわらず）、原則どおり、株主総会の日の2週間前までに、株主に対してその通知を発しなければならない（会社法299条1項）。

5　株主総会の招集通知の方法

書面投票・電子投票を認める場合及び取締役会設置会社の場合は、招集通知は書面をもって行うか、又は、株主の承認を得て電磁的方法をもって行うことになるが（会社法299条2項、3項）、定款例Aが予定する取締役会設置会社でない株式会社では、書面投票・電子投票を認める場合を除き、招集通知の方法に制限はなく、口頭による通知

も許される。

> （招集手続の省略）
> 第14条　株主総会は、法令に別段の定めがある場合を除き、その株主総会において議決権を行使することができる株主の全員の同意があるときは、招集の手続を経ることなく開催することができる。

解　説

1　規定の趣旨

　会社法300条の規定の内容を、確認的に規定するものである。

2　招集手続の省略

　会社法は、株主総会の招集通知に関する会社法299条の規定にかかわらず、株主総会は、株主の全員の同意があるときは、招集の手続を経ることなく開催することができるとする（会社法300条本文）。本条は、会社法300条の内容を確認的に規定している。ただし、株主に書面投票・電子投票を認める場合は、招集手続の省略は認められないので（会社法300条但書）、法令に別段の定めがある場合を除外している。

> （議長）
> 第15条　株主総会の議長は、社長たる取締役がこれに当たる。ただし、社長たる取締役に事故又は支障があるときは、株主総会がこれを選任する。

解　説

1　規定の趣旨

　株主総会の議長の選任につき規定するものであり、この規定を置くことにより、株主総会ごとに議長を選任する手間を省くことができる。

第1部　基本編

2　株主総会の議長

　平成17年改正前商法237条ノ4第1項は、株主総会の議長は、定款に定めがないときは株主総会において選任するものとしていたが、会社法上、これに対応する規定は存在しない。しかし、会社法がこの点に関する規定を置いていないのは、株主総会の議長を定款で定めることを否定する趣旨とは考えられないので、原則として社長たる取締役が議長となり、社長に事故等があるときは、株主総会において議長を選任する旨の規定は有効と考えられる。

（決議の方法）
第16条　株主総会の普通決議は、法令又は本定款に別段の定めがある場合を除き、出席した議決権を行使することができる株主の議決権の過半数をもって行う。
2　会社法第309条第2項による株主総会の特別決議は、当該株主総会において議決権を行使することができる株主の議決権の3分の1以上を有する株主が出席し、出席した当該株主の議決権の3分の2以上に当たる多数をもって行う。

解　説

1　規定の趣旨

　第1項は、会社法309条1項の規定に基づき、株主総会の普通決議の定足数を排除するものであり、第2項は、会社法309条2項の規定に基づき、株主総会の特別決議の定足数を引き下げるものである。

2　株主総会の普通決議

　株主総会の決議は、定款に別段の定めがある場合を除き、議決権を行使することができる株主の過半数を有する株主が出席し、出席した当該株主の議決権の過半数をもって行うものとされている（会社法309条1項）。これを普通決議と呼ぶ。普通決議は、議決権数を基準として過半数の出席を原則としているが、この定足数は、定款により排

50

除することができる。本条第1項では、単に「出席した株主の議決権の過半数をもって行う」とすることにより、定足数の排除を示している。なお、取締役の選任決議等、定足数の排除が認められない場合もあるので（会社法341条、定款例A第21条等）、法令等に別段の定めがある場合を除外している。

3 株主総会の特別決議

定款変更（会社法466条）等、重要な事項の決議については、特別決議が要求される。特別決議は、当該株主総会において議決権を行使することができる株主の議決権の過半数（3分の1以上の割合を定款で定めた場合にあっては、その割合以上）を有する株主が出席し、出席した当該株主の議決権の3分の2（これを上回る割合を定款で定めた場合にあっては、その割合）以上に当たる多数をもって行わなければならないが、この場合、当該決議の要件に加えて、一定の数以上の株主の賛成を要する旨その他の要件を定款で定めることを妨げないとされている（会社法309条2項）。本条第2項の規定は、定足数につき、原則の過半数から、最低限度の3分の1以上に引き下げている。これに対し、決議要件については、これを加重せず、原則どおり3分の2以上の多数とし、一定の数以上の株主の賛成といった特殊な要件も規定していない。

本条第2項の規定と逆に、特別決議の要件を加重する場合には、次のような規定を置くことが考えられる。

〔代案(1)　2　会社法第309条第2項による株主総会の特別決議は、当該株主総会において議決権を行使することのできる株主の議決権の過半数を有する株主が出席し、出席した当該株主の議決権の4分の3以上に当たる多数をもって行う。〕

----

4 株主総会の決議要件について定款に別段の定めを設ける意義

株主総会の普通決議において、定足数を排除する意義は、例えば、多数の株主を有する公開会社が株主総会決議を行うに際して、会社の

運営にほとんど関心のない一般株主が株主総会に出席しないことによって株主総会決議が成立しないという事態を避けることにある。これは、特別決議の定足数を3分の1に下げる場合も同様の意義がある。

これに対し、株主が数名程度の非公開会社においては、定足数を排除することによって、適法な招集手続を経ていれば、たった1名の株主のみ（議決権割合は問わない）が出席した株主総会であっても普通決議については有効に成立することとなる。また特別決議であっても、議決権の3分の1以上を有する株主が出席すれば同様に有効に成立する。

これを便宜と考えるか、それともリスクと考えるかは、個々の会社の株主の状況次第である。もっとも、100％の株式を1名の株主が保有している会社においては、定足数の排除や軽減は、全く意味を持たないだろう（なお、この場合には、定款例A第18条の決議等の省略規定の活用が望ましい。）。

また、合弁会社のように、複数のほぼ対等な関係にある株主が出資をしているような場合には、一方の株主の独断を許さないために、定足数をそれぞれの株主が有する議決権割合よりも加重することも考えられる。

（議決権の代理行使）
第17条　株主が代理人によってその議決権を行使する場合の代理人は当会社の株主とし、その人数は1名とする。

解説

1　規定の趣旨
　　議決権行使の代理人資格を株主に限定するものである。
2　議決権行使の代理人
　　株主は、代理人によってその議決権を行使することができる（会社

法310条1項)。この場合、株主は任意の者を代理人とすることができることになるが、従来から、定款により、議決権行使の代理人資格を株主に限定する規定を置くことが多く、最高裁も、会社法310条1項に相当する平成17年改正前商法239条2項につき、この規定は、議決権行使の代理人資格を制限すべき合理的理由がある場合に、定款の規定により、相当と認められる程度の制限を加えることまでも禁止したものとは解されず、議決権を行使する代理人の資格を株主に限る旨の定款規定は合理的理由による相当程度の制限であって、有効であるとしている（最判昭和43年11月1日民集22巻12号2402頁)。なお、この点については、その後、定款で議決権行使の代理人資格を株主に限定している場合に、弁護士による代理行使の申出を拒絶することは、総会がその者の出席によって攪乱されるおそれがあるなどの特段の事情のない限り、合理的な理由による相当程度の制限ということはできず、定款規定の解釈運用を誤ったものというべきであると判示する下級審裁判例（神戸地尼崎支判平成12年3月28日金融・商事判例1090号24頁）も現れており、注意を要する。

3　議決権の代理行使の手続

　株主が代理人によってその議決権を行使する場合、当該株主又は代理人は、代理権を証明する書面を株式会社に提出しなければならない。この代理権の授与は、株主総会ごとにしなければならない。なお、株式会社の承諾を得た場合には、代理権を証明する書面の提出に代えて、当該書面に記載すべき事項を電磁的方法により提供することも認められる（会社法310条）。

（決議等の省略）
第18条　取締役又は株主が株主総会の目的である事項について提案をした場合において、当該提案につき株主（当該事項について議決権を行使することができるものに限る。）の全員が、書面又は電磁的

> 記録により同意の意思表示をしたときは、当該提案を可決する旨の株主総会の決議があったものとみなす。
> 2　取締役が株主の全員に対して株主総会に報告すべき事項を通知した場合において、当該事項を株主総会に報告することを要しないことにつき株主の全員が書面又は電磁的記録により同意の意思表示をしたときは、当該事項の株主総会への報告があったものとみなす。

解説

1　規定の趣旨

会社法319条1項及び320条の規定の内容を、確認的に規定するものである。

2　株主総会の決議の省略

平成17年改正前商法253条1項は、書面又は電磁的記録によるみなし総会決議を認めていた。株主総会の目的事項に関する提案に対し、議決権を行使することができる株主の全員が同意の意思表示をしたとすれば、あえて会議を開催する必要はないという趣旨である。会社法319条は、このような扱いを引き続き認めるものであり、これを確認的に規定したのが本条第1項である。

みなし総会決議の場合、株式会社は、株主総会の決議があったものとみなされた日から10年間、同意の意思表示がなされた書面又は電磁的記録をその本店に備え置かなければならず、株主は、株式会社の営業時間内は、いつでも、この書面等の閲覧等を請求することができる（会社法319条2項、3項）。

3　株主総会への報告の省略

会社法320条は、株主総会への報告についてもこれを省略可能なものとしているので、本条第2項はこれを確認的に規定している。なお、決議の省略の場合と同様に、株主の全員の同意が必要とされているので、注意を要する。

(議事録)
第19条　株主総会の議事録は、書面又は電磁的記録をもって作成し、これに議事の経過の要領及びその結果その他法令に定める事項を記載又は記録しなければならない。

解　説

1　規定の趣旨

　会社法318条1項、会社法施行規則72条の規定に基づき、株主総会の議事録につき規定するものである。

2　株主総会議事録

　株主総会の議事については、議事録を作成しなければならない（会社法318条1項）。株主総会の議事録は、書面又は電磁的記録をもって作成しなければならず、株主総会の議事の経過の要領及びその結果等、所定の事項を記載又は記録する必要がある（会社法施行規則72条）。株主総会議事録は、株主総会の日から10年間、これを本店に備え置き、5年間、原則としてその写しを支店に備え置き、株主及び債権者は、株式会社の営業時間内、いつでも、議事録の書面等の閲覧等を請求することができる（会社法318条2項ないし4項）。平成17年改正前商法244条と異なり、会社法及び会社法施行規則は株主総会議事録への議長・出席取締役の署名等を要求していないので、本条もこの点には触れていない。もっとも、本条は、署名等を禁止する趣旨を含むものではない。したがって、本条のもとにおいて、従来同様、書面をもって株主総会議事録を作成し、議長等が記名押印する運用方法をとっても、定款違反の問題は生じない。

第1部　基本編

第4章　取締役

（取締役の員数）
第20条　取締役は、1名以上とする。

解説

1　規定の趣旨

　本条は、取締役の員数の定款上の下限を定めるものである。

2　取締役会を置かない会社の取締役の権限

　取締役会を置かない会社の取締役は、業務執行権限を有しており、取締役が2人以上ある場合には、株式会社の業務は、定款に別段の定めがある場合を除き、取締役の過半数をもって決定する（会社法348条1項、2項）。

　また、取締役は、原則として各自株式会社の代表権を有しているが（会社法349条1項、2項）、定款、定款の定めに基づく取締役の互選又は株主総会の決議によって、取締役の中から代表取締役を定めることができ（会社法349条3項）、代表取締役を定めた場合は、他の取締役は会社を代表しないこととなる（会社法349条1項但書）。

3　取締役の員数

　取締役会を置かない会社の場合、1人又は2人以上の取締役を置かなければならないとされているが（会社法326条1項）、取締役の員数の上限についての規定はない。

　取締役の員数の上限を定めることは、合弁会社のように、ほぼ対等な出資者（株主）間において、会社の経営に対する直接的な影響力のバランスをとる必要がある場合には有用であるが、同族会社において同族以外からの出資を受け入れない場合には、あまり意味はない。もっとも、取締役の員数の上限の定めがない場合には、議決権の過半数を有する多数派株主が取締役を自由に増員することが可能であり、少数派株主の経営に対する影響力は相対的に低くなることが考えられ

るので、会社の実情にあわせて検討する必要がある。

　なお、取締役が欠けた場合又は会社法若しくは定款で定めた取締役の員数が欠けた場合には、任期の満了又は辞任により退任した取締役は、新たに選任された取締役が就任するまで、なお取締役としての権利義務を有する（会社法346条1項）。

4　取締役の欠格事由

　会社法331条1項は、次の者は取締役となることができないと定めている。すなわち、①法人、②成年被後見人若しくは被保佐人又は外国の法令上これらと同様に取り扱われている者、③会社法若しくは一般社団法人及び一般財団法人に関する法律の規定に違反し、又は金融商品取引法の一定の罪、民事再生法等の一定の罪を犯し、刑に処せられ、その執行を終わり、又はその執行を受けることがなくなった日から2年を経過しない者、④③に規定する法律の規定以外の法令の規定に違反し、禁錮以上の刑に処せられ、その執行を終わるまで又はその執行を受けることがなくなるまでの者（刑の執行猶予中の者を除く。）は、取締役となることができない。

　なお、この欠格事由は、監査役にも準用されている（会社法335条1項）。

（選解任の方法）
第21条　取締役は、当会社の株主の中から選任する。ただし、必要があるときは、株主以外の者から選任することを妨げない。
2　取締役を選任する株主総会の決議は、議決権を行使することができる株主の議決権の3分の1以上を有する株主が出席し、出席した当該株主の議決権の過半数をもって行わなければならない。
3　取締役を解任する株主総会の決議は、議決権を行使することができる株主の議決権の過半数を有する株主が出席し、出席した当該株主の議決権の過半数をもって行わなければならない。

4　取締役の選任については、累積投票によらない。

解　説

1　規定の趣旨

第1項本文は、取締役の資格を株主に限定するものであり、非公開会社のみが置くことのできる規定である（会社法331条2項但書）。第1項但書は、例外的に（会社法の規定では原則的規定であるが）、必要な場合は、株主以外から取締役を選任することを可能とするための規定である。

第2項は、取締役の選任決議の要件を規定するものであるが、株主総会の普通決議の定足数要件を軽減し、議決権の3分の1以上を有する株主の出席で取締役の選任決議ができるようにするためのものである（会社法341条）。

第3項は、取締役の解任決議の要件を規定するものであるが、会社法の原則どおりの規定を確認的に規定している（会社法341条）。

2　取締役の資格

株式会社の場合、平成17年改正前商法254条2項において、定款規定によっても取締役の資格を株主に限定することは認められていなかったが、一方、有限会社の場合、このような制限はなかった（平成17年廃止前有限会社法32条）。

これに対し、会社法では、原則的には、取締役の資格を株主に限定することは許されないが（会社法331条2項本文）、非公開会社においては、取締役の資格を株主に限定することが認められている（同項但書）。これは、株式会社法制と有限会社法制を一本化したためであるが、非公開会社における所有と経営の一致を容認する規定といえる。

本条第1項では、これに基づいて、会社法の規定とは、原則と例外を逆転させ、取締役の資格を株主に限定することを原則とし、例外的に必要に応じて株主以外からの選任を認める規定となっている。同族会社においては、株主以外から取締役を選任することのニーズはそれ

ほど多くはないものと思われるが、例えば、後継者候補者であるが株式を有していない者を取締役とする場合や有能な従業員を取締役に抜擢する場合などに、本条第1項但書が活用され得るものと思われる。

3 取締役の選解任の決議要件

取締役の選任決議の定足数については、原則として、議決権を行使することができる株主の議決権の過半数を有する株主の出席を要するものとされているが（会社法341条本文）、定款に定めることにより、議決権の3分の1以上を有する株主の出席で行うこととすることも認められている（会社法341条かっこ書）。これは、平成17年改正前商法256条ノ2と同趣旨である。

また、決議要件についても、出席した株主の議決権の過半数をもって行う（普通決議）とされている（会社法341条）。ただし、この要件は定款規定で加重することも可能であるので（会社法341条かっこ書）、特別決議と同様の出席した株主の議決権の3分の2以上をもって行うこととすることもできる。

一方で、取締役の解任決議は、平成17年改正前商法においては、総株主の議決権の過半数（定款規定で3分の1以上も可）を有する株主が出席し、その議決権の3分の2以上にあたる多数をもって行う（特別決議）とされていたが（平成17年改正前商法257条2項）、会社法では、選任決議と同様の普通決議とされた（会社法341条）。ただし、定款規定により決議要件を加重することも認められているので（会社法341条かっこ書）、平成17年改正前商法と同様に、特別決議とすることも可能である。

4 取締役の選解任の決議要件のバリエーション

以上のとおり、取締役の選任及び解任決議の要件は、定足数と決議要件について、さまざまなバリエーションがあり得るのであり、会社の実情に応じて、適切に選択したいところである。

第1部　基本編

取締役の選解任の決議要件のまとめ（会社法341条）

	原　　則	定款の別段の定め
定足数	議決権を行使することができる株主の議決権の<u>過半数</u>を有する株主が出席し、	下線部について、3分の1以上の割合を定款で定めた場合にあっては、その割合以上
決議要件	出席した当該株主の議決権の<u>過半数</u>をもって行わなければならない。	下線部について、これを上回る割合を定款で定めた場合にあっては、その割合以上

　定足数を下げることは、総会の成立を容易にする意味があるが、株主数が少ない場合には、その効果は限定的なものと思われる。

　一方、決議要件を加重することは、多数派の意に反した決議の成立を阻止する効果がある。

> 〔代案(1)〕　2　取締役を選任し、又は解任する株主総会の決議は、議決権を行使することができる株主の議決権の過半数を有する株主が出席し、出席した当該株主の議決権の3分の2以上に当たる多数をもって行わなければならない。〕

　前記3のとおり、平成17年改正前商法257条2項においては、取締役の解任決議は株主総会の特別決議（平成17年改正前商法343条）によるものとされていたが、この規定は、解任決議の決議要件を平成17年改正前商法の規定にならって加重しているのみならず、選任決議についても同様に決議要件を加重している。非公開会社の閉鎖性を重視すると、このような規定の仕方も検討に値する。

> 〔代案(2)〕　2　取締役を選任し、又は解任する株主総会の決議は、議決権を行使することができる株主の議決権の過半数を有する株主が出席し、出席した当該株主の議決権の3分の2以上に当たる多数をもって行わなければならない。ただし、株主以外の者から取締役を選任し、又は株主以外の者から選任した取締役を解任す

> る場合は、議決権を行使することができる株主の議決権の過半数
> を有する株主が出席し、出席した当該株主の議決権の過半数を
> もって行う。」

　この代案(2)の第2項は、株主から取締役を選任するという原則的な場合には（本条第1項）特別決議によるが、株主以外から取締役を選任するという例外的な場合には（本条第1項但書）普通決議によるとするものである。株主の経営への関与の期待を重視した規定である。

5　累積投票の排除

　累積投票制度とは、2人以上の取締役の選任をする場合で、株主の請求があったときは、株主は、その有する株式1株（単元株式数を定款で定めている場合にあっては、一単元の株式）につき、当該株主総会において選任する取締役の数と同数の議決権を有するものとし、株主は、1人のみに投票し、又は2人以上に投票して、その議決権を行使することができる、という制度である（会社法342条1項、3項）。この場合、投票の最多数を得た者から順次取締役に選任されたものとされる（同条4項）。

　これは、少数派株主であっても、この請求をし、議決権を集中させることにより、自らの意に沿った取締役を選任することを可能にするものである。

　この請求がなされた場合、取締役（株主総会の議長が存する場合にあっては議長、取締役及び議長が存しない場合にあっては当該請求をした株主）は、株主総会における取締役の選任の決議に先立ち、累積投票制度によって取締役を選任することを明らかにしなければならない（会社法施行規則97条2項）。すなわち、会社は、定款に別段の定めがない限り、この請求を拒むことはできないのである。

　もっとも、累積投票制度は、定款規定により排除することが可能であり（会社法342条1項）、ほとんどの会社は、定款規定によりこの制度を排除している。これは、仮に累積投票制度により、少数派株主が

取締役を選任することに成功したとしても、取締役の多くは多数派株主により選任された者であり、取締役の決定（取締役会設置会社の場合は、取締役会の決議）においてさまざまな支障が予想されるからである。

なお、累積投票制度により選任された取締役の解任決議は、株主総会の特別決議である（会社法309条2項7号かっこ書）。

> （取締役の任期）
> 第22条　取締役の任期は、選任後10年以内に終了する事業年度のうち最終のものに関する定時株主総会の終結の時までとする。
> 2　任期の満了前に退任した取締役の補欠として、又は増員により選任された取締役の任期は、退任した取締役又は他の在任取締役の任期の満了する時までとする。

解　説

1　規定の趣旨

第1項は、任期規定に関する非公開会社の特則である会社法332条2項に基づいて、取締役の任期を、選任後10年以内に終了する事業年度のうち最終のものに関する定時株主総会の終結の時までとするものである。

第2項は、補欠取締役、増員取締役のように通常の周期以外のタイミングで取締役に就任した者に関し、他の取締役と任期を揃えるために、任期を短縮する規定である（会社法332条1項但書）。

2　取締役の任期

取締役の任期は、原則として、選任後2年以内に終了する事業年度のうち最終のものに関する定時株主総会の終結の時までとされている（会社法332条1項本文）。ただし、前記のとおり、通常の周期以外のタイミングで取締役に就任したものに関し、他の取締役と任期を揃える必要がある場合は、定款又は株主総会の決議によって、その任期を

短縮することができる（同条但書）。本条第2項のように、定款規定によって任期を短縮することが一般的である。

非公開会社については、委員会設置会社を除き、定款規定によって、取締役の任期を選任後10年以内に終了する事業年度のうち最終のものに関する定時株主総会の終結の時まで伸長することができる（会社法332条2項）。これは、非公開会社の多くにおいて、株主から取締役が選任されており、株主の交代が生じない限り、取締役の交代も生じないという現実に対応するものである。

3 任期規定の考え方

非公開会社においては、「株主イコール取締役」であることが多いので、取締役が交代する場面はそれほど多くはない。しかしながら、取締役の任期が2年であれば、全く同一のメンバーが取締役に選任され、継続して就任したとしても、2年ごとに取締役の変更登記をしなければならない（会社法915条1項）。これには罰則規定もあり（会社法976条1号、22号）、その負担は決して軽いものとはいえない。

そこで、取締役が、比較的長期間にわたり変更される可能性が低い場合には、任期を伸長することにより、変更登記の負担を軽減することができる。

ただし、取締役を任期中に解任する場合、正当な事由がないときは、株式会社に対し、解任によって生じた損害の賠償を請求することができるとされているので（会社法339条2項）、注意が必要である。

また、株主以外の者を取締役に選任することがあり得る場合、定期的に株主のチェックを入れるという趣旨で、通常の2年任期を選択することも検討に値する。

4 任期の起算点

任期の起算点については、江頭教授は、「選任決議の時と解する説と就任の時と解する説とがあったが、会社法332条1項の文言は原則として、『選任決議時』を意味し、選任決議において特に選任の効力の発生時点を『就任時』等と定めればそれも有効とする趣旨である」

（江頭・前掲『株式会社法（第3版）』362頁注2）と述べられているが、登記実務においては、任期の起算点である選任時とは、事実行為としての株主総会の選任決議時を意味し、選任決議の効力発生時期を遅らせても、それに左右されるものではないと整理されており（相沢ほか・前掲『論点解説　新・会社法』286頁）、登記実務上も、そのように取り扱われている（松井・前掲『商業登記ハンドブック（第2版）』435頁注）とされる。もっとも、登記簿には、「年月日就任」と登記されるので、登記上は必ずしも選任日が明らかであるとはいえない。

（代表取締役及び社長）
第23条　当会社に取締役が2名以上いるときは、代表取締役1名を置き、取締役の互選によって定める。
2　代表取締役は社長とする。
3　取締役が1名のときは、当該取締役を社長とする。

■解説

1　規定の趣旨

　取締役会を設置しない株式会社においては、原則として、取締役は各自会社を代表するが（会社法349条1項、2項）、本条第1項は、取締役が2名以上いる場合には、代表取締役1名を置くこととしており、その結果、代表取締役とならなかった取締役は、代表権を失うこととなる（会社法349条1項但書）。

　代表取締役の選定方法としては、定款規定に基づく取締役の互選を選択している（会社法349条3項）。

　第2項では、代表取締役を社長とすることを定めている。

　第3項では、取締役が1名の場合の社長を定めている。会社法では、取締役が1名の場合、その取締役は、当然に会社を代表するので（会社法349条1項）、何ら選定行為を要せず代表取締役となる（会社

法47条1項かっこ書)。したがって、本条第2項により、当該取締役（代表取締役）は、社長となる。しかしながら、第1項が取締役が2名以上いる場合を規定しており、第2項はこれを受ける形になっているので、取締役が1名の場合に社長の地位がどうなるかが、必ずしも明確であるとはいえない。そこで、第3項において、取締役が1名である場合、当該取締役が社長となることを確認的に定めているのである。

2 代表取締役

代表取締役とは、株式会社を代表する取締役をいう（会社法47条1項かっこ書)。前記のとおり、取締役会を置かない株式会社においては、原則として、取締役は各自会社を代表するので（会社法349条1項、2項）、取締役全員が代表取締役ということになる。この場合、登記事項としても、取締役全員の氏名の他、取締役全員について、代表取締役として、重ねて氏名及び住所が登記される（会社法911条3項13号、14号。登記記録例平成18年4月26日民商第110号依命通知参照）。

代表取締役を選定した場合には、それ以外の取締役の代表権は制限されることとなる（会社法349条1項但書）。

なお、特例有限会社における取締役と代表取締役の関係については、特例有限会社の定款例の解説を参照されたい。

3 代表取締役の選定

取締役会を置かない株式会社における代表取締役の選定方法は、定款で直接規定する方法、定款の定めに基づく取締役の互選による方法、株主総会で選定する方法がある（会社法349条3項）。定款で直接規定する方法の場合、代表取締役の交代には、定款変更手続、すなわち株主総会の特別決議が必要となる。定款の定めに基づく取締役の互選による方法の場合（旧有限会社に多くみられた規定であるが）、取締役会設置会社と同様に、取締役の過半数による決定（会社法348条2項）によることとなる。この場合、登記申請の際には、当該定款規

定があることを証するため、取締役の決定書の他に、定款を添付する必要がある（商業登記規則61条１項）。

　非公開会社では、代表取締役のみの交代という場面よりも、取締役の任期満了によって代表取締役も再任するというケースが多いので、株主総会において取締役の再任決議を行い、同じ株主総会において、その次の議案として代表取締役の選定を行うことの方がより簡便であるかもしれない。もっとも、株主数が多数であるなどの理由で株主総会を容易に開催することができない場合は、代表取締役のみの交代が必要となる場合に備えて、取締役による互選規定を設けておくことが望ましいこともある。

　なお、現在の登記実務では、取締役の互選により代表取締役を選定する旨の定款規定がある場合、株主総会の決議によっては代表取締役を選定することができないという取扱いになっているので注意が必要である（有限会社の例として、登記研究210号56頁、244号70頁、373号88頁）。

4　社　長

　社長は、会社法上の用語ではないが、一般に、代表取締役が複数いる場合などは特に、主として業務執行に当たる代表取締役を社長とする例が多い。なお、代表取締役であっても、会長あるいは副社長という地位にいる場合もある。

（業務執行）
第24条　当会社に取締役が２名以上いるときは、当会社の業務は、取締役の過半数をもって決定する。

解　説

1　規定の趣旨

　取締役会設置会社の場合（会社法363条１項）と異なり、取締役会を置かない株式会社では、定款に別段の定めがある場合を除き、各取

締役は株式会社の業務執行を行うものとされている（会社法348条1項）。そして、取締役が2人以上ある場合には、株式会社の業務は、定款に別段の定めがある場合を除き、取締役の過半数をもって決定する（同条2項）。

　本条は、この会社法348条2項の規定を確認的に定めているものである。

2　業務執行の決定

　前記のとおり、取締役会を置かない株式会社の業務執行は、定款に別段の定めがある場合を除き、取締役の過半数をもって決定する（会社法348条2項）。これは、平成17年廃止前有限会社法26条の規定を承継するものである。

　定款の別段の定めとしては、決議要件を加重又は軽減することが考えられる（江頭・前掲『株式会社法（第3版）』355頁注2）。例えば、〔当会社の業務執行は、取締役の3分の2以上をもって決定する。〕という規定を設けることも可能である。

3　取締役に委任することのできない事項

　日常的な業務の決定は、定款の定めがなくても、取締役の過半数の決定により、各取締役間に分担させ又は特定に取締役に専決させることができる（江頭・前掲書374頁注2）。

　しかし、会社法348条3項各号に掲げる事項についての決定を各取締役に委任することはできないので、原則どおり、取締役の過半数の決定（前記のとおり定款の別段の定めは可能である。）によらなければならない。

　すなわち、①支配人の選任及び解任、②支店の設置、移転及び廃止、③株主総会（種類株主総会）の招集に関する事項、④取締役の職務の執行が法令及び定款に適合することを確保するための体制その他株式会社の業務の適正を確保するために必要なものとして法務省令で定める体制の整備に関する事項、⑤定款の定めに基づく取締役の責任の免除である。

(取締役の報酬等)
第25条　取締役の報酬、賞与その他の職務執行の対価として当会社から受ける財産上の利益は、株主総会の決議によって定める。

解　説

1　規定の趣旨

　取締役の報酬等については、定款に定めがない場合は、株主総会の決議によって定めるものとされている（会社法361条1項）。本条は、定款に取締役の報酬等に関する具体的な定めを置かず、原則どおり、株主総会の決議によって定めることを確認的に規定するものである。

2　取締役の報酬等

　会社法では、報酬等について、次に掲げる事項は、定款に当該事項を定めていないときは、株主総会の決議によって定めるものとしている（会社法361条1項）。

　すなわち、①報酬等のうち額が確定しているものについては、その額、②報酬等のうち額が確定していないものについては、その具体的な算定方法、③報酬等のうち金銭でないものについては、その具体的な内容が、それである。

　非公開会社、特に同族会社においては、②、③に該当するものを定めることはほとんどない。また、①に関しては、実務上、①に該当するものを定款に定める例は少なく、株主総会決議によってその最高限度額を定めることが多い（江頭・前掲『株式会社法（第3版）』417頁）。

　なお、会社法では、報酬以外の賞与も「職務執行の対価として株式会社から受ける財産上の利益」であるので、本条の規制を受けることとなる（江頭・前掲書417頁注2）。平成17年改正前商法における利益処分（会社法では剰余金の処分）ではないので、注意が必要である。

　また、退職慰労金は、それが「職務執行の対価として株式会社から受ける財産上の利益」に該当するものであれば、本条の対象となる。

ただし、退職慰労金については、支給基準を株主が推知することが可能であれば、総額を明示せず、具体的金額・支給期日・支給方法を取締役の過半数の決定（取締役会設置会社の場合は、取締役会決議）に一任することも可能である（江頭・前掲『株式会社法（第3版）』428頁）。

第5章　計　算

> （事業年度）
> 第26条　当会社の事業年度は、毎年○月○日から翌年○月○○日までの年1期とする。

解　説

1　規定の趣旨

会社法上、事業年度そのものについての定義規定はないが、会社の計算の区切りとして、また取締役の任期を画するものとして、重要な意義を有する。したがって、定款の必要的記載事項ではないが、ほぼすべての株式会社の定款に規定があるといっても過言ではない。

2　事業年度

平成17年改正前商法では、営業年度とされていたが、会社法で事業年度という用語に変更された。

前記のとおり、会社法には、一事業年度の長さや期間の設定方法についても定めがないので、各会社の実情に応じて自由に設定することができる。俗に「3月決算」の会社といえば、毎年4月1日から翌年3月31日を事業年度とする会社であり、その数も比較的多いが、6月決算、9月決算、12月決算の会社も少なくはない。

また、一事業年度は、必ずしも1年であることは要せず、1年未満の期間を一事業年度とすることも可能である。もっとも、定款上の事業年度が1年未満である例はそれほど多くはなく、事業年度の変更に

よって、たまたまある事業年度が1年未満となることがあるということであろう。ちなみに、会社法でも、一事業年度が1年ではない場合を想定した規定がみられる（会社法施行規則113条1号本文かっこ書、会社計算規則59条2項かっこ書等）。なお、会社計算規則59条2項では、各事業年度に係る計算書類及びその附属明細書の作成に係る期間は、1年（事業年度の末日を変更する場合における変更後の最初の事業年度については、1年6か月）を超えることができないと定めている。

（剰余金の配当）
第27条　当会社は、毎事業年度末日の最終の株主名簿に記載又は記録された株主又は登録株式質権者に対して、剰余金の配当を行う。
2　金銭による剰余金の配当が、支払開始の日から満3年を経過してもなお受領されないときは、当会社はその支払義務を免れる。
3　前項の配当金には利息を付さない。

解　説

1　規定の趣旨

　第1項は、いわゆる「期末配当」の基準日を定めるものであり、これによって各事業年度に係る定時株主総会で決議する剰余金の配当については、基準日公告をする必要がないこととなる（会社法124条1項、3項但書）。

　第2項は、金銭による剰余金の配当について、支払請求の除斥期間を定めるものである。

　第3項は、未払の配当金には利息を付さない旨を規定したものである。

2　剰余金の配当

　平成17年改正前商法では「利益ノ配当（利益配当）」という用語が用いられていたが（平成17年改正前商法290条1項等）、会社法では

「剰余金の配当」という用語に変更された（会社法453条等）。

　剰余金の配当では、金銭だけでなく、金銭以外の財産も配当財産（会社法2条25号）とすることができる（現物配当。会社法454条1項1号、4項）。現物配当の場合、株主に対して金銭分配請求権（当該配当財産に代えて金銭を交付することを株式会社に対して請求する権利）を与えることができる（同条4項1号）。

　また、平成17年改正前商法では、利益配当は定時株主総会の利益処分として行うことができたが（平成17年改正前商法281条1項4号、283条1項）、会社法では、剰余金の配当その他の行為によってその総額が分配可能額（会社法461条2項）を超えない限り、株主総会決議によって年何回でも剰余金の配当を行うことができる（会社法454条1項、461条1項）。

3　剰余金の配当の基準日

　株式会社は、一定の日（基準日）を定めて、基準日において株主名簿に記録又は記載されている株主を、株主としての権利行使をすることができる者（基準日株主）と定めることができる（会社法124条1項）。この場合、原則として、基準日の2週間前までに、基準日及び基準日株主が行使することができる権利の内容を公告しなければならないが、定款にこれらの事項を定めているときは、公告をする必要はない（会社法124条3項但書）。

4　配当金等の請求権についての除斥期間

　配当金等の請求権に関する消滅時効は10年であると考えられるが（民法167条1項）、本条第2項の規定を置くことにより、これよりも短い期間で配当金等の支払を拒絶することができる（大判昭和2年8月3日民集6巻484頁）。

第6章　附　則

> （設立に際して出資される財産の最低額）
> 第28条　当会社の設立に際して出資される財産の最低額は、金○○○円とする。

解　説

1　規定の趣旨

会社法27条4号の「設立に際して出資される財産の価額又はその最低額」を定めるものである。

設立に際して出資される財産の価額として確定した額を記載するほかに、その最低額を記載することも認められた。

2　設立に際して出資される財産の最低額

平成17年改正前商法では、「会社ノ設立ニ際シテ発行スル株式ノ総数」が定款の絶対的記載事項の1つであったが（平成17年改正前商法166条1項6号）、出資される財産の総額のいかんにかかわらず、設立に際して発行する株式の数のみが先に定まるべきとすることは、設立手続を硬直化させるおそれがあるとの指摘があった（相澤哲＝岩崎友彦「新会社法の解説(2)会社法総則・株式会社の設立」商事法務1738号9頁（平成17年））。そこで、会社法では、設立に際して出資される財産の価額又はその最低額を記載事項として、設立に際して発行する株式の数については定款の絶対的記載事項から外し、発起人全員の同意に委ねることとした（会社法32条1項1号）。ただし、設立に際して発行する株式の数を定款に定めることも可能である（同条1項柱書かっこ書）。

なお、発起人が割当てを受けた株式について、出資の履行をしないときは、設立時発行株式の株主となる権利を失うこととなるが（会社法36条3項）、出資の履行がされた財産の総額が、設立に際して出資される財産の最低額以上であれば、設立手続を継続することができ

る。もっとも、この場合であっても、出資の履行をしない発起人が、結果として、1株も引き受けないこととなるときは、設立無効事由となるとする考え方もある（相澤＝岩崎・前掲10頁）。

　この場合は、すべての手続を最初からやり直して、出資の履行をしない発起人を除外して改めて定款を作成し、公証人の認証を受け、改めて出資の履行をするしかない。

3　成立後の株式会社の資本金等の額に関する事項

　成立後の株式会社の資本金及び資本準備金の額に関する事項については、定款に定めることも可能であるが、定款に記載しない場合には、発起人全員の同意によって定めなければならない（会社法32条1項3号）。

　定款認証後・会社の成立前は、一部の例外を除き、定款の変更が許されないので（会社法30条2項）、資本金等の額に変更が生じる可能性がある場合には、これを定款に記載せず、発起人全員の同意による決定に委ねるべきである。

（最初の事業年度）
第29条　当会社の最初の事業年度は、当会社の成立の日から平成○○年○月○○日までとする。

解　説

1　規定の趣旨

　通常の事業年度（定款例A第26条）とは異なり、最初の事業年度の始期は、会社成立日となることを確認的に規定するものである。

2　最初の事業年度

　会社の成立日は、必ずしも事業年度の始期と一致するわけではなく、むしろ通常の事業年度の期中が会社の成立日となることも多い。そのため、最初の事業年度は、通常の事業年度よりも短い期間となるが、その始期（会社成立日）と終期（通常の事業年度と同じ）とを確

認的に定めているのである。

> （設立時取締役）
> 第30条　当会社の設立時取締役は、次のとおりとする。
> 　設立時取締役　甲野太郎
> 　設立時取締役　乙野次郎

解　説

1　規定の趣旨

本条を置くことにより、設立時取締役に関し、発起人の過半数の決定による別途の選任手続は不要となる（会社法38条3項）。

2　設立時取締役の選任等

原則として、設立時取締役は、出資の履行が完了した後、遅滞なく、発起人の過半数の決定により選任しなければならない（会社法38条1項、40条1項）。ただし、定款で設立時取締役として定められた者は、出資の履行が完了した時に、設立時取締役に選任されたものとみなされる（会社法38条3項）。

定款に定めることは、発起人全員の同意によるものであるので、当然、会社法40条1項の要件は満たすことになるが、設立時取締役の選任の効力発生時点については、出資の履行が完了した時としており、会社法38条1項と平仄が合っている。

実務的には、定款作成時に、設立時取締役が確定している場合は、定款に記載することで手続の遺漏を防ぐことができるというメリットがある。

なお、取締役会を置かない株式会社における設立時代表取締役の選定方法については、会社法に規定はないが、次のとおり整理されている（小川秀樹＝相澤哲『通達準拠　会社法と商業登記』50頁、金融財政事情研究会、平成20年）。

(1) 定款に選定方法の定めのない場合

　取締役会を置かない会社……発起人による選定

　取締役会設置会社　　　……設立時取締役の互選（会社法47条）

(2) 定款に選定方法の定めがある場合

　定款に定める当該方法により選定される。具体的には、以下の方法が挙げられている。

　　a　直接定款に代表取締役を定める。
　　b　発起人の選定によって定める旨の規定を設ける。
　　c　創立総会の決議による旨の規定を設ける（募集設立に限る。）。
　　d　設立時取締役の過半数の決定による旨の規定を設ける。

上記(1)又は(2)の方法により選定が行われない場合には、設立時取締役全員が設立時代表取締役となる。

　実務的には、取締役会を置かない会社の場合、発起人の選定によるか、直接定款に定めることが一般的である。

（発起人の氏名及び住所）
第31条　当会社の発起人の氏名及び住所は、次のとおりである。
　東京都〇〇区〇〇一丁目〇番〇号　　甲野太郎
　東京都〇〇区〇〇二丁目〇番〇号　　乙野次郎

▶解　説◀

1　規定の趣旨

　会社法27条5号の「発起人の氏名又は名称及び住所」を定めるものである。

2　発起人

　発起人とは、定款に署名又は記名押印した者（電子定款であるときは電子署名をした者）である（江頭・前掲『株式会社法（第3版）』63頁）。

発起人は、自然人であっても、法人であってもかまわない。なお、発起人が法人であって設立する会社を子会社として支配する意図がある場合、設立する子会社の事業目的が明らかに親法人の事業目的と異なるときは、親法人の定款所定の目的に反する行為と解される可能性があるので注意が必要である（江頭・前掲『株式会社法（第3版）』64頁。登記先例については、松井信憲『商業登記ハンドブック（第2版）』18頁、商事法務、平成21年を参照）。

3　発起設立の場合の発起人の権限及び義務

　発起人は、定款を作成し、その全員が定款に署名又は記名押印（電子定款であるときは電子署名）をしなければならない（会社法26条）。

　発起人が割当てを受ける設立時発行株式の数、設立時発行株式と引換えに払い込む金銭の額、資本金及び資本準備金の額に関する事項等は、定款又は発起人全員の同意によって定めなければならない（会社法32条1項）。なお、発起人は、設立時発行株式を1株以上引き受けなければならない（会社法25条2項）。

　発起人は、設立時発行株式の引受後遅滞なく、その引き受けた設立時発行株式につき、その出資に係る金銭の全額を払い込み、又はその出資に係る金銭以外の財産の全部を給付しなければならない（会社法34条1項）。なお、発起人のうち出資の履行をしていないものが定められた期日までに出資の履行をしないときは、当該出資の履行をすることにより設立時発行株式の株主となる権利を失う（会社法36条）。

　発起人は、設立時取締役等を定款で定めている場合を除き、出資の履行が完了した後、遅滞なく、設立時取締役等を選任しなければならない（会社法38条）。

（久我祐司）

第2編

定款例B【株主総会＋取締役＋監査役】

――【実務上のポイント】――

1 定款例Bの特徴

　定款例Bは、会社の機関として、株主総会と取締役のほかに、監査役が置かれるものである。定款例Bを採用するには、会社の発行するすべての株式について譲渡制限があること、すなわち非公開会社であることが条件となる（会社法327条。定款例B第6条）。

　定款例Bにおける各機関の権限分配は、次のとおりである。

　株主総会は、会社法に規定する事項及び株式会社の組織、運営、管理その他株式会社に関する一切の事項について決議をすることができる（会社法295条1項）。なお、会社法の規定により株主総会の決議を必要とする事項について、取締役、執行役、取締役会その他の株主総会以外の機関が決定することができることを内容とする定款の定めは、その効力を有しない（会社法295条3項）とされる。

　取締役は、定款に別段の定めがある場合を除き、株式会社の業務を執行する権限を有する（会社法348条1項）。代表取締役を定めない場合、取締役は、各自、株式会社を代表するが（会社法349条1項、2項）、代表取締役を定める場合は、定款、定款の定めに基づく取締役の互選又は株主総会の決議によって、取締役の中から代表取締役を定めることができ（会社法349条3項）、選定された代表取締役のみが会社の代表権を有することとなる（会社法349条1項但書）。

　監査役の権限は、原則として、取締役の職務執行を監査することを含むが（会社法381条）、非公開会社（監査役会設置会社及び会計監査

77

人設置会社を除く。)は、その監査役の監査の範囲を会計に関するものに限定する旨を定款に定めることができる(会社法389条1項)。この定款の定めをおいた場合、会社法381条から386条までの規定は適用されないこととなる(会社法389条7項)。

　なお、会社法施行日に現に存する株式会社のうち、平成17年改正前株式会社の監査等に関する商法の特例に関する法律(以下「商法特例法」という。)1条の2第2項の「小会社(資本の額が1億円以下)」であったものについては、監査役の権限を会計に関するものに限定する旨の定款の定めがあるものとみなされているので(整備法53条)、定款変更の際に明文化することが望ましい(整備法77条)。もっともこのみなし規定を廃止して、監査役の権限の制限を撤廃することも可能である。

　監査役設置会社においては、計算書類及び事業報告並びにこれらの附属明細書は、監査役の監査を受けることが義務づけられており(会社法436条1項)、定時株主総会に提出する計算書類及び事業報告は監査役の監査を受けたものでなければならない(会社法438条1項1号)。

2　他の機関構成からの移行上の留意点

(1)　定款例Aから定款例Bへ移行する場合

　　定款例Aの機関構成[株主総会＋取締役]から定款例Bへ移行する場合、監査役を置く旨の定款規定を設けるのと同時に、現実に監査役を選任する必要がある。なお、監査役の監査の範囲を会計に関するものに限定する場合は、その旨の定款規定も設ける必要がある(会社法389条1項)。

(2)　定款例Cから定款例Bへ移行する場合

　　定款例Cの機関構成[株主総会＋取締役会＋監査役]から定款例Bへ移行する場合、取締役会を置く旨の定款規定を廃止すると

ともに、取締役会に関連する定款規定をすべて変更する必要がある。

また、株式の譲渡制限規定として、例えば「当会社の株式を譲渡するには、取締役会の承認を受けなければならない。」との定款規定を設けていた場合は、取締役会以外の機関（例えば株主総会、代表取締役など）を承認機関とする定款変更が必要となるが、これは登記事項の変更となるので、取締役会の廃止の登記と同時に登記しなければならない。

取締役会の廃止に伴い、株主総会の権限が、次のとおり変更となる。すなわち、取締役会設置会社の株主総会は、会社法に規定する事項及び定款で定めた事項に限り、決議をすることができるとされている（会社法295条2項）のに対し、取締役会を置かない株式会社の株主総会は、会社法に規定する事項及び株式会社の組織、運営、管理その他株式会社に関する一切の事項について決議をすることができることとなる（会社法295条1項）。

なお、現在の登記実務では、取締役会の廃止の際に、改めて代表取締役を選定しないときは、各自代表となり（会社法349条2項）、従前の代表取締役以外の取締役の代表権が復活する、すなわち、取締役全員が代表取締役となると解釈するので、「年月日代表権付与」を登記原因とする代表取締役の登記が必要となる。

例えば、従前の役員構成が代表取締役A、取締役B、取締役Cである会社において、取締役会を廃止の登記をする際に、同時に代表取締役の選定をしない場合は、B、Cについて、「年月日代表権付与」を登記原因として代表取締役の登記が必要なる。

そのため、従前の代表取締役Aのみが代表取締役となるようにするためには、取締役の廃止と同時に、改めて、定款、定款の定めに基づく取締役の互選又は株主総会の決議によって、取締役の中から代表取締役を定める必要がある。

第1章　総　則

> （商号）
> 第1条　当会社は、株式会社○○と称する。

解　説

1　規定の趣旨

　　会社法27条2号の「商号」を規定するものである。

2　本条は定款例A第1条と同じなので、解説については定款例A第1条の該当箇所を参照。

> （目的）
> 第2条　当会社は、次の事業を営むことを目的とする。
> 　(1)　○○○○
> 　(2)　○○○○
> 　(3)　前各号に付帯関連する一切の事業

解　説

1　規定の趣旨

　　会社法27条1号の「目的」を規定するものである。

2　本条は、定款例A第2条と同じなので、解説については定款例A第2条の該当箇所を参照。

> （本店の所在地）
> 第3条　当会社は、本店を東京都○○区に置く。

解　説

1　規定の趣旨

　　会社法27条3号の「本店の所在地」を規定するものである。

2　本条は、定款例A第3条と同じなので、解説については定款例A第3条の該当箇所を参照。

（公告方法）
第4条　当会社の公告方法は、官報に掲載する方法とする。

【解説】
1　規定の趣旨
　会社法939条1項1号に基づき、官報公告を公告方法として規定するものである。
2　本条は、定款例A第4条と同じなので、解説については定款例A第4条の該当箇所を参照。

第2章　株　式

（発行可能株式総数）
第5条　当会社の発行可能株式総数は、〇〇〇〇株とする。

【解説】
1　規定の趣旨
　会社法37条1項の規定に基づき、発行可能株式総数を規定するものである。
2　本条は、定款例A第5条と同じなので、解説については定款例A第5条の該当箇所を参照。

（株式の譲渡制限）
第6条　当会社の発行する株式は、すべて譲渡制限株式とする。
2　当会社の株式を譲渡により取得するには、株主総会の普通決議に

よる承認を要する。

解 説

1　規定の趣旨

　会社法107条1項1号、2項1号イの規定に基づき、会社が発行する全部の株式の内容として、株式の譲渡制限を定めるものである。

2　本条は、定款例A第6条と同じなので、解説については定款例A第6条の該当箇所を参照。

（株式の相続人に対する売渡請求）
第7条　当会社は、相続により当会社の株式を取得した者に対し、当該株式を当会社に売り渡すことを請求することができる。

解 説

1　規定の趣旨

　会社法174条の規定に基づき、株式の相続制限を定めるものである。

2　本条は、定款例A第7条と同じなので、解説については定款例A第7条の該当箇所を参照。

（株券の不発行）
第8条　当会社の株式に係る株券は、これを発行しない。

解 説

1　規定の趣旨

　会社法においては、株券は発行しないことが原則であり（会社法214条）、これを確認的に規定するものである。

2　本条は、定款例A第8条と同じなので、解説については定款例A第8条の該当箇所を参照。

(株主名簿記載事項の記載又は記録の請求)
第9条　当会社の株式を当会社以外の者から取得した者が、当会社に対し、当該株式に係る株主名簿記載事項を株主名簿に記載し、又は記録することを請求するには、法令により共同してすることを要しないものとされる場合を除き、その取得した株式の株主として株主名簿に記載され、若しくは記録された者又はその相続人その他の一般承継人と共同して、当会社所定の書式による請求書に署名又は記名押印のうえ、これを当会社に提出しなければならない。

解説

1　規定の趣旨

　　会社法133条の規定による株主からの株主名簿記載事項の記載又は記録の請求について、請求の方法を規定するものである。

2　本条は、定款例A第9条と同じなので、解説については定款例A第9条の該当箇所を参照。

(募集株式の割当てを受ける権利)
第10条　当会社の株主(当会社を除く。)は、その有する株式の数に応じて募集株式の割当てを受ける権利を有する。ただし、当該株主が割当てを受ける募集株式の数に1株に満たない端数があるときは、これを切り捨てる。
2　前項の規定は、株主総会の特別決議により、募集株式の割当てに関し、これと異なる定めをすることを妨げるものではない。

解説

1　規定の趣旨

　　募集株式の発行において、株主が株式の割当てを受ける権利を有する旨を規定するものである(会社法202条)。

2　本条は、定款例A第10条と同じなので、解説については定款例A

第1部　基本編

第10条の該当箇所を参照。

> （基準日）
> 第11条　当会社は、毎事業年度末日の最終の株主名簿に記載又は記録された議決権を有する株主をもって、その事業年度に関する定時株主総会において議決権を行使することができる株主とする。
> 2　前項のほか、株主又は登録株式質権者として権利を行使することができる者を確定するため必要がある場合には、2週間前に公告して、臨時に基準日を定めることができる。

解説

1　規定の趣旨

　　第1項は、会社法124条3項但書の規定に基づき、株主の定時株主総会における議決権行使に関する基準日を規定し、これに関する公告を省略するための規定である。第2項は、会社法124条1項による基準日制度を確認的に規定したものである。

2　本条は、定款例A第11条と同じなので、解説については定款例A第11条の該当箇所を参照。

第3章　株主総会

> （権限）
> 第12条　株主総会は、法令に規定する事項及び当会社の組織、運営、管理その他当会社に関する一切の事項について決議をすることができる。

解説

1　規定の趣旨

　　会社法295条1項の規定の内容を、確認的に規定するものである。

2 本条は、定款例A第12条と同じなので、解説については定款例A第12条の該当箇所を参照。

（招集）
第13条　定時株主総会は、毎事業年度末日の翌日から3か月以内に招集し、臨時株主総会は必要がある場合に招集する。
2　株主総会は、法令に別段の定めがある場合を除くほか、社長たる取締役が招集する。
3　株主総会を招集するには、会日より5日前までに、議決権を行使することができる株主に対してその通知を発しなければならない。

解　説
1　規定の趣旨
　第1項前段は、定時株主総会（会社法296条1項）の招集時期を特定し、同項後段は、臨時総会を必要に応じて招集し得ることを確認的に規定するものである（会社法296条2項）。第2項は、株主総会の招集者を原則として社長たる取締役とする（会社法296条3項）。第3項は、会社法299条1項に基づき、招集の期間を短縮するものである。
2　本条は、定款例A第13条と同じなので、解説については定款例A第13条の該当箇所を参照。

（招集手続の省略）
第14条　株主総会は、法令に別段の定めがある場合を除き、その株主総会において議決権を行使することができる株主の全員の同意があるときは、招集の手続を経ることなく開催することができる。

解　説
1　規定の趣旨
　会社法300条の規定の内容を、確認的に規定するものである。

2　本条は、定款例A第14条と同じなので、解説については定款例A第14条の該当箇所を参照。

（議長）
第15条　株主総会の議長は、社長たる取締役がこれに当たる。ただし、社長たる取締役に事故又は支障があるときは、株主総会がこれを選任する。

解説

1　規定の趣旨
　　株主総会の議長の選任につき規定するものであり、この規定を置くことにより、株主総会ごとに議長を選任する手間を省くことができる。
2　本条は、定款例A第15条と同じなので、解説については定款例A第15条の該当箇所を参照。

（決議の方法）
第16条　株主総会の普通決議は、法令又は本定款に別段の定めがある場合を除き、出席した議決権を行使することができる株主の議決権の過半数をもって行う。
2　会社法第309条第2項による株主総会の特別決議は、当該株主総会において議決権を行使することができる株主の議決権の3分の1以上を有する株主が出席し、出席した当該株主の議決権の3分の2以上に当たる多数をもって行う。

解説

1　規定の趣旨
　　第1項は、会社法309条1項の規定に基づき、株主総会の普通決議の定足数を排除するものであり、第2項は、会社法309条2項の規定

に基づき、株主総会の特別決議の定足数を引き下げるものである。
2 本条は、定款例A第16条と同じなので、解説については定款例A第16条の該当箇所を参照。

(議決権の代理行使)
第17条 株主が代理人によってその議決権を行使する場合の代理人は当会社の株主とし、その人数は1名とする。

解　説

1 　規定の趣旨
議決権行使の代理人資格を株主に限定するものである。
2 本条は、定款例A第17条と同じなので、解説については定款例A第17条の該当箇所を参照。

(決議等の省略)
第18条 取締役又は株主が株主総会の目的である事項について提案をした場合において、当該提案につき株主(当該事項について議決権を行使することができるものに限る。)の全員が、書面又は電磁的記録により同意の意思表示をしたときは、当該提案を可決する旨の株主総会の決議があったものとみなす。
2 取締役が株主の全員に対して株主総会に報告すべき事項を通知した場合において、当該事項を株主総会に報告することを要しないことにつき株主の全員が書面又は電磁的記録により同意の意思表示をしたときは、当該事項の株主総会への報告があったものとみなす。

解　説

1 　規定の趣旨
　会社法319条1項及び320条の規定の内容を、確認的に規定するものである。

2　本条は、定款例A第18条と同じなので、解説については定款例A第18条の該当箇所を参照。

（議事録）
第19条　株主総会の議事録は、書面又は電磁的記録をもって作成し、これに議事の経過の要領及びその結果その他法令に定める事項を記載又は記録しなければならない。

解　説

1　規定の趣旨

　会社法318条1項、会社法施行規則72条の規定に基づき、株主総会の議事録につき規定するものである。

2　本条は、定款例A第19条と同じなので、解説については定款例A第19条の該当箇所を参照。

第4章　取締役

（取締役の員数）
第20条　取締役は、1名以上とする。

解　説

1　規定の趣旨

　本条は、取締役の員数の定款上の下限を定めるものである。

2　本条は、定款例A第20条と同じなので、解説については定款例A第20条の該当箇所を参照。

（選解任の方法）
第21条　取締役は、当会社の株主の中から選任する。ただし、必要が

あるときは、株主以外の者から選任することを妨げない。
2　取締役を選任する株主総会の決議は、議決権を行使することができる株主の議決権の3分の1以上を有する株主が出席し、出席した当該株主の議決権の過半数をもって行なわなければならない。
3　取締役を解任する株主総会の決議は、議決権を行使することができる株主の議決権の過半数を有する株主が出席し、出席した当該株主の議決権の過半数をもって行なわなければならない。
4　取締役の選任については、累積投票によらない。

解　説

1　規定の趣旨

　第1項は、取締役を株主の中から選任することを原則とし、例外的に必要がある場合は、株主以外からも選任できる旨を定めたものである。第2項及び第3項は、取締役の選任及び解任について規定したものであるが、選任の場合定足数は3分の1、解任の場合定足数は過半数、決議要件はいずれも出席株主の議決権の過半数としている。第4項は取締役の累積投票による選任を排除するものである。

2　本条は、定款例A第21条と同じなので、解説については定款例A第21条の該当箇所を参照。

（取締役の任期）
第22条　取締役の任期は、選任後10年以内に終了する事業年度のうち最終のものに関する定時株主総会の終結の時までとする。
2　任期の満了前に退任した取締役の補欠として、又は増員により選任された取締役の任期は、退任した取締役又は他の在任取締役の任期の満了する時までとする。

解　説

1　規定の趣旨

第1項は、非公開会社の取締役の任期を選任後10年以内に終了する事業年度のうち最終のものに関する定時株主総会の終結のときまでとしたものである（会社法332条2項）。第2項は、補欠取締役及び増員取締役の任期を、他の取締役の任期の終了時期と合わせるための規定である（会社法332条1項但書）。

2　本条は、定款例A第22条と同じなので、解説については定款例A第22条の該当箇所を参照。

（代表取締役及び社長）

第23条　当会社に取締役が2名以上いるときは、代表取締役1名を置き、取締役の互選によって定める。

2　代表取締役は社長とする。

3　取締役が1名のときは、当該取締役を社長とする。

解　説

1　規定の趣旨

第1項は、取締役の互選によって代表取締役を選ぶ旨の規定である（会社法349条3項）。第2項及び第3項は、会社を代表する取締役を社長とする旨の定めである。

2　本条は、定款例A第23条と同じなので、解説については定款例A第23条の該当箇所を参照。

（業務執行）

第24条　当会社に取締役が2名以上いるときは、当会社の業務は、取締役の過半数をもって決定する。

> 解説

1　規定の趣旨

　本条は、取締役が２名以上いるときの、会社の業務執行の決定につき、会社法の例外規定を設けず、取締役の過半数で決定する旨の規定を確認的に定めたものである（会社法348条２項）。

2　本条は、定款例Ａ第24条と同じなので、解説については定款例Ａ第24条の該当箇所を参照。

（取締役の報酬等）

第25条　取締役の報酬、賞与その他の職務執行の対価として当会社から受ける財産上の利益（以下「報酬等」という。）は、株主総会の決議によって定める。

> 解説

1　規定の趣旨

　本条は、取締役の報酬等につき、株主総会の決議によって定める旨の規定を置いたものである。

2　本条は、定款例Ａ第25条と同じなので、解説については定款例Ａ第25条の該当箇所を参照。

第５章　監査役

（監査役設置会社）

第26条　当会社は監査役を置き、監査役は１名以上とする。

> 解説

1　規定の趣旨

　本条は、監査役を置く旨及び定款上の下限を定めたものである（会社法326条２項）。取締役会設置会社でない株式会社は、監査役の設置

は義務ではないが、置くことができ、これを定めた場合の規定である。

2 監査役の資格

監査役の欠格事由は、取締役と同様であり、解説については定款例A第20条の該当箇所を参照。

3 監査役の職務

原則は、取締役の職務の執行を監査する権限のある監査役であり、この場合の監査役は、いつでも、取締役等に対して事業の報告を求め又は業務及び財産の状況の調査をすることができる（会社法381条）。非公開会社においては、会計監査のみを行う監査役を設置することができる。

4 監査役の兼任禁止

監査役の兼任が禁止されている地位は次のとおりである（会社法335条2項）。

① 当該会社の取締役又は支配人その他の使用人
② 子会社の取締役、会計参与（会計参与が法人であるときは、その職務を行うべき社員）、執行役又は支配人その他の使用人

5 監査役設置会社と「監査役設置会社である旨」の登記

監査役設置会社とは、監査役を置く株式会社（その監査役の監査の範囲を会計に関するものに限定する旨の定款の定めがあるものを除く。）又は会社法の規定により監査役を置かなければならない株式会社をいう（会社法2条9号）。したがって、監査役を置く株式会社のうち、その監査役の監査の範囲を会計に関するものに限定する旨の定款の定めがあるものは、原則として、「監査役設置会社」に関する規定（主に監査役に業務監査権限があることを前提とする規定）の適用はない。

監査役設置会社に、監査役の監査の範囲を会計に関するものに限定する旨の定款の定めがあるものを含む場合には、「監査役設置会社（監査役の監査の範囲を会計に関するものに限定する旨の定款の定め

がある株式会社を含む。）」という明文規定が置かれている（会社法38条2項2号等）。

　これらの規定のうちでもっとも多く利用されるものは、登記に関する会社法911条3項17号である。これには、株式会社は、「監査役設置会社（監査役の監査の範囲を会計に関するものに限定する旨の定款の定めがある株式会社を含む。）であるときは、その旨及び監査役の氏名」を登記しなければならないと規定されている。

　したがって、監査役を置く会社は、監査役の監査の範囲にかかわらず、「監査役設置会社である旨」を登記しなければならないことになる。すなわち、ある会社の登記事項証明書をみれば、当該会社に監査役が置かれていることは明らかであるが、当該会社の監査役の監査の範囲が会計に関するものに限定されているか否かは判明しないことになる。

　なお、監査役を置く特例有限会社については、通常の株式会社と異なり、「監査役の氏名及び住所」が登記すべき事項とされているが、「監査役を置く旨」は登記すべき事項とされていない（整備法43条1項）。

（選解任の方法）
第27条　監査役は、当会社の株主の中から選任する。ただし、必要があるときは株主以外の者から選任することを妨げない。
2　監査役を選任する株主総会の決議は、議決権を行使することができる株主の議決権の3分の1以上を有する株主が出席し、出席した当該株主の議決権の過半数をもって行わなければならない。
3　監査役を解任する株主総会の決議は、議決権を行使することができる株主の議決権の3分の1以上を有する株主が出席し、出席した当該株主の議決権の過半数をもって行わなければならない。

解説

1　規定の趣旨

　第1項は、監査役を株主の中から選任することを原則としつつ、例外として、必要な場合に株主以外の者から選任できる旨を定めたものである（会社法335条1項、331条2項但書）。

　第2項は、監査役の選任要件を規定し、第3項は監査役の解任の決議要件を規定したものである。

2　監査役の選任及び解任

　監査役の選任は、株主総会の普通決議による（ただし、定款によっても定足数は、議決権を行使することができる株主の議決権の3分の1未満にすることはできない。）。また、取締役が監査役の選任議案を株主総会に提出するには、監査役の同意を得なければならないとされている（会社法343条）。

　監査役の選任については、累積投票の規定は存在しない。

　監査役の解任は、株主総会の特別決議によらなければならない（会社法339条、309条2項7号）。

（監査役の任期）

第28条　監査役の任期は、選任後10年以内に終了する事業年度のうち最終のものに関する定時株主総会の終結の時までとする。

2　任期の満了前に退任した監査役の補欠として選任された監査役の任期は、退任した監査役の任期の満了する時までとする。

解説

1　規定の趣旨

　第1項は、会社法の許容する監査役の任期の伸長規定により10年以内に終了する事業年度のうち最終のものに関する定時株主総会の終結の時までとするものである。第2項は補欠監査役の任期を退任した監査役の任期の満了すべき時までとするものである（会社法336条3

項)。

2　監査役の任期

　　監査役の任期は、選任後4年以内に終了する事業年度のうち最終のものに関する定時株主総会の終結の時までである（補欠監査役の定めがある場合を除く。）が、非公開会社は、これを10年まで延長することができる（会社法336条）。

（監査役の報酬等）
第29条　監査役の報酬等は、株主総会の決議によって定める。

解　説

1　規定の趣旨

　　監査役の報酬は、株主総会の決議によって定めることを、確認的に規定したものである（会社法387条1項）。

2　監査役の報酬

　　監査役の報酬は、定款にその額を定めていないときは、株主総会の決議によって定めることとされている（会社法387条1項）。監査役の監査の公正の観点から定められたものである。

第6章　計　算

（事業年度）
第30条　当会社の事業年度は、毎年○月○日から翌年○月○○日までの年1期とする。

解　説

1　規定の趣旨

　　本条は、事業年度を定めたものである。

2　本条は、定款例A第26条と同じなので、解説については定款例A

第26条の該当箇所を参照。

> （剰余金の配当）
> 第31条　当会社は、毎事業年度末日の最終の株主名簿に記載又は記録された株主又は登録株式質権者に対して、剰余金の配当を行う。
> 2　金銭による剰余金の配当が、支払開始の日から満３年を経過してもなお受領されないときは、当会社はその支払義務を免れる。
> 3　前項の配当金には利息を付さない。

解　説

1　規定の趣旨

　第１項は、株主等に対し剰余金の配当をする場合、配当を受領すべき株主等を確定するための基準日を定めたものである（会社法124条）。第２項は、金銭による剰余金の配当につき支払請求権の行使期間につき除斥期間を定めたものであり、第３項は、支払請求権者の受領の遅滞があった場合に、配当金に利息を付さない旨の規定である。

2　本条は、定款例Ａ第27条と同じなので、解説については定款例Ａ第27条の該当箇所を参照。

第７章　附　則

> （設立に際して出資される財産の最低額）
> 第32条　当会社の設立に際して出資される財産の最低額は、金○○○円とする。

解　説

1　規定の趣旨

　設立に際して出資される財産の最低額を定めたものである（会社法27条４号）。

2 本条は、定款例A第28条と同じなので、解説については定款例A第28条の該当箇所を参照。

（最初の事業年度）
第33条　当会社の最初の事業年度は、当会社の成立の日から平成〇〇年〇月〇〇日までとする。

▍解　説
1　規定の趣旨
　最初の事業年度を定めたものである。
2　本条は、定款例A第29条と同じなので、解説については定款例A第29条の該当箇所を参照。

（設立時取締役等）
第34条　当会社の設立時取締役及び設立時監査役は、次のとおりとする。
　設立時取締役　甲野太郎
　設立時取締役　乙野次郎
　設立時監査役　丙野三郎

▍解　説
1　規定の趣旨
　　本条は、設立時取締役及び設立時監査役について、出資の履行を待たず定款で定めたものである（会社法38条）。
2　本条は、定款例A第30条とほぼ同じなので、解説については定款例A第30条の該当箇所を参照。

(発起人の氏名及び住所)
第35条 当会社の発起人の氏名及び住所は、次のとおりである。
　東京都〇〇区〇〇一丁目〇番〇号　甲野太郎
　東京都〇〇区〇〇二丁目〇番〇号　乙野次郎

解　説

1　規定の趣旨

　本条は、定款の絶対的記載事項である発起人の氏名及び住所を定めたものである（会社法27条5号）。

2　本条は、定款例A第31条と同じなので、解説については定款例A第31条の該当箇所を参照。

（山田信之・久我祐司）

第3編

定款例C【株主総会＋取締役会＋監査役】

【実務上のポイント】

1 定款例Cの特徴

　定款例Cは、会社の機関として、株主総会と取締役のほかに、取締役会及び監査役が置かれるものである。

　定款例Cは、委員会設置会社を除き、非公開会社であっても公開会社であっても採用することのできる機関構成である。

　なお、平成17年改正前商法の下では、平成17年改正前商法特例法1条の2第3項の「委員会等設置会社」を除き、取締役会及び監査役は、株式会社に必須の機関とされていたため、会社法施行日に現に存する株式会社（委員会設置会社を除く。）の定款には、取締役会及び監査役を置く旨の定めがあるものとみなされている（整備法76条2項）。

　定款例Cにおける各機関の権限分配は、次のとおりである。

　株主総会は、会社法に規定する事項及び定款で定めた事項に限り決議をすることができる（会社法295条2項）。

　取締役会は、取締役会設置会社の業務執行の決定、取締役の職務の執行の監督、代表取締役の選定及び解職をその職務とする（会社法362条2項）。特に、重要な財産の処分及び譲受け、多額の借財等の重要な業務執行の決定については、取締役に委任することはできず、取締役会の決議が必要である（会社法362条4項）。

　取締役会設置会社においては、取締役会において代表取締役を選定することが義務づけられており（会社法362条3項）、取締役会の決議

によって選定された代表取締役のみが会社の代表権を有することとなる（会社法349条1項但書）。

また、取締役会設置会社の業務執行は、代表取締役及び取締役会の決議によって選定された業務執行取締役が行うものとされており（会社法363条1項）、これらの業務執行を行う取締役は、3か月に1回以上、自己の職務執行の状況を取締役会に報告しなければならないとされている（会社法363条2項）。なお、この報告は、取締役会への報告の省略の適用除外となっている（会社法372条2項）ので、注意が必要である。

監査役の権限は、原則として、取締役の職務執行を監査することを含むが（会社法381条）、非公開会社（監査役会設置会社及び会計監査人設置会社を除く。）は、その監査役の監査の範囲を会計に関するものに限定する旨を定款に定めることができる（会社法389条1項）。この定款の定めをおいた場合、会社法381条から386条までの規定は適用されない（会社法389条7項）。

なお、会社法施行日に現に存する株式会社のうち、平成17年改正前商法特例法1条の2第2項の「小会社（資本の額が1億円以下）」であったものについては、監査役の権限を会計に関するものに限定する旨の定款の定めがあるものとみなされているので（整備法53条）、定款変更の際に明文化することが望ましい（整備法77条）。もっともこのみなし規定を廃止して、監査役の権限の制限を撤廃することも可能である。

監査役設置会社においては、計算書類及び事業報告並びにこれらの附属明細書は、監査役の監査を受けることが義務づけられており（会社法436条1項）、定時株主総会に提出する計算書類及び事業報告は監査役の監査を受けたものでなければならない（会社法438条1項）。

2　他の機関構成からの移行上の留意点
(1)　定款例Aから定款例Cへ移行する場合

定款例Ａの機関構成［株主総会＋取締役］から定款例Ｃへ移行する場合、取締役会及び監査役を置く旨の定款規定を設けると同時に、現実に監査役を選任する必要があるほか、取締役の員数を３名以上とする必要がある（会社法331条４項）。

　また、定款変更の前に代表取締役を定めていなかった場合は、定款変更の効力が生じたとき直ちに、代表取締役を選定しなければならない（会社法362条３項）。

　これに対し、定款変更の前に代表取締役を定めていた場合は、代表取締役を改めて選定することは要求されていない。ただし、法律関係を明確にするために、従前の代表取締役はいったん辞任し、改めて取締役会において代表取締役を選定することが望ましいとする考え方もある（松井信憲『商業登記ハンドブック（第２版）』389頁、商事法務、平成21年）。

　株式の譲渡制限規定として、取締役会以外の機関（例えば株主総会、代表取締役など）を承認機関としていた場合であっても、取締役会の設置に伴い、必ずしも承認機関を取締役会とすることは要求されていない（会社法107条２項１号、108条２項４号参照）。株主又は株式取得者からの譲渡承認請求に対して、適時に対応できるか否かによって（会社法145条参照）、承認機関を定めればよい。

　なお、前述のとおり、株主総会の権限が変更となるほか、監査役の設置により、計算書類及び事業報告の確定手続も変更となるので注意が必要である。

(2)　定款例Ｂから定款例Ｃへ移行する場合

　定款例Ｂの機関構成［株主総会＋取締役＋監査役］から定款例Ｃへ移行する場合の留意点は、(1)の場合と同様である。

第1部　基本編

第1章　総　則

> （商号）
> 第1条　当会社は、株式会社〇〇と称する。

解　説

1　規定の趣旨

　　会社法27条2号の「商号」を規定するものである。
2　本条は定款例A第1条と同じなので、解説については定款例A第1条の該当箇所を参照。

> （目的）
> 第2条　当会社は、次の事業を営むことを目的とする。
> 　(1)　〇〇〇〇
> 　(2)　〇〇〇〇
> 　(3)　前各号に付帯関連する一切の事業

解　説

1　規定の趣旨

　　会社法27条1号の「目的」を規定するものである。
2　本条は、定款例A第2条と同じなので、解説については定款例A第2条の該当箇所を参照。

> （本店の所在地）
> 第3条　当会社は、本店を東京都〇〇区に置く。

解　説

1　規定の趣旨

　　会社法27条3号の「本店の所在地」を規定するものである。

2 本条は、定款例A第3条と同じなので、解説については定款例A第3条の該当箇所を参照。

(公告方法)
第4条 当会社の公告方法は、官報に掲載する方法とする。

解 説

1 規定の趣旨

会社法939条1項1号に基づき、官報公告を公告方法として規定するものである。

2 本条は、定款例A第4条と同じなので、解説については定款例A第4条の該当箇所を参照。

第2章 株 式

(発行可能株式総数)
第5条 当会社の発行可能株式総数は、〇〇〇〇株とする。

解 説

1 規定の趣旨

会社法37条1項の規定に基づき、発行可能株式総数を規定するものである。

2 本条は、定款例A第5条と同じなので、解説については定款例A第5条の該当箇所を参照。

(株式の譲渡制限)
第6条 当会社の発行する株式は、すべて譲渡制限株式とする。
2 当会社の株式を譲渡により取得するには、取締役会の承認を要す

> る。

解説

1 規定の趣旨

　第1項は、会社法107条1項1号、2項1号イの規定に基づき、会社が発行する全部の株式の内容として、株式の譲渡制限を定めるものである。第2項は、取締役会設置会社にあっては、株式譲渡を承認する機関は、取締役会を原則とするが、その旨を確認的に定めたものである。

2 取締役会設置会社の譲渡承認機関

　取締役会設置会社の場合、株式の譲渡承認請求に対し、譲渡の承認をするか否かの決定をするには、取締役会の決議によるのが原則である（会社法139条）。定款で別段の定めをして、定款例A第6条第2項と同様に株主総会を承認機関とすることもできる。

　取締役会を承認機関としている場合、会社が解散する時に、取締役会は会社の機関ではなくなるので（会社法477条以下。清算人が業務を執行し、会社を代表する。）、承認機関の変更登記が必要になる。

> （株式の相続人に対する売渡請求）
> 第7条　当会社は、相続により当会社の株式を取得した者に対し、当該株式を当会社に売り渡すことを請求することができる。

解説

1 規定の趣旨

　会社法174条の規定に基づき、株式の相続制限を定めるものである。

2 本条は、定款例A第7条と同じなので、解説については定款例A第7条の該当箇所を参照。

（株券の不発行）
第8条　当会社の株式に係る株券は、これを発行しない。

解説

1　規定の趣旨

　会社法においては、株券は発行しないことが原則であり（会社法214条）、これを確認的に規定するものである。

2　本条は、定款例A第8条と同じなので、解説については定款例A第8条の該当箇所を参照。

（株主名簿記載事項の記載又は記録の請求）
第9条　当会社の株式を当会社以外の者から取得した者が、当会社に対し、当該株式に係る株主名簿記載事項を株主名簿に記載し、又は記録することを請求するには、法令により共同してすることを要しないものとされる場合を除き、その取得した株式の株主として株主名簿に記載され、若しくは記録された者又はその相続人その他の一般承継人と共同して、当会社所定の書式による請求書に署名又は記名押印のうえ、これを当会社に提出しなければならない。

解説

1　規定の趣旨

　会社法133条の規定による株主からの株主名簿記載事項の記載又は記録の請求について、請求の方法を規定するものである。

2　本条は、定款例A第9条と同じなので、解説については定款例A第9条の該当箇所を参照。

（募集株式の割当てを受ける権利）
第10条　当会社の株主（当会社を除く。）は、その有する株式の数に

応じて募集株式の割当てを受ける権利を有する。ただし、当該株主が割当てを受ける募集株式の数に1株に満たない端数があるときは、これを切り捨てる。
2　前項の規定は、株主総会の特別決議により、募集株式の割当てに関し、これと異なる定めをすることを妨げるものではない。

解　説

1　規定の趣旨

募集株式の発行において、株主が株式の割当てを受ける権利を有する旨を規定するものである（会社法202条）。

2　本条は、定款例A第10条と同じなので、解説については定款例A第10条の該当箇所を参照。

（基準日）
第11条　当会社は、毎事業年度末日の最終の株主名簿に記載又は記録された議決権を有する株主をもって、その事業年度に関する定時株主総会において議決権を行使することができる株主とする。
2　前項のほか、株主又は登録株式質権者として権利を行使することができる者を確定するため必要がある場合には、2週間前に公告して、臨時に基準日を定めることができる。

解　説

1　規定の趣旨

第1項は、会社法124条3項但書の規定に基づき、株主の定時株主総会における議決権行使に関する基準日を規定し、これに関する公告を省略するための規定である。第2項は、会社法124条1項による基準日制度を確認的に規定したものである。

2　本条は、定款例A第11条と同じなので、解説については定款例A第11条の該当箇所を参照。

第3章　株主総会

(権限)
第12条　株主総会は、法令に規定する事項及び本定款で定めた事項に限り、決議をすることができる。

解　説

1　規定の趣旨

会社法295条2項の規定の内容を、確認的に規定するものである。

2　取締役会設置会社の株主総会

取締役会設置会社の株主総会は、会社法に規定する事項及び定款で定めた事項に限り、決議をすることができる（会社法295条2項）。会社法によって株主総会の決議事項とされている事項については、取締役会等株主総会以外の機関が決定することができることを内容とする定款の定めは、その効力を有しないものとされる（会社法295条3項）。

(招集)
第13条　定時株主総会は、毎事業年度末日の翌日から3か月以内に招集し、臨時株主総会は必要がある場合に招集する。
2　株主総会は、法令に別段の定めがある場合を除き、取締役会の決議により社長たる取締役が招集する。ただし、社長たる取締役に事故又は支障があるときは、あらかじめ取締役会の決議をもって定めたところに従い、他の取締役が招集する。
3　株主総会を招集するには、会日より1週間前までに、議決権を行使することができる株主に対してその通知を発しなければならない。

第1部 基本編

解説

1　規定の趣旨

　第1項前段は、定時株主総会（会社法296条1項）の招集時期を特定し、同項後段は、臨時総会を必要に応じて招集し得ることを確認的に規定するものである（会社法296条2項）。第2項は、株主総会を取締役会の決議により招集し、招集者を原則として社長たる取締役とする旨（会社法296条3項）、第3項は、会社法299条1項が定める招集の期間を確認的に規定したものである。

2　取締役会設置会社の株主総会の招集

　取締役会設置会社の株主総会の招集決定機関は、原則として、取締役会である（会社法298条4項）。取締役会の決定に基づき、代表取締役が招集手続を執行する。

　取締役会設置会社の株主総会の招集通知は、原則として書面によらなければならない（会社法299条2項2号）。例外的に株主の承諾を得て、電磁的方法により通知を発することができる（会社法299条3項）。

（招集手続の省略）
第14条　株主総会は、法令に別段の定めがある場合を除き、その株主総会において議決権を行使することができる株主の全員の同意があるときは、招集の手続を経ずにこれを開催することができる。

解説

1　規定の趣旨

　会社法300条の規定の内容を、確認的に規定するものである。

2　本条は、定款例A第14条と同じなので、解説については定款例A第14条の該当箇所を参照。

(議長)
第15条　株主総会の議長は、社長たる取締役がこれに当たる。ただし、社長たる取締役に事故又は支障があるときは、あらかじめ取締役会の決議をもって定めたところに従い、他の取締役が議長となる。

解　説

1　規定の趣旨

　株主総会の議長の選任につき規定するものであり、この規定を置くことにより、株主総会ごとに議長を選任する手間を省くことができる。

2　本条は、一般に使用されている定款例にならい、本文において社長たる取締役が議長となるものとし、但書において、社長たる取締役に事故・支障がある場合は予め取締役会決議をもって定めた他の取締役が議長となる旨を定める。なお、会社法上、株主総会の議長についての規定は存在しない。

(決議の方法)
第16条　株主総会の普通決議は、法令又は本定款に別段の定めがある場合を除き、出席した議決権を行使することができる株主の議決権の過半数をもって行う。

2　会社法第309条第2項による株主総会の特別決議は、当該株主総会において議決権を行使することができる株主の議決権の3分の1以上を有する株主が出席し、出席した当該株主の議決権の3分の2以上に当たる多数をもって行う。

解　説

1　規定の趣旨

　第1項は、会社法309条1項の規定に基づき、株主総会の普通決議

の定足数を排除するものであり、第2項は、会社法309条3項の規定に基づき、株主総会の特別決議の定足数を引き下げるものである。
2　本条は、定款例A第16条と同じなので、解説については定款例A第16条の該当箇所を参照。

（議決権の代理行使）
第17条　株主が代理人によってその議決権を行使する場合の代理人は当会社の株主とし、その人数は1名とする。

解　説

1　規定の趣旨
　議決権行使の代理人資格を株主に限定するものである。
2　本条は、定款例A第17条と同じなので、解説については定款例A第17条の該当箇所を参照。

（決議等の省略）
第18条　取締役又は株主が株主総会の目的である事項について提案をした場合において、当該提案につき株主（当該事項について議決権を行使することができるものに限る。）の全員が、書面又は電磁的記録により同意の意思表示をしたときは、当該提案を可決する旨の株主総会の決議があったものとみなす。
2　取締役が株主の全員に対して株主総会に報告すべき事項を通知した場合において、当該事項を株主総会に報告することを要しないことにつき株主の全員が書面又は電磁的記録により同意の意思表示をしたときは、当該事項の株主総会への報告があったものとみなす。

解　説

1　規定の趣旨
　会社法319条1項及び320条の規定の内容を、確認的に規定するもの

である。
2 本条は、定款例A第18条と同じなので、解説については定款例A第18条の該当箇所を参照。

（議事録）
第19条　株主総会の議事録は、書面又は電磁的記録をもって作成し、これに議事の経過の要領及びその結果その他法令に定める事項を記載又は記録しなければならない。

解　説

1　規定の趣旨
　会社法318条1項、会社法施行規則72条の規定に基づき、株主総会の議事録につき規定するものである。
2　本条は、定款例A第19条と同じなので、解説については定款例A第19条の該当箇所を参照。

第4章　取締役、取締役会及び代表取締役

（取締役の員数）
第20条　取締役は、3名以上とする。
2　当会社は取締役会を置く。

解　説

1　規定の趣旨
　本条は、取締役会を設置し、その構成員である取締役の員数の定款上の下限を定めるものである。
2　取締役会及び取締役の員数
　取締役会は、株式会社の必要的機関ではなくなったが、設置を定款で定めた場合は、その旨の登記をしなければならない（会社法911条

3項15号)。また取締役会設置会社の取締役の員数は3人以上でなければならない(会社法331条4項)。

(選解任の方法)
第21条　取締役は、当会社の株主の中から選任する。ただし、必要があるときは、株主以外の者から選任することを妨げない。
2　取締役を選任する株主総会の決議は、議決権を行使することができる株主の議決権の3分の1以上を有する株主が出席し、出席した当該株主の議決権の過半数をもって行わなければならない。
3　取締役を解任する株主総会の決議は、議決権を行使することができる株主の議決権の過半数を有する株主が出席し、出席した当該株主の議決権の過半数をもって行わなければならない。
4　取締役の選任については、累積投票によらない。

解　説

1　規定の趣旨

　　第1項は、取締役を株主の中から選任することを原則とし、例外的に必要がある場合は、株主以外からも選任できる旨を定めたものである。第2項及び第3項は、取締役の選任及び解任について規定したものであるが、選任の場合定足数は3分の1、解任の場合定足数は過半数、決議要件はいずれも出席株主の議決権の過半数としている。第4項は取締役の累積投票による選任を排除するものである。

2　本条は、定款例A第21条と同じなので、解説については定款例A第21条の該当箇所を参照。

(取締役の任期)
第22条　取締役の任期は、選任後10年以内に終了する事業年度のうち最終のものに関する定時株主総会の終結の時までとする。

2　任期の満了前に退任した取締役の補欠として、又は増員により選任された取締役の任期は、退任した取締役又は他の在任取締役の任期の満了する時までとする。

解　説

1　規定の趣旨

　　第1項は、非公開会社の取締役の任期を選任後10年以内に終了する事業年度のうち最終のものに関する定時株主総会の終結の時までとしたものである（会社法332条2項）。第2項は、補欠取締役及び増員取締役の任期を、他の取締役の任期の終了時期を合わせるための規定である（会社法332条1項但書）。
2　本条は、定款例A第22条と同じなので、解説については定款例A第22条の該当箇所を参照。

（代表取締役及び役付取締役）
第23条　取締役会は、取締役の中から代表取締役を選定しなければならない。
2　代表取締役は当会社を代表し、業務を執行する。
3　取締役会は、取締役の中から取締役社長1名を定め、必要に応じ、取締役会長1名並びに取締役副社長、専務取締役及び常務取締役各若干名を定めることができる。ただし、取締役社長は代表取締役でなければならない。

解　説

1　規定の趣旨

　　第1項及び第2項は、取締役会の代表取締役選定の権限を規定し、代表取締役の代表権及び業務執行権限を規定したものである。第3項は役付取締役に関する規定である（会社法362条、363条）。

2　代表取締役及び役付取締役

　取締役会設置会社においては、代表取締役は取締役会で選定する（会社法362条3項）。役付取締役を代表取締役とするかどうかは、取締役会が任意に決定できることであるが、代表権のない役付取締役の選任の際は、表見代表取締役の問題のリスクを考慮して決定すべきである。

（取締役会の招集及び議長）
第24条　取締役会は、法令に別段の定めがある場合を除き、取締役社長がこれを招集し、その議長となる。ただし、取締役社長に事故又は支障があるときは、あらかじめ取締役会の決議をもって定めたところに従い、他の取締役がこれに代わる。
2　取締役会を招集するには、会日より3日前までに、各取締役及び監査役に対して招集通知を発しなければならない。ただし、緊急の必要があるときは、この期間を短縮することができる。
3　前項の規定にかかわらず、取締役会は、取締役及び監査役の全員の同意があるときは、招集の手続を経ることなく開催することができる。

解説

1　規定の趣旨

　第1項は、取締役会を招集する権限を有する取締役を定めたものである。第2項は、取締役会の招集期間を1週間から3日に短縮したものである（会社法368条1項）。第3項は、取締役会の招集手続の省略につき規定したものである。

2　取締役会の招集権者

　取締役会は、各取締役が招集する。ただし、取締役会を招集する取締役を定款又は取締役会で定めたときは、その取締役が招集する（会社法366条）。

招集権者を定めた場合、他の取締役は、招集権眼を有する取締役に対して、取締役会の目的である事項を示して、取締役会の招集を請求することができ、会社法はその場合の取締役会の招集手続を定めている（会社法366条）。

3　取締役会の招集

取締役会の招集は、会日の1週間前までに、各取締役に対して発することが原則であるが、定款により期間を短縮することができる。また、取締役及び監査役の全員の同意があるときは、招集の手続を経ることなく、取締役会を開催することができる。

（決議の方法）

第25条　取締役会の決議は、議決に加わることができる取締役の過半数が出席し、その過半数をもって行う。

解　説

1　規定の趣旨

取締役会の決議要件を確認的に規定したものである（会社法369条）。

2　取締役会の決議要件

取締役会の決議は、決議に加わることができる取締役の過半数が出席し、その過半数をもって行うのが原則であるが、定款での決議要件の加重が認められている（会社法369条）。

（決議の省略）

第26条　取締役が取締役会の決議の目的である事項について提案をした場合において、当該提案につき、取締役（当該事項について議決に加わることができるものに限る。）の全員が書面又は電磁的記録により同意の意思表示をしたときは、当該提案を可決する旨の取締

役会の決議があったものとみなす。ただし、監査役が当該提案について異議を述べたときはこの限りでない。

解説

1　規定の趣旨

　取締役会の議決の省略につき、規定するものである（会社法370条）。

2　取締役会の決議の省略

　取締役会設置会社において、定款に規定を置くことにより、取締役が取締役会の目的である事項について提案した場合において、当該提案につき取締役の全員が、書面又は電磁的記録により同意の意思を表示したときは、当該提案を可決する旨の決議があったものとみなす旨の規定を置くことができる（会社法370条）。この規定に基づき書面による決議に関する規定を定めたものである。

（議事録）

第27条　取締役会の議事録は、書面又は電磁的記録をもって作成するものとし、これに議事の経過の要領及びその結果その他法令に定める事項を記載又は記録し、出席した取締役及び監査役がこれに署名若しくは記名押印又は電子署名する。

解説

1　規定の趣旨

　取締役会の議事録について規定するものである（会社法369条3項、4項）。

2　取締役会議事録

　取締役会の議事については、議事録を作成し、書面によって作成されているときは、出席した取締役及び監査役は、これに署名し又は記名押印しなければならない旨の規定がある（会社法369条3項）。議事

第3編　定款例C【株主総会＋取締役会＋監査役】

録は、電磁的記録をもって作成することもでき、その場合は、署名又は記名押印に代わる措置をとらなければならない。取締役会の決議に参加した取締役であって、議事録に異議をとどめない者は、その決議に賛成したものと推定される（会社法369条5項）ので、議事録への署名又は記名押印等に関する規定が設けられている。

（取締役の報酬等）
第28条　取締役の報酬、賞与その他の職務執行の対価として当会社から受ける財産上の利益（以下「報酬等」という。）は、株主総会の決議によって定める。

解　説
1　規定の趣旨
　取締役の報酬等につき規定したものである（会社法361条1項）。
2　本条は、定款例A第25条と同じなので、解説については定款例A第25条の該当箇所を参照。

（取締役の責任免除）
第29条　当会社は、取締役会の決議によって、会社法第426条第1項の規定により、取締役（取締役であった者を含む。）の会社法第423条第1項の責任を、法令の限度において免除することができる。

解　説
1　規定の趣旨
　会社法426条1項の規定による取締役の責任免除のために必要とされる定款規定の例である。
2　役員等の会社法423条1項の責任は、総株主の同意がなければ免除することができないが（会社法424条）、監査役設置会社（取締役が2人以上ある場合に限る。）は、この責任について、当該役員等が職務

117

を行うにつき善意でかつ重大な過失がない場合において、責任の原因となった事実の内容、当該役員等の職務の執行の状況その他の事情を勘案して特に必要と認めるときは、会社法425条1項の規定により免除することができる額を限度として取締役（当該責任を負う取締役を除く。）の過半数の同意（取締役会設置会社にあっては、取締役会の決議）によって免除することができる旨を定款で定めることができる（会社法426条1項）。

本条は、この場合に必要とされる定款条項の例を取締役に即して規定したものである。

（社外取締役との責任限定契約）
第30条　当会社は、会社法第427条第1項の規定により、社外取締役と、会社法第423条第1項の責任を限定する契約を締結することができる。
2　前項に規定する責任限定契約において、会社法第427条第1項に規定する定款所定の額は、金○○○円とする。

解説

1　規定の趣旨

第1項は、会社法427条1項の規定に基づいて、会社法423条1項による社外取締役の損害賠償責任を限定する契約を締結することができる旨を定めたものである。第2項は、会社法427条1項の「あらかじめ株式会社が定めた額」に関する規定である。

2　社外取締役との責任限定契約

社外取締役とは、株式会社の取締役であって、当該株式会社又はその子会社の業務執行取締役若しくは執行役又は支配人その他の使用人でなく、かつ、過去に当該株式会社又はその子会社の業務執行取締役若しくは執行役又は支配人その他の使用人となったことがないものをいう（会社法2条15号）。

社外取締役が、当該株式会社の執行役等に就任しその要件を欠くこととなった場合には、責任限定契約は、将来に向かってその効力を失う（会社法427条2項）。

第5章　監査役

（監査役設置会社）
第31条　当会社は監査役を置き、監査役は1名以上とする。

解　説

1　規定の趣旨
　　本条は、監査役を置く旨及び定款上の下限を定めたものである（会社法326条2項）。取締役会設置会社のうち非公開会社であるものは、会計参与を置いていない場合、監査役を設置しなければならない（会社法327条2項）。
2　本条は、定款例B第26条と同じなので、解説については定款例B第26条の該当箇所を参照。

（選解任の方法）
第32条　監査役は、当会社の株主の中から選任する。ただし、必要があるときは株主以外の者から選任することを妨げない。
2　監査役を選任する株主総会の決議は、議決権を行使することができる株主の議決権の3分の1以上を有する株主が出席し、出席した当該株主の議決権の過半数をもって行わなければならない。
3　監査役を解任する株主総会の決議は、議決権を行使することができる株主の議決権の3分の1以上を有する株主が出席し、出席した当該株主の議決権の過半数をもって行わなければならない。

> **解　説**

1　規定の趣旨

　第1項は、監査役を株主に限定する規定、及び必要な場合に株主以外の者から選任できる旨を定めたものである（会社法335条1項、331条2項但書）。

　第2項は、監査役の選任要件を規定し、第3項は監査役の解任の決議要件を規定したものである。

2　本条は、定款例B第27条と同じなので、解説については定款例B第27条の該当箇所を参照。

（監査役の任期）

第33条　監査役の任期は、選任後10年以内に終了する事業年度のうち最終のものに関する定時株主総会の終結の時までとする。

2　任期の満了前に退任した監査役の補欠として選任された監査役の任期は、退任した監査役の任期の満了する時までとする。

> **解　説**

1　規定の趣旨

　第1項は、監査役の任期の伸長規定により10年以内に終了する事業年度のうち最終のものに関する定時株主総会の終結の時までとするものである。第2項は補欠監査役の任期を退任した監査役の任期の満了すべき時までとするものである（会社法336条3項）。

2　本条は、定款例B第28条と同じなので、解説については定款例B第28条の該当箇所を参照。

（監査役の報酬等）

第34条　監査役の報酬等は、株主総会の決議によって定める。

第3編　定款例C【株主総会＋取締役会＋監査役】

解　説

1　規定の趣旨

　監査役の報酬等は、株主総会の決議によって定めることを、確認的に規定したものである（会社法387条1項）。

2　本条は、定款例B第29条と同じなので、解説については定款例B第29条の該当箇所を参照。

（監査役の責任免除）
第35条　当会社は、取締役会の決議によって、会社法第426条第1項の規定により、監査役（監査役であった者を含む。）の会社法第423条第1項の責任を、法令の限度において免除することができる。

解　説

1　規定の趣旨

　会社法426条1項の規定による監査役の責任免除のために必要とされる定款規定の例である。

2　役員等の会社法423条1項の責任は、総株主の同意がなければ免除することができないが（会社法424条）、監査役設置会社（取締役が2人以上ある場合に限る。）は、この責任について、当該役員等が職務を行うにつき善意でかつ重大な過失がない場合において、責任の原因となった事実の内容、当該役員等の職務の執行の状況その他の事情を勘案して特に必要と認めるときは、会社法425条1項の規定により免除することができる額を限度として取締役（当該責任を負う取締役を除く。）の過半数の同意（取締役会設置会社にあっては、取締役会の決議）によって免除することができる旨を定款で定めることができる（会社法426条1項）。本条は、この場合に必要とされる定款条項の例を監査役に即して規定したものである。

(社外監査役との責任限定契約)
第36条　当会社は、会社法第427条第1項の規定により、社外監査役と、会社法第423条第1項の責任を限定する契約を締結することができる。
2　前項に規定する責任限定契約において、会社法第427条第1項に規定する定款所定の額は、金○○○円とする。

解説

1　規定の趣旨

　会社法427条1項の規定による監査役との責任限定契約のために必要とされる定款規定の例である。

2　役員等の会社法423条1項の責任は、総株主の同意がなければ免除することができないが（会社法424条）、株式会社は、社外監査役の会社法423条1項の責任について、当該社外監査役が職務を行うにつき善意でかつ重大な過失がないときは、定款で定めた額の範囲内であらかじめ株式会社が定めた額と最低責任限度額とのいずれか高い額を限度とする旨の契約を社外監査役と締結することができる旨を定款で定めることができる（会社法427条1項）。本条は、役員等との責任限定のために必要となる定款規定を、社外監査役に即して規定したものである。

第6章　計　算

(事業年度)
第37条　当会社の事業年度は、毎年○月○日から翌年○月○○日までの年1期とする。

解　説

1　規定の趣旨

本条は、事業年度を定めたものである。

2　本条は、定款例A第26条と同じなので、解説については定款例A第26条の該当箇所を参照。

（剰余金の配当）

第38条　当会社は、毎事業年度末日の最終の株主名簿に記載又は記録された株主又は登録株式質権者に対して、剰余金の配当を行う。

2　金銭による剰余金の配当が、支払開始の日から満3年を経過してもなお受領されないときは、当会社はその支払義務を免れる。

3　前項の配当金には利息を付さない。

解　説

1　規定の趣旨

　第1項は、株主等に対し剰余金の配当をする場合、配当を受領すべき株主等を確定するための基準日を定めたものである（会社法124条）。第2項は、金銭による剰余金の配当につき支払請求権の行使期間につき除斥期間を定めたものであり、第3項は、支払請求権者の受領の遅滞があった場合に、配当金に利息を付さない旨の規定である。

2　本条は、定款例A第27条と同じなので、解説については定款例A第27条の該当箇所を参照。

第7章　附　則

（設立に際して出資される財産の最低額）

第39条　当会社の設立に際して出資される財産の最低額は、金〇〇〇円とする。

第1部　基本編

解　説

1　規定の趣旨

　設立に際して出資される財産の最低額を定めたものである（会社法27条4号）。

2　本条は、定款例A第28条と同じなので、解説については定款例A第28条の該当箇所を参照。

（最初の事業年度）
第40条　当会社の最初の事業年度は、当会社の成立の日から平成〇〇年〇月〇〇日までとする。

解　説

1　規定の趣旨

　最初の事業年度を定めたものである。

2　本条は、定款例A第29条と同じなので、解説については定款例A第29条の該当箇所を参照。

（設立時取締役等）
第41条　当会社の設立時取締役及び設立時監査役は、次のとおりとする。
　　設立時取締役　　甲野太郎
　　設立時取締役　　乙野次郎
　　設立時取締役　　丙野三郎
　　設立時監査役　　丁野四郎

解　説

1　規定の趣旨

　本条は、設立時取締役及び設立時監査役について、出資の履行を待たず定款で定めたものである（会社法38条）。

2　本条は、定款例A第30条とほぼ同じなので、解説については定款例A第30条の該当箇所を参照。

（発起人の氏名及び住所）
第42条　当会社の発起人の氏名及び住所は、次のとおりである。
　　東京都〇〇区〇〇一丁目〇番〇号　　甲野太郎
　　東京都〇〇区〇〇二丁目〇番〇号　　乙野次郎
　　東京都〇〇区〇〇三丁目〇番〇号　　丙野三郎
　　東京都〇〇区〇〇四丁目〇番〇号　　丁野四郎

解　説

1　規定の趣旨

　本条は、定款の絶対的記載事項である発起人の氏名及び住所を定めたものである（会社法27条5号）。

2　本条は、定款例A第31条と同じなので、解説については定款例A第31条の該当箇所を参照。

（山田信之・久我祐司）

第4編
特例有限会社の定款例

【実務上のポイント】

1 会社法の施行による有限会社の取扱い

(1) 有限会社・株式会社間の規律の一体化

　平成17年に制定された会社法は、旧有限会社を廃止し、株式会社と有限会社を1つの会社類型として規律した（整備法1条3号、2条ないし46条）ので、会社法が施行（平成18年5月1日）された現在においては、新たに有限会社を設立できない。

　このように有限会社法を廃止したのは、次の理由による。

① 会社法は株式会社と有限会社の規律を一体化する方針であったため、旧有限会社に関して有限会社法を維持し続けると、廃止されたはずの有限会社法がなお効力を有する法律として法令集に残り続けることになってしまい、混乱を招くおそれがある。

② 平成17年廃止前有限会社法は、平成17年改正前商法「第2編　会社」の規定を多数準用していたところ、会社法の施行によって同規定が廃止されたため、会社法施行後に存続する有限会社に対してどのような規定が適用されるのかは、平成17年改正前商法の規定を調べなければ判明しなくなり、非常に不便である。

(2) 株式会社の特例（特例有限会社）としての存続

　旧有限会社は、平成17年時点で約180万社を超える数の会社が存在するとされており（平成22年6月末で約176万8千社）、旧有限会

社を一斉に株式会社に移行させるには実務上混乱が伴う。そこで、平成18年5月1日の会社法施行後は、商号を変更して会社法の適用を受ける株式会社へと移行することもできるとしたうえで（整備法45条、46条）、経過措置により、その商号中に「有限会社」の文字を使用する株式会社（整備法では「特例有限会社」という用語で呼ばれる。整備法3条2項かっこ書）として存続し、旧有限会社において認められていた制度を維持することもできることとされた（整備法2条ないし3条）（下図参照）。

【旧有限会社の選択肢】

旧有限会社 ─┬→ 商号変更により通常の「株式会社」へ移行
　　　　　　└→ 「特例有限会社」である株式会社として存続

　特例有限会社は、旧有限会社を株式会社へと円滑に移行させるための制度として、経過措置として整備されているが、現時点では移行する期間に制限はないので、特例有限会社のままで存続し続けてもかまわない。その場合には、定款変更や登記申請などの特段の手続は要求されずに、旧有限会社の規律を維持し続けることができる。

2　会社法の施行後に有限会社に適用される規定

　会社法の施行により、有限会社法が廃止され、施行日前から存続する有限会社は、会社法の規定による株式会社として存続するものとされた（整備法2条1項）。したがって、原則として会社法の規定が適用となるが、前述のとおり、平成17年廃止前有限会社法の規律と大きく異なることのないように、会社法の規定の適用除外や特例有限会社に固有の規定が整備法に規定されている。

　例えば、商号については、「株式会社」ではなく、「有限会社」の文字を継続して使用することが義務づけられている（整備法3条1項）。

なお、商号中に「株式会社」という文字を使用する商号変更により、通常の株式会社へ移行することも可能であるが（整備法45条1項）、この場合、移行によって会社法の規定が全面的に適用になるので注意が必要である。

3　用語の変更

前述のとおり、特例有限会社も会社法の株式会社として存続するものとされたので、関連する用語が変更となっている。例えば、「社員」は「株主」と、「持分」及び「出資1口」は「株式」及び「1株」と変更された（整備法2条2項）。社員総会は株主総会となる。

4　定款のみなし規定

特例有限会社の定款には、整備法の規定により、その記載があるものとみなされる事項（株式譲渡制限規定など）があり、定款の閲覧請求等（会社法31条2項各号）があった場合、会社に保管されている定款に現実には記載がないものであっても、これらの事項を示さなければならないとされている（整備法6条）。なお、通常の株式会社へ移行した場合であっても、これらのみなし規定を変更又は廃止する定款変更をしない限りは、同様であるので注意が必要である。そのため、本定款例では、みなし規定を明文化して規定している。

5　機関構成

特例有限会社は、株主総会及び取締役以外の機関としては、監査役のみを置くことができ（整備法17条1項）、大会社であっても会計監査人を置く必要はない（同条2項）。なお、平成17年廃止前有限会社法においては、取締役会は法令上の機関ではないので、会社法の取締役会に関する規定の適用はない。

また、特例有限会社については、会社法の取締役の任期規定は適用除外となっているので（整備法18条）、平成17年廃止前有限会社法の

場合と同様に、取締役の任期に関する制約はない（ただし定款に任期の定めを置くことは可能である。）。なお、これに関連して、休眠会社のみなし解散規定も適用除外となっている（整備法32条）。

6 特例有限会社の役員の登記事項の特則

　特例有限会社においては、取締役の氏名及び住所、代表取締役の氏名（特例有限会社を代表しない取締役がある場合に限る。）、監査役の氏名及び住所（監査役設置会社である旨は登記事項ではない。）が登記事項とされている（整備法43条1項）。これは、平成17年廃止前有限会社法における登記事項と同じであり（平成17年廃止前有限会社法13条2項4号、5号、7号）、会社法の施行による影響を減らすための手当てである。

7 その他の主な特則

　特例有限会社については、特別清算、株式交換及び株式移転に関する規定の適用はない（整備法35条、38条）。
　また、特例有限会社は、吸収合併存続会社又は吸収分割承継会社となることができない（整備法37条）。

第1章　総　則

（商号）
第1条　当会社は、有限会社○○と称する。

解　説

1　規定の趣旨
　会社法27条2号の「商号」を規定するものである。
2　特例有限会社の商号
(1)　有限会社という文字の使用
　　特例有限会社は、その商号中に有限会社という文字を用いなければならず（整備法3条1項）、株式会社、合名会社、合資会社又は合同会社であると誤認されるおそれのある文字を用いてはならない（同条2項）。
(2)　商号変更による通常の株式会社への移行
　　ただし、定款を変更してその商号中に株式会社という文字を用いる商号の変更をすることによって通常の株式会社へ移行することができる（整備法45条1項）。この定款の変更は、移行の登記（整備法46条）をすることによって、その効力を生ずる（整備法45条2項）。
(3)　その他
　　その他の留意点について定款例A第1条の該当箇所を参照。

（目的）
第2条　当会社は、次の事業を営むことを目的とする。
　(1)　○○
　(2)　○○
　(3)　前各号に付帯関連する一切の業務

第1部　基本編

> **解　説**
>
> 1　規定の趣旨
>
> 　会社法27条1号の「目的」を規定するものである。
>
> 2　本条は、定款例A第2条と同じなので、解説については定款例A第2条の該当箇所を参照。

（本店の所在地）
第3条　当会社は、本店を東京都○○区に置く。

> **解　説**
>
> 1　規定の趣旨
>
> 　会社法27条3号の「本店の所在地」を規定するものである。
>
> 2　本条は、定款例A第3条と同じなので、解説については定款例A第3条の該当箇所を参照。

（公告方法）
第4条　当会社の公告方法は、官報に掲載する方法とする。

> **解　説**
>
> 1　規定の趣旨
>
> 　会社法939条1項1号に基づき、官報に掲載する方法を公告方法として規定するものである。
>
> 2　特例有限会社の公告方法
>
> 　特例有限会社は、公告方法を定める義務はなかった（平成17年廃止前有限会社法6条1項、平成17年改正前商法166条1項参照）。しかし、資本の減少や合併など債権者保護手続が必要とされる場合に、官報公告に加えて、定款に定める方法による公告をすることによって、知れたる債権者に対する個別催告を省略することができたので、この場合に備えて公告方法を定款に定めている場合がある（平成17年廃止

前有限会社法88条3項)。この公告方法は、会社法の規定による公告方法の定めとみなされるが(整備法5条2項、3項)、異なる2以上の方法の定款の定めを設けている場合には、会社法の施行日に当該定款の定めはその効力を失うとされている(同条4項)。したがってこの場合には、公告方法の定めがないこととなるので、必要に応じて改めて定款を変更して公告方法を定める必要がある。なお、公告方法を定めない場合の公告方法は、官報に掲載する方法となる(会社法939条4項)。

　これらの公告方法については、会社法施行前の登記を会社法の規定による登記とみなし、登記官の職権によって登記がなされている(整備法136条16項3号)。もちろん、通常の定款変更の方法によって、これと異なる公告方法に変更することは可能である(定款変更の決議要件については、本定款例第14条を参照)。

3　計算書類の公告等に関する規定の適用除外

　特例有限会社については、計算書類の公告及び備置きの規定は、適用除外となっているので(整備法28条)、公告方法の定めにかかわらず、計算書類の公告義務はない。なお、資本金の減少や合併などの場合の債権者保護手続において官報公告が必要となる場合には、計算書類に関する事項(会社法449条2項2号等)は、「計算書類の公告義務はありません。」と記載される(会社計算規則152条4号等)。

第2章　株　式

(発行可能株式総数)
第5条　当会社の発行可能株式総数は、〇〇株とする。

解　説

1　規定の趣旨

　会社法37条1項の規定に基づき、発行可能株式総数を規定するもの

2 特例有限会社の発行可能株式総数及び発行済株式の総数

特例有限会社の会社法施行日における発行可能株式総数及び発行済株式の総数は、特例有限会社の資本の総額を出資1口の金額で除して得た数とするとされており（整備法2条3項）、一義的に決まることとなるので、登記官の職権で登記がなされている（整備法136条16項1号）。もちろん、通常の定款変更の方法によって、これと異なる発行可能株式総数に変更することは可能である（定款変更の決議要件については、本定款例第14条を参照）。この場合、発行済株式総数よりも少なくすることはできない（会社法113条2項）。

（株式の譲渡制限）
第6条　当会社の株式を譲渡により取得することには、当会社の承認を要する。当会社の株主が当会社の株式を譲渡により取得する場合においては当会社が承認したものとみなす。
2　前項の承認機関は、代表取締役とする。

解　説

1　規定の趣旨

第1項は、整備法9条の規定によるみなし規定を明文化したものである。

第2項は、承認機関を定めるものである。

2　特例有限会社の株式の譲渡制限

特例有限会社に関しては、平成17年廃止前有限会社法において、「社員ガ其ノ持分ノ全部又ハ一部ヲ社員ニ非ザル者ニ譲渡サントスル場合ニ於テハ社員総会ノ承認ヲ要ス」（平成17年廃止前有限会社法19条2項）とされていたので、必ずしも定款規定で株式の譲渡制限を定めているとは限らない。したがって、平成17年廃止前有限会社法の規律を維持するために、「特例有限会社の定款には、その発行する全部

の株式の内容として当該株式を譲渡により取得することについて当該特例有限会社の承認を要する旨及び当該特例有限会社の株主が当該株式を譲渡により取得する場合においては当該特例有限会社が会社法第136条又は第137条第1項の承認をしたものとみなす旨の定めがあるものとみなす。」とされている（整備法9条1項）。

さらに、特例有限会社は、その発行する全部又は一部の株式の内容として上記の定めと異なる内容の定めを設ける定款の変更をすることができない（同条2項）とされているので注意が必要である。

なお、この規定は、会社法の施行日において登記されたものとみなされており（整備法42条4項）、実際には登記官の職権で登記されている（整備法136条16項2号）。具体的な記載例では「当会社の株式を譲渡により取得することについて当会社の承認を要する。当会社の株主が当会社の株式を譲渡により取得する場合においては当会社が承認したものとみなす。」と登記される。

（株式の相続制限）
第7条　当会社は、相続により当会社の株式を取得した者に対し、当該株式を当会社に売り渡すことを請求することができる。

解　説

1　規定の趣旨

会社法174条の規定に基づき、株式の相続制限を定めるものである。

2　本条は、定款例A第7条と同じなので、解説については定款例A第7条の該当箇所を参照。

（株主名簿記載事項の記載又は記録の請求）
第8条　当会社の株式を当会社以外の者から取得した者が、当会社に

135

> 対し、当該株式に係る株主名簿記載事項を株主名簿に記載し、又は記録することを請求するには、法令により共同してすることを要しないものとされる場合を除き、その取得した株式の株主として株主名簿に記載され、若しくは記録された者又はその相続人その他の一般承継人と共同して、当会社所定の書式による請求書に署名又は記名押印のうえ、これを当会社に提出しなければならない。

解説

1 規定の趣旨

会社法133条の規定による株主からの株主名簿記載事項の記載又は記録の請求について、請求の方法を規定するものである。

2 本条は、定款例A第9条と同じなので、解説については定款例A第9条の該当箇所を参照。

3 特例有限会社の社員名簿に関する経過措置

特例有限会社の社員名簿は、会社法の株主名簿とみなされ、社員名簿の「社員の氏名又は名称及び住所」は「株主の氏名又は名称及び住所」と、「社員の出資の口数」は「株主の有する株式の数」とみなされる（整備法8条）。

> （基準日）
> 第9条 当会社は、毎事業年度末日の最終の株主名簿に記載又は記録された議決権を有する株主をもって、その事業年度に関する定時株主総会において権利を行使することができる株主とする。
> 2 前項のほか、株主又は登録株式質権者として権利を行使することができる者を確定するため必要があるときは、取締役はあらかじめ公告して臨時に基準日を定めることができる。

解　説

1　規定の趣旨

　第1項は、会社法124条3項但書の規定に基づき、株主の定時株主総会における議決権行使に関する基準日を規定し、これに関する公告を省略するための規定である。第2項は、会社法124条1項による基準日制度を確認的に規定したものである。

2　本条は、定款例A第11条と同じなので、解説については定款例A第11条の該当箇所を参照。

第3章　株主総会

（株主総会決議事項）
第10条　株主総会は、会社法に規定する事項及び株式会社の組織、運営、管理その他株式会社に関する一切の事項について決議をすることができる。

解　説

1　規定の趣旨

　会社法295条1項の規定の内容を、確認的に規定するものである。

2　本条は、定款例A第12条と同じなので、解説については定款例A第12条の該当箇所を参照。

（招集）
第11条　定時株主総会は、毎事業年度末日の翌日から3か月以内に招集し、臨時株主総会は必要がある場合に招集する。
2　株主総会は、法令に別段の定めがある場合を除くほか、社長たる取締役が招集する。
3　株主総会を招集するには、会日より5日前までに、株主に対して

> その通知を発しなければならない。

解 説

1 規定の趣旨

　第1項前段は、定時株主総会（会社法296条1項）の招集時期を特定し、同項後段は、臨時総会を必要に応じて招集し得ることを確認的に規定するものである（会社法296条2項）。第2項は、株主総会の招集者を原則として社長たる取締役とする（会社法296条3項）。第3項は、会社法299条1項に基づき、招集の期間を短縮するものである。

2 　本条は、定款例A第13条と同じなので、解説については定款例A第13条の該当箇所を参照。

> （招集手続の省略）
> 第12条　株主総会は、法令に別段の定めがある場合を除き、その株主総会において議決権を行使することができる株主の全員の同意があるときは、招集の手続を経ずにこれを開催することができる。

解 説

1 規定の趣旨

　会社法300条の規定の内容を、確認的に規定するものである。

2 　本条は、定款例A第14条と同じなので、解説については定款例A第14条の該当箇所を参照。

> （議長）
> 第13条　株主総会の議長は、社長たる取締役がこれに当たる。ただし、社長たる取締役に事故又は支障があるときは、株主総会がこれを選任する。

解説

1　規定の趣旨

　株主総会の議長の選任につき規定するものであり、この規定を置くことにより、株主総会ごとに議長を選任する手間を省くことができる。

2　本条は、定款例A第15条と同じなので、解説については定款例A第15条の該当箇所を参照。

（決議の方法）

第14条　株主総会の決議は、法令又は定款に別段の定めがある場合を除き、出席した株主の議決権の過半数をもって行う。

2　会社法第309条第2項に定める決議は、総株主の半数以上であって、当該株主の議決権の4分の3以上に当たる多数をもって行う。

解説

1　規定の趣旨

　第1項は、会社法309条1項の規定に基づき、株主総会の普通決議の定足数を排除するものであり、第2項は、整備法14条3項の規定により読み替えられた会社法309条2項柱書前段の規定を確認的に定めているものである。

2　特例有限会社の株主総会の決議要件

　特例有限会社の株主総会の普通決議の要件については、平成17年廃止前有限会社法38条ノ2の規定と会社法309条1項の規定が同内容であるので、会社法の規定がそのまま適用となる。

　これに対して、特例有限会社の株主総会の特別決議の要件については、平成17年廃止前有限会社法48条1項と会社法309条2項柱書の規定が同内容ではないので、旧法の規律を維持するため、整備法14条3項において読み替え規定が置かれている。

　なお、読み替え規定においては「総株主の半数以上（これを上回る

割合を定款で定めた場合にあっては、その割合以上）であって、当該株主の議決権の4分の3」以上に当たる多数とされているが、本条第2項では、頭数要件の部分は原則どおり、総株主の半数以上としている。

（議決権の代理行使）
第15条　株主が代理人によってその議決権を行使する場合の代理人は、当会社の株主とし、その人数は1名とする。

解　説

1　規定の趣旨
　　議決権行使の代理人資格を株主に限定するものである。
2　本条は、定款例A第17条と同じなので、解説については定款例A第17条の該当箇所を参照。

（決議等の省略）
第16条　取締役又は株主が株主総会の目的である事項について提案をした場合において、当該提案につき議決権を行使することができる株主の全員が、書面又は電磁的記録により同意の意思表示をしたときは、当該提案を可決する旨の株主総会の決議があったものとみなす。
2　取締役が株主の全員に対して株主総会に報告すべき事項を通知した場合において、当該事項を株主総会に報告することを要しないことにつき株主の全員が書面又は電磁的記録により同意の意思表示をしたときは、当該事項の株主総会への報告があったものとみなす。

解　説

1　規定の趣旨
　　会社法319条1項及び320条の規定の内容を、確認的に規定するもの

である。
2　本条は、定款例A第18条と同じなので、解説については定款例A第18条の該当箇所を参照。

（議事録）
第17条　株主総会の議事録は、書面又は電磁的記録をもって作成し、これに議事の経過の要領及びその結果その他法令に定める事項を記載又は記録しなければならない。

解　説

1　規定の趣旨
　　会社法318条1項、会社法施行規則72条の規定に基づき、株主総会の議事録につき規定するものである。
2　本条は、定款例A第19条と同じなので、解説については定款例A第19条の該当箇所を参照。

第4章　株主総会以外の機関

（取締役の員数）
第18条　取締役は、1名以上とする。

解　説

1　規定の趣旨
　　本条は、取締役の員数の定款上の下限を定めるものである。
2　本条は、定款例A第20条と同じなので、解説については定款例A第20条の該当箇所を参照。

> （監査役の設置及び監査役の員数）
> 第19条　当会社は、監査役１名を置く。
> ２　監査役の監査の範囲は、会計に関するものに限定する。

解　説

1　規定の趣旨

　　第１項は、監査役を設置する旨及び監査役の員数の定款上の定数を定めるものである。

　　第２項は、整備法24条の規定によるみなし規定を明文化するものである。

2　特例有限会社の機関構成

　　平成17年廃止前有限会社法では、定款規定により置くことのできる任意の機関は、監査役だけであった（平成17年廃止前有限会社法33条１項）。特例有限会社も同様の規律となるように、他の機関の設置を排除している（整備法17条１項）。

　　ちなみに、旧法下において有限会社の「取締役会」と称されていたものは、平成17年廃止前有限会社法26条の規定に基づく、取締役の過半数による業務執行の決定手続を会議体において行った場合の当該会議体のいわば「俗称」であり、平成17年改正前商法の規定によるものではなく、また会社法の規定によるものでもない。

3　特例有限会社の監査役の監査範囲

　　平成17年廃止前有限会社法では、監査役は会計監査権限のみを有するとされていたので（平成17年廃止前有限会社法33条ノ２第１項）、会社法の施行後も旧法同様の規律となるようにするために、監査役を置く旨の定款の定めのある特例有限会社の定款には、監査役の監査の範囲を会計に関するものに限定する旨の定款の定めがあるものとみなされている（整備法24条、会社法389条１項）。

4　監査役の資格

　　監査役の資格については、定款例Ｂ第26条の該当箇所を参照。

5 監査役設置会社である旨の登記の適用除外

　特例有限会社は、監査役を設置した場合であっても、監査役設置会社である旨を登記する必要はないが、通常の株式会社と異なり、監査役の氏名のみでなく、監査役の氏名及び住所が登記事項とされている（整備法43条1項）。これは平成17年廃止前有限会社法において登記すべき事項とされていたものと同様である（平成17年廃止前有限会社法13条2項7号）。

（取締役及び監査役の選任）
第20条　当会社の取締役及び監査役は、当会社の株主の中から選任する。ただし、必要があるときは、株主以外の者から選任することを妨げない。
2　取締役及び監査役の選任決議は、株主総会において、議決権を行使することができる株主の議決権の3分の1以上を有する株主が出席し、出席した当該株主の議決権の過半数をもって行う。
3　取締役の選任決議は、累積投票によらないものとする。

解　説

1　規定の趣旨

　第1項本文は、取締役及び監査役の資格を株主に限定するものであり、非公開会社のみが置くことのできる規定である（会社法331条2項但書、335条1項）。第1項但書は、例外的に（会社法の規定では原則的規定であるが）、必要な場合は、株主以外から取締役及び監査役を選任することを可能とするための規定である。

　第2項は、取締役及び監査役の選任決議の要件を規定するものであるが、株主総会の普通決議の定足数要件を軽減し、議決権の3分の1以上を有する株主の出席で取締役の選任決議ができるようにするためのものである（会社法341条）。

　第3項は、取締役の選任について累積投票制度を排除するものであ

る（会社法342条）。

2 特例有限会社の取締役及び監査役の選任に関する規律

平成17年廃止前有限会社法32条及び34条では、平成17年改正前商法254条2項を準用していなかったので、取締役及び監査役を社員（株主）から選任する旨の定款の定めを置くことは認められていた。これに対し、会社法の施行後においても、特例有限会社は、非公開会社であるので、会社法331条2項但書の規定に基づき、取締役及び監査役を株主から選任する旨の定款の定めを置くことができる。

また、平成17年廃止前有限会社法32条では、平成17年改正前商法256条ノ3を準用していなかったので、取締役の選任に関する累積投票制度の適用はなかった。これに対し、会社法の施行後は、特例有限会社について、累積投票制度に関する会社法342条が適用除外とされていないので、原則として、累積投票制度の適用があることになる。したがって、旧法と同様の規律を維持するためには、定款規定によってこれを排除する必要がある（会社法342条1項）。

その他の留意点について、取締役に関しては定款例A第21条と同趣旨であり、監査役に関しては定款例B第27条と同趣旨であるので、それぞれ該当箇所を参照されたい。

3 取締役及び監査役の任期

(1) 特例有限会社における取締役の任期

会社法では、株式会社の取締役の任期は、原則として、選任後2年以内に終了する事業年度のうち最終のものに関する定時株主総会の終結の時までである（会社法332条1項本文）。ただし、定款又は株主総会決議をもって任期を短縮することができる（会社法332条1項但書）。

公開会社でない株式会社（ただし、委員会設置会社を除く。）については、定款により、選任後10年以内に終了する事業年度のうち最終のものに関する定時株主総会の終結の時まで伸長することができる（会社法332条2項）。公開会社でない株式会社（非公開会社）

においては、所有と経営が概ね一致している場合が多いから、実態としては会社法制定前の状況を追認した制度といえる。

　これに対して、特例有限会社においては、取締役の任期に関する規定を適用除外としており（整備法18条）、旧有限会社と同様に取締役の任期について特段の制限を設けていない。旧有限会社において任期の制限が設けられていなかったのは、経営の安定性の確保にとって重要な要素であると考えられていたためであるから、特例有限会社においてもそれを維持したのである。

　実務上は、株式会社では取締役の改選ごとに必要とされる登記費用（登録免許税等）を節約することができるという利点もある（このことは、休眠会社のみなし解散の規定も適用されないことにもつながっていく（整備法32条による会社法472条の適用除外）。）。ここに特例有限会社として存続する意義がある。

(2)　任期規定の適用除外

　特例有限会社は、会社法の任期規定が適用除外とされているので（整備法18条）、任期の定めがないことを確認的に規定する趣旨で、次のような規定を置くことも可能である。

【生涯取締役・監査役】

> 第○条　当会社の取締役及び監査役については、任期の定めを置かない。

　なお、整備法では、任期の定めを置くことが禁じられているわけではないので、会社の実情の応じて、任期の定めを置くこともできる。この場合も、会社法の任期規定の適用はない（最長10年という制限はない。）ので、任意の期間を任期とすることが可能である。

(3)　特例有限会社における監査役の任期

　会社法では、株式会社の監査役の任期は、原則として、選任後4年以内に終了する事業年度のうち最終のものに関する定時株主総会の終結の時までである（会社法336条1項）。その任期を短縮するこ

とはできないが、非公開会社については、定款により、選任後10年以内に終了する事業年度のうち最終のものに関する定時株主総会の終結の時まで伸長することができる（会社法336条2項）。

　これに対して、特例有限会社においては、監査役の任期に関する規定を適用除外として（整備法18条）、取締役と同様に、旧有限会社と同様に監査役の任期について特段の制限を設けていない。

(4) 特例有限会社から通常の株式会社への移行と取締役・監査役の任期の計算

　特例有限会社として存続し続ければ、取締役・監査役は、「生涯取締役・監査役」でいることができるというメリットがあるが、通常の株式会社に移行した場合には任期規制が課される点に留意する必要がある。

　実務上のポイントで述べたとおり特例有限会社が通常の株式会社に移行するには定款変更が必要であることに加えて、定款には取締役・監査役の任期を定める必要がある。定款変更後もできる限り閉鎖的な会社形態を維持したいのであれば、公開会社でない株式会社として、その任期を選任後10年以内に終了する事業年度のうち最終のものに関する定時株主総会の終結の時まで伸長する定款の規定を置くべきである（会社法332条2項、336条2項）。

　通常の株式会社への移行により、会社法の任期規定（会社法332条）が適用となるので、選任の時期によっては、移行の登記と同時に取締役等が任期満了退任となることがある。すなわち、個々の役員について、その選任が最後に行われた時期（設立以来当該役員の変更がなされていなければ設立の日）が移行の登記よりも10年以上前であれば、仮に任期規定を10年としたとしても、移行の登記と同時に任期満了退任となる。

例）移行登記の日　平成23年6月1日
　　移行後の定款の任期規定を10年とする。
　　事業年度は、毎年4月1日から翌年3月31日まで

第4編　特例有限会社の定款例

定時株主総会は、毎年5月に開催する。

	選任の日	移行登記による影響
取締役A	平成13年5月31日	移行と同時に任期満了退任
取締役B	平成15年5月31日	特になし（在任中） 任期は、平成25年5月の定時株主総会の終結の時まで

　移行の登記と同時に任期満了退任となる場合は、移行のための株主総会決議において、取締役等の予選をする必要がある。なお、移行後の取締役等を選任しない場合は、任期満了により退任した取締役等は、権利義務を有することとなり、これを前提とした移行による登記も受理されるが、選任懈怠の過料の対象となる（松井信憲『商業登記ハンドブック（第2版）』579頁、商事法務、平成21年）。

（代表取締役及び社長）
第21条　当会社に取締役が2名以上いるときは、代表取締役1名を置き、取締役の互選によって定める。
2　代表取締役は社長とする。
3　取締役が1名のときは、当該取締役を社長とする。

解　説

1　規定の趣旨
　本条は、代表取締役と社長について規定するものである。本条は、定款例A第23条と同趣旨であるので、定款例A第23条の該当箇所を参照。

2　特例有限会社の代表取締役
　平成17年廃止前有限会社法においては、原則として、取締役は各自会社を代表するが（平成17年廃止前有限会社法27条1項、2項）、代表取締役を定めることもできた（同条3項）。この規定は、会社法に

引き継がれ、代表取締役を置かない株式会社の類型の規定として存続している（会社法349条1項～3項）。

ただし、代表取締役の選定方法に関する規定（平成17年廃止前有限会社法27条3項）のうち、共同代表に関する部分は廃止されている（会社法349条3項）。

（報酬等）
第22条　取締役及び監査役の報酬、賞与その他の職務執行の対価として当会社から受ける財産上の利益は、株主総会の決議によって定める。

解　説

1　規定の趣旨

　取締役及び監査役の報酬等については、定款に定めがない場合は、株主総会の決議によって定めるものとされている（会社法361条1項、387条1項）。本条は、定款に取締役の報酬等に関する具体的な定めを置かず、原則どおり、株主総会の決議によって定めることを確認的に規定するものである。

2　本条は、取締役については定款例A第25条、監査役については定款例B第29条と同趣旨であるので、該当箇所を参照。

第5章　計　算

（事業年度）
第23条　当会社の事業年度は、毎年○月○日から翌年○月○日までとする。

第4編　特例有限会社の定款例

解　説

1　規定の趣旨

　特例有限会社の事業年度を定めるものである。

2　本条は、定款例A第26条と同趣旨であるので、定款例A第26条の該当箇所を参照。

（剰余金の配当）

第24条　剰余金の配当は、毎事業年度末日現在の最終の株主名簿に記載又は記録された株主及び登録株式質権者に対して行う。

2　剰余金の配当がその支払開始の日から満3年を経過しても受領されないときは、当会社は、その支払義務を免れる。

3　前項の配当金には利息を付さない。

解　説

1　規定の趣旨

　第1項は、いわゆる「期末配当」の基準日を定めるものであり、これによって各事業年度に係る定時株主総会で決議する剰余金の配当については、基準日公告をする必要がないこととなる（会社法124条1項、3項但書）。

　第2項は、金銭による剰余金の配当について、支払請求の除斥期間を定めるものである。

　第3項は、未払の配当金には利息を付さない旨を規定したものである。

2　本条は、定款例A第27条と同趣旨であるので、定款例A第27条の該当箇所を参照。

第1部　基本編

(参考条項)

> (決算公告等)
> 第○条　当会社は、貸借対照表及び損益計算書の公告をしない。
> 2　当会社は、各事業年度に係る計算書類及び事業報告書並びにこれらの附属明細書を支店に備え置かない。臨時計算書類についても同様とする。

解　説

1　規定の趣旨

　特例有限会社として存続する場合のメリットとして、決算公告が不要とされることが挙げられる（整備法28条）。本条項は、その趣旨を「決算公告不要」として確認的に規定するものである。

2　特例有限会社における決算公告不要の意義

　会社法では、金融商品取引法上の有価証券報告書提出会社を除いて、すべての株式会社に決算公告が義務づけられている（会社法440条1項、4項）。

　これに対して、特例有限会社では、旧有限会社の場合と同様に、決算公告は不要である（整備法28条）。もともと決算公告は、有限責任（会社法104条）の対価として必要とされるものであるのに、その必要がないのであるから、この点に特例有限会社として存続するメリットがある。本条項はその旨を規定するものである。

第6章　附　則

> (定款に定めのない事項)
> 第25条　本定款に定めのない事項は、すべて会社法その他の法令の定めるところによる。

解　説

1　規定の趣旨

　本定款に規定のない事項については、会社法その他の法令の規定に従うことを確認的に定めるものである。

2　本条は、当然のことを定めたものといえるが、会社法その他の法令において、定款による別段の定めを認めている場合であっても、当該別段の定めがないときは、原則どおりの規定の適用があることを示している。

（参考条項）

> （組織再編行為の制限）
> 第○条　当会社は、会社法第749条第1項に規定する吸収合併存続会社又は同法第759条に規定する吸収分割承継会社となることができない。

解　説

1　規定の趣旨

　特例有限会社は組織再編行為が制限されているので、本条項は、その趣旨を「組織再編行為の制限」として確認的に規定するものである。

2　特例有限会社を存続させるために

　特例有限会社は会社法施行後においても旧有限会社が継続的に運営できる道を定めた例外的な制度にすぎないから、特例有限会社が会社の発展の基礎を担うような役割を演ずることは期待されていない（山本憲光「有限会社法の廃止に伴う経過措置」商事法務1738号19項（平成17年））。そこで、吸収合併存続会社や吸収分割承継会社になることができず、また、株式交換・株式移転も認められない等、組織再編については制約が設けられている（整備法37条、38条）。その旨を確認的に規定したのが本条項である。

第1部　基本編

　そのため、吸収合併・吸収分割によって他の会社を買収しようとする特例有限会社は、事業の譲受けによって行うか、他の会社の株式を通常の取引行為によって取得することになる（これについては、郡谷大輔編著『中小会社・有限会社の新・会社法』428～430頁、商事法務、平成18年。なお、特例有限会社の商号を変更することなく、他の会社を吸収合併・吸収分割によって買収する方法については、同書433～435頁参照）。

（大久保拓也・久我祐司）

第5編 個別に追加する条項

第1章 株式

1．株式の準共有

（株式の準共有）
第1.1条　当会社の株式が2名以上の者の共有に属するときは、当該株式ついての権利を行使する者（以下「権利行使者」という。）の選定は、共有者の全員一致によるものとする。
2　権利行使者の解職は、当該株式の共有者の共有持分の過半数をもって決する。

解　説

1　規定の趣旨

　会社法106条本文は、株式が2以上の者の共有に属するときは、共有者は、権利行使者の選定をし、株式会社に対し、その者の氏名又は名称を通知しなければ、当該株式についての権利を行使することができない旨規定するが、選定方法について述べるところがない。そこで、本条第1項は、権利行使者の選定方法を定款上明示しようとするものである。また、第2項は、選定された権利行使者の解職につき、規定を置くものである。

　株式、持分が共同相続される場合、ごく少数説として相続人間において当然分割されるとする見解（当然分割説）も主張されている。

しかし、裁判例（徳島地判昭和46年1月19日下民集22巻1＝2号18頁）や通説は、共同相続人間において準共有の関係（民法264条）が生ずるものと解している（準共有説）。準共有説は、①株式・持分は包括的な権利・義務を含む一種の地位というべきものであり、金銭債権のような可分債権と同一視することが困難であること、②可分債権と同様の取扱いをしても割り切れない端数について準共有関係を承認せざるを得ないことを理由とする。それに、③そもそも金銭債権だからといって、自動的に可分とされるわけでない（例えば地主の地位を相続した共同相続人が借地人に対し有する賃料債権は不可分債権であるとされた事例として、大阪高判平成元年8月29日判タ709号208頁）。

もともと会社法106条は、企業承継を念頭に置いた規定ではなく、例えば、発起人が共同して引受担保責任を負担する場合等において会社の事務処理の便宜を図ろうとするものであった。しかし、会社法の下において資本充実規制撤廃の一環として、発起人の担保責任が廃止されたことにより、かかる場合における同条の適用はなくなった。これにより、同条は、当初の立法趣旨とは逆に、専ら株式・持分の共同相続、すなわち事業承継を念頭に置いた規定とならざるを得なくなった。

このような観点からすると、会社法の下においては、準共有説に従うのが妥当であると解される。本条も、かかる解釈を前提とし、専ら株式が法定相続人間で共同相続された場合における権利行使者の指定につき規制しようとするものである。

2　権利行使者の選定方法

準共有説によると、さらに準共有とされる場合において、会社法（106条、608条5項）上要求される権利行使者指定の要件は、全員一致か多数決かがさらに問題とされ、共同相続人の全員一致を要するという見解（全員一致説）と、共同相続人の法定相続分における単純多数決で足りるという見解（多数決説）とが主張されている。

本条第1項は、全員一致説に基づく規定である。権利行使者の選定

につき株式共有者（共同相続人）の全員一致を要求することで、特に同族会社において、相続問題の処理がつかないうちに、会社運営の円滑の名の下、手続が進み、相続紛争が会社紛争に波及することを防ぐことが期待されている。

なお、最判平成9年1月28日判時1599号139頁は、「持分の準共有者間において権利行使者を定めるに当たっては、持分の価格に従いその過半数をもってこれを決することができるものと解するのが相当である。けだし、準共有者の全員が一致しなければ権利行使者を指定することができないとすると、準共有者のうち1人でも反対すれば全員の社員権の行使が不可能となるのみならず、会社の運営にも支障を来すおそれがあり、会社の事務処理の便宜を考慮して設けられた右規定の趣旨にも反する結果となるからである。」と判示し、一見すると多数決説によったかのようにも読むことができる。

しかし、上記判決の事案を詳細にみてみると、被相続人が生前に重畳的内縁関係にある者に対し、全相続財産を遺贈しており、かかる遺贈の効力が認められるのであれば、判旨が前提とする法定相続による準共有関係がそもそも生じず（遺贈に関しては、被相続人から別途遺言無効確認の訴えが提起されている。）、上記判示部分は傍論にすぎないとみることもできる。

また、近時、大阪高判平成20年11月28日判時2037号137頁は、多数決説に立ちつつも、共同相続人による株式の準共有状態は、共同相続人間において遺産分割協議や家庭裁判所での調停が成立するまでの、あるいはこれが成立しない場合でも早晩なされる遺産分割審判が確定するまでの、一時的ないし暫定的状態にすぎないとしたうえで、共同相続人間で協議を全く行わずに権利行使者を指定するなど、共同相続人が権利行使の手続の過程でその権利を濫用した場合には、当該権利行使者の指定ないし議決権の行使は権利の濫用に当たると判示し、多数決説により生じる不当な帰結を修正しようとする。

本定款が、多数決説でなく、あえて全員一致説をとっているのは、

上記の裁判例の動向に鑑み、権利行使者の指定に慎重をきすためである。

3 権利行使者の解職方法

本条第2項は、権利行使者の解職につき規定するものである。

多数決説によれば、選定が多数決である以上、解職も多数決によることになる。他方、全員一致説からは、権利行使者の選定に共有者の全員一致が必要とされるならば、各共有者がいつでも単独で将来に向かって解職することができる、と解するのが論理的に一貫するはずである。

しかし、いったん選任された権利行使者を、その職務遂行の誠実・不誠実にかかわらず安易に解職し得るとすることは、それによって共有者らの権利行使に空白が生ずる事態を回避し得ず、結局、各共有者にとっても賢明な処置ではない。

そこで、本項は、権利行使者の選定につき共有者の全員一致を要するとしても、その解職につき、当該株式の共有者の共有持分の過半数をもって決することを明らかにするものである。

なお、上記「共有持分」が法定相続分・指定相続分・具体的相続分のいずれを指すのかは問題である。ただ、いずれを指すにせよ、それを定款で規定したとして、相続人がこれに拘束されるかについては疑問がある。そのため、本項はこの点について踏み込んではいない。

4 権利行使者の氏名・名称の通知

会社法は、権利行使者として指定された者の氏名・名称を株式会社に対し通知することを求める（会社法106条本文）。同条の前身である平成17年改正前商法203条2項の下ではかかる規定は存しなかったが、当然のこととされており、会社法106条本文はそれを明文化したものである（持分会社に関する会社法608条5項本文には規定がないが、持分会社についても同様に解すべきものと思われる。）。

改正前商法においては、権利行使者の指定・通知のない場合における会社側の対応が問題とされており、多数説は、会社の事務処理の便

宜という本条の趣旨からすると、共有者全員が共同して行う場合には会社において容認して差し支えないものと解していた。最判平成11年12月14日判時1699号156頁も、「株式を共有する数人の者が株主総会において議決権を行使するに当たっては、（編注：改正前）商法203条2項の定めるところにより、右株式につき『株主ノ権利ヲ行使スベキ者1人』を指定して会社に通知し、この権利行使者において議決権を行使することを要する」と判示しており、このことからすると、権利行使者1名が決められていなくても、株式・持分の共有者たる共同相続人全員が議決権を共同して行使する場合には、会社が議決権の行使を認めるべきであるとするとともに、それ以外の場合には会社の側から議決権の行使を認めることは許されないとするのが、これまでの多数説・判例だったといえる。

しかし会社法106条但書、608条5項但書は、会社が当該権利を行使することに同意した場合には、権利行使者が決められ、その者の氏名・名称が通知されていなくても、権利行使を許容する旨の明文の規定を置いた。これは、株式会社側が、事務処理の負担が増えることを覚悟して、また、その共有者が議決権行使をする権限を有しないかもしれないというリスクを甘受して、共有者の一部に議決権を行使させることを否定する必要がないとして、多数説や前掲最判平成11年12月14日の立場を立法上否定するものである。

（松嶋隆弘）

2．全部の株式についての特別の定め

(1) 株式の譲渡制限

（株式の譲渡制限）
第1.2条　当会社の発行する株式を譲渡により取得するには、株主総会の決議による当会社の承認を要する。

> 2 次の各号に掲げる者が譲受人である場合には、前項の承認があったものとみなす。
> (1) 当会社の株主
> (2) 当会社の取締役又は従業員

解説

1 規定の趣旨

本条第1項は、当会社の株式に譲渡制限が付されることを明らかにする。

これにより、当会社は、公開会社でない会社（非公開会社。会社法2条5号）となる。

本条第2項は、一定の場合に株式の譲渡による取得に承認があったものとみなすこととする規定である。

2 株式の譲渡制限

会社法では、定款の定めにより、株式の内容を一定の限度で変容させることができるものとされている。全部の株式につき特別の定めがなされた場合には、全部の株式について同一の内容であるため、種類株式とはならない（会社法107条1項）。譲渡制限は、その1つである（同項1号）。

会社法は、株式の譲渡性を株式の属性の1つと位置づけた結果、一部の株式についてのみ譲渡制限を付することも許容する。その場合上記株式は種類株式となる（会社法108条1項4号）。ただし、当会社は、公開会社でない会社であるので、すべての株式につき譲渡が制限されている。

3 承認機関

譲渡承認の決定機関につき本定款は、「株主総会」と規定する。具体的な承認機関は、取締役会非設置会社では株主総会、取締役会設置会社においては取締役会となるのが原則である（会社法139条1項本文）。

ただし、会社法139条1項但書は、定款で別段の定めを設けることを認めるので、例えば、取締役会設置会社が、定款の別段の定めを設け、承認機関を株主総会とすることは、平成17年改正前商法の下における通説は否定していたが、会社法の下では、許容されるものと思われる。

4 一定の場合に会社の承認があったものとみなす旨の定め

本章「4.様式の譲渡制限」の解説の該当箇所を参照されたい。

(2) 取得請求権付株式

（取得請求権付株式）
第1.3条　当会社の株主は、当会社に対して当該株主が有する株式を取得することを請求することができる。
2　前項の規定により株式を取得するのと引換えに、当会社は当該株主に対し、当該株式1株につき、金〇〇円の金銭を支払う。
3　第1項に規定する請求は、当該株式を取得した後5年を経過したときはこれを行うことができない。

解説

1 規定の趣旨

本条は、①株式の内容についての特別な定めとして、当会社の株式に取得請求権を付するとともに、②その際に取得請求をした株主に対し支払われる対価の種類及び金額を明らかにしようとするものである。

2 事実上の「退社」の実現

本条は、当会社が発行する株式のすべてに取得請求権を付与する。したがって、当会社の株主は、投下資本回収の方法として、①株式譲渡の他に、②本請求権を行使することができる。取得請求権の行使は、会社からみると自己株式の取得となる。

本条は、取得請求権の行使につき、第3項で定める期間制限を設け

るのみであるので、その行使は株主の意思に委ねられている。取得請求権付株式をこのように設計することにより、持分会社において認められている「退社」制度を株式会社においても事実上実現することが可能となる。講学上、非公開会社は、①譲渡制限、②相続制限、③退社、④除名を特徴とするとされるが、本条はそのうち③を実現しようとするものである。

3　期間制限を定めることも可能

本条第3項は、取得請求権の行使期間を定めるものである（会社法107条2項2号へ）。もちろん行使期間を定めないことも会社法上可能であり、その場合は、本項は不要である。

定めた場合の行使期間の始期は、株式の名義書換時となる。

(3) 取得条項付株式

（取得条項付株式）
第1.4条　当会社は、次の各号に規定する事由が生じたときは、当該事由が生じた日に、次の各号に規定する株主が所有する株式を取得する。ただし、当会社の従業員持株会が所有する株式についてはこの限りでない。
　(1)　株主が当会社の取締役、監査役及び使用人のいずれにも該当しなくなったとき
　(2)　株主が死亡したとき
　(3)　株主が支払を停止し又は破産手続開始、民事再生手続開始、特別清算開始若しくは会社更生手続開始の申立てを受けたとき
　(4)　手形交換所の取引停止処分を受けたとき
　(5)　株主に対する仮差押え、保全差押え又は差押えの命令又は通知が発送されたとき
　(6)　株主が重大な違法行為を行ったとき
2　前項の規定により株式を取得するのと引換えに、当会社は当該株

主に対し、当該株式1株につき、金〇〇円の金銭を支払う。

解　説

1　規定の趣旨

本条は、①株式の内容についての特別な定めとして、当会社の株式に取得条項を付するとともに、②その際に株主に対し支払われる対価の種類及び金額を明らかにしようとするものである。

2　取得条項付株式

(1)　事実上の「除名」の実現

本条は、当会社が発行する株式のすべてに取得条項を付する。定款で定めた事由の発生により、強制的に会社が株主から株式を取得するものであるので、取得請求権付株式とは逆に、会社が取得につきイニシアティヴを有している。

講学上、非公開会社は、①譲渡制限、②相続制限、③退社、④除名を特徴とするとされるが、本条は、取得条項を用いて、持分会社において認められている④を実現しようとするものである。

持分会社において、除名事由は、(ⅰ)出資義務の不履行、(ⅱ)競業禁止義務違反、(ⅲ)業務を執行するに当たって不正の行為をし、又は業務を執行する権利がないのに業務の執行に関与したこと、(ⅳ)持分会社を代表するに当たって不正の行為をし、又は代表権がないのに持分会社を代表して行為をしたこと、(ⅴ)前各号に掲げるもののほか、重要な義務を尽くさないこと、の5つであり（会社法859条）、当該持分会社は、上記の場合対象社員以外の社員の過半数の決議に基づき、訴えをもって対象社員の除名の訴えを提起できる。

他方、株式会社においては、そもそも社員（株主）の除名の訴えの制度が設けられていない。現在、公開会社においては、少数株式を締め出すこと（スクイーズ・アウト）が実務上広く行われているが、かかるニーズは非公開会社においては、本来除名制度として実現されるべきものである。

そこで、株式会社において取得条項を用いて事実上の「除名」を実現するためには、訴えによらない分だけ、取得条項をできる限り客観的に設計する必要がある。本条第1項各号はそのための規定である。

(2) 各号の意味

第1項第1号は、所有と経営が一致する当会社の非公開性に鑑み、「当会社の取締役、監査役及び使用人のいずれにも該当しなくなったとき」を取得条項の発生事由とするものである。譲渡制限にあたり、譲受人が「当会社の株主、取締役、監査役又は使用人である場合」当会社の承認がなされたものとみなすことと平仄を合わせている。

第1項第2号は、株主の死亡を取得条項の発生事由とするものである。このような条項を設けることにより、株式の相続性を事実上奪うことが可能になる。本条項を設ける場合には、「株式の準共有」や「株式の相続制限」の規定は不要となる可能性がある。

第1項第3号は、株主につきいわゆる倒産事由が発生した場合である。株主が会社の債務につき責任を負わないとはされているものの（会社法104条）、所有と経営が一致する非公開会社において、かかる株主の存在は会社にとって好ましい者ではないとの判断に基づくものである。

第1項第4号及び第1項第5号も、第1項第3号と同趣旨の規定である。

第1項第6号は、持分会社の除名事由に相当する規定である。所有と経営が一致する非公開会社にあっても、株主資格において業務執行・会社代表をなすわけではないので、持分会社の除名事由のように書くわけにはいかず、より抽象的に「重大な違法行為」と規定した。

裁判例の蓄積がない分野であるので、除名事由については、慎重な理解が必要である。事実上の「除名」ともいうべき締め出しが広く用いられているからといって、除名に関し、「重大な違法行為」

という除名事由の定めを勝手に拡張することは後顧に憂いを残す。例えば、福岡高宮崎支判平成22年1月29日金融・商事判例1349号49頁（上告不受理により確定）は、信用金庫の総代会の会員に対する除名決議につき、金庫に対していわゆる会員代表訴訟（株主代表訴訟に相当）を提起している当該会員の原告適格を喪失させることを専ら目的とするものであり、決議取消事由があるとした。

(3) 従業員持株会が所有する株式について取得条項の適用排除

本条第1項但書は、従業員持株会が所有する株式について取得条項の適用を排除し、従業員持株会制度の安定を図るものである。

（松嶋隆弘）

3．種類株式

(1) 発行可能株式総数等

（発行可能株式総数等）
第1.5条　当会社の発行可能株式総数は〇〇株とする。
2　当会社の発行可能種類株式総数は次の各号に規定するとおりとする。
　(1)　普通株式　　〇〇株
　(2)　甲種類株式　〇〇株
　(3)　乙種類株式　〇〇株
　(4)　丙種類株式　〇〇株

解説

1　規定の趣旨

本条は、種類株式を発行する場合における発行可能株式総数（会社法113条）及び発行可能種類株式総数（会社法114条）につき規定するものである。

当会社の定款上、発行する種類株式は、議決権制限株式（甲）、拒

否権付種類株式（乙）、全部取得条項付種類株式（丙）とされている。この中から、適宜各会社のニーズに合わせて選んでいただければよい。

なお、全部の株式につき譲渡制限、取得請求権、取得条項を付する場合、これらに関しては種類株式とは扱われない。

2　いわゆる優先株式の不採用

会社法は、上記の他に、種類株式として剰余金の配当・残余財産の分配に関する種類株式を発行することができる（会社法108条1項1号、2号）。しかし、非公開会社であり、証券市場からの資金調達を予定しない当会社においては、かかる種類株式を発行する必要がないと解されるため、本会社の定款上、かかる種類株式については規定を置いていない。

3　株主ごとに異なった取扱いを行う旨の定款

当会社のような、公開会社でない会社においては、株主平等原則の適用が排斥され（会社法109条1項、2項）、株主の権利につき株主ごとに異なった取扱いを行う旨を定款で定めることができる（会社法109条2項、3項）。例えば、1株複数議決権といった取扱いも可能である。このような取扱いが可能であることは、定款作成上留意しておくとよい。

(2)　議決権制限株式

（議決権制限株式）
第1.6条　当会社の発行する各種類の株式の内容は、次の各号に規定するとおりとする。
(1)　普通株式の株主が株主総会において議決権を行使することができる事項は、会社法の規定するところによる。
(2)　甲種類株式の株主が株主総会において議決権を行使することができる事項は、会社法第471条第3号の規定による解散決議のみ

第5編　個別に追加する条項（株式）

とする。

解説

1　規定の趣旨

本条は、種類株式のうち議決権制限株式（会社法108条1項3号）につき規定するものである。

第2号は、議決権制限株式にかかる株主が議決権を行使できる事項を解散決議のみと限り、上記種類株式がいわゆる無議決権株式であることを明確にしている。

2　議決権制限株式を利用した敵対的企業買収防衛策（参考）

近時、議決権制限株式を利用した敵対的企業買収防衛策が提唱され、注目を集めているので、関連して紹介したい。これは、定款を変更し、「①株主総会において議決権を行使することができる事項：株主総会の議題となる事項の全部、②議決権の行使条件：株主が有する株式数が一定の割合（例えば20％）未満であること」と定めることにより、上記割合を超えた株主による議決権の行使を全部封じることができるという、極めてドラスティックな手法である。しかも、新株予約権を利用するライツプラン（rights plan）と異なり、株主に払込等のコストをかけることもない。

この提案は、あまりに劇的な効果を生ぜしめるスキームであるのみならず、事実上公開会社でない会社において、株主平等の原則（会社法109条1項）の例外として許容されている株式数によらない属人的取扱い（会社法109条2項、3項）を、種類株式として公開会社においても実現しようとするに等しいため、同原則の位置づけを含め今後議論を呼ぶことは間違いない。

3　議決権制限株式や、後述の拒否権付種類株式を用いた事業承継

議決権制限株式や、後述の拒否権付種類株式を用いて事業承継対策をすることも考えられる。例えば、中小企業庁等の後押しにより設立された事業承継協議会は、平成18年6月14日に「事業承継関連会社法

165

制等検討委員会・中間報告」を策定・公表し（http://jcbshp.com/achieve/law_mid_01.pdf）、議決権制限株式（会社法108条1項3号）や拒否権付種類株式（会社法108条1項8号）といった種類株式を用いた企業承継スキームにつき提言している。会社法は企業承継のために、譲渡制限株式につき事実上の相続制限の規定を創設したため（会社法174条）、これを利用して会社支配権の源泉である株式の相続による散逸を防ぐことが可能であるが、議決権制限株式種類株式・拒否権付種類株式を用いることで、株式の共同相続を認めつつ、支配の散逸を防止するという「ソフト・ランディング」も可能になる。

　ただし、本定款は、可能な限り、相続制限条項・補償条項・取得条項といった定款条項の記載を工夫することにより、事業承継対策を行い、複雑な種類株式の設計を回避しようと目論んでいる。このことから、本定款における議決権制限株式は、単純な無議決権株式として構成している。

(3) 拒否権付種類株式

（拒否権付種類株式）
第1.7条　当会社が、次の各号に規定する事項を行う場合には、当該事項に必要とされる株主総会又は取締役会の決議のほか、乙種類株式を有する株主を構成員とする種類株主総会の決議があることを必要とする。
　(1)　募集株式の発行等及び新株予約権の発行
　(2)　代表取締役の選定及び解職

解説

1　規定の趣旨

　本条は、種類株式のうち拒否権付種類株式（会社法108条1項8号）につき規定するものである。

2　拒否権付種類株式

　拒否権付種類株式とは、株式の内容として、株主総会、取締役会又は清算人会において決議すべき事項につき、当該会議体での決議のほか、当該種類株式の種類株主を構成員とする種類株主総会の決議があることを必要とすることが定められた種類株式である（会社法108条1項8号）。これは、特定の事項につき、当該種類株主に拒否権を認めたものである。当該種類株主総会の決議がない場合は、もとの株主総会等の決議は効力を生じない（同法323条）。

　本条は、業務執行のうち代表的なものとして、種類株式を有する株主を構成員とする種類株主総会の決議があることを必要とする事項として、①募集株式の発行等及び新株予約権の発行と②代表取締役の選定及び解職を挙げるが、拒否権の対象がこれに限られるわけではない。

　また、本条では規定していないが、種類株主総会の決議を必要とする条件を設けることも可能である（会社法108条2項8号ロ）。

3　取締役・監査役の選任に係る種類株式（参考）

　なお、当会社は公開会社でない会社であり、かつ委員会設置会社でないので、種類株式として、取締役・監査役の選任に係る種類株式を発行することも可能である（会社法108条1項9号：委員会設置会社及び公開会社はこの種類株式を発行することはできない。同法108条1項本文但書）。これは、株式の内容として、当該種類株式の種類株主を構成員とする種類株主総会において、取締役又は監査役を選任することが定められた株式のことである。その場合当該取締役・監査役は種類株主総会によって選任される。

　本来、上記種類株式はベンチャー・キャピタルがベンチャー企業に出資する際に利用するため設けられたものである。したがって、純粋な非公開会社である当会社における利用には適さないとして、本定款においては規定を置いていない。

第1部 基本編

4 事業承継対策として利用することも可能だが

議決権制限株式の箇所で述べたとおり、本種類株式の設計を工夫して、事業承継対策に用いることも可能である。しかし本定款では、定款の各条項を工夫することにより事業承継を円滑に行おうとしており、複雑な種類株式の設計をできる限り回避している。

(4) 全部取得条項付種類株式

（全部取得条項付種類株式）
第1.8条　当会社は、株主総会の特別決議によって会社法第171条第1項各号に規定する事項を定めることにより、丙種類株式の全部を取得する。
2　前項の規定により丙種類株式を取得するのと引換えに、当会社は当該株主に対し、当該丙種類株式1株につき、金〇〇円の金銭を支払う。

解　説

1　規定の趣旨

本条は、種類株式のうち全部取得条項付種類株式（会社法108条1項7号）につき規定するものである。

2　全部取得条項付種類株式

全部取得条項付種類株式とは、当該種類の株式について、株式の内容として、会社が株主総会の決議（特別決議：会社法309条2項3号）によって、その全部を取得することができることが定められた株式のことをいう（会社法108条1項7号）。

もともと全部取得条項付種類株式は、従来から実務上利用されてきたいわゆる100％減資が、大幅に変容して会社法に受容されたものである。ただ上記種類株式の利用にあたり、「債務超過」を要件として求めていないので、さまざまな活用が可能である。

例えば、焼肉店「牛角」などを展開するレックスホールディングス

のMBOにおいて、株式公開買付後、株主総会特別決議により定款を変更し、全株式を全部取得条項付種類株式に変えたうえ、特別決議により上記株式を会社が取得し、その対価として普通株式をあて、交換比率を調整して公開買付に応じていなかった株主には端数のみを割り当てるという処理がなされた（端数は競売のうえ現金交付で処理される。）。これは、少数株式を締め出すこと（スクイーズ・アウト）を企図するスキームと思われる。

本条は、専ら中立的な観点から、全部取得条項付種類株式につき規定するものである。会社が種類株式発行後に、定款を変更してある特定の株式を全部取得条項付種類株式に変更する場合は、当該種類の株式を有する株主全員の同意を要するため（会社法111条2項）、あらかじめ定款に本条のような規定を設けておくということも一案と思われる。

対価を金銭に限定したこと等は、いずれも取得請求権付株式・取得条項付株式に関するのと同様である。

3　締め出しとは

締め出しとは、一部の株主（少数株主、一般株主）に対して現金などの対価を渡すことで、その者から株主たる地位を奪うことをいう。企業再編・企業再生等の一環として実施されることが多く、株式併合、単元株式、全部取得条項付種類株式、合併対価の柔軟化などさまざまなスキームが活用される。

一例として、株式併合による締め出しを紹介する。株式併合において、極端な併合割合をとることにより、株式併合を用いた締め出しスキームを設計することも可能になる。極端な併合比率の一例として、ウエディングプロデュース及び関連商品の販売、飲食店の経営及びコンサルティング等を業とする株式会社モックの例を紹介したい。同社においては、新株予約権の行使による発行済株式総数の増加に備え、10：1の株式併合を実施したところ、これにより、同社の発行済株式総数は134,263株から13,426株となり、総株主数8,371名のうち6,736

名（80.5％）の株主が今回の株式併合において保有機会を失う可能性が生じ得る。

　近時の裁判例をみると、東京地判平成22年9月6日金融・商事判例1352号43頁（インターネットナンバー株主総会決議取消請求事件）は、少数株主を排除する目的があったとしても、そのことをもって、本件各決議が、全部取得条項付種類株式制度を規定した会社法の趣旨に違反するということはできないものとする。また、少数株主の株式を全部取得条項付種類株式に変更した決議につき、株主総会決議取消しの訴えが提起され、その継続中に、二度にわたる合併が行われ、これにより上記訴えにつき原告適格が消滅したとする東京高判平成22年7月7日金融・商事判例1347号18頁（日本高速物流株主総会決議取消請求事件控訴審判決）も、一見締め出しに好意的のようにもみえる（ただ、前掲東京高判平成22年7月7日についていえば、郵政民営化の後始末ともいえるこの事件を過度に一般化するのは適切ではあるまい。）。

　他方、学説をみると、株式併合が、少数派の株式を端数にして会社経営から追い出す目的で利用される場合、多数派の賛成による特別決議の成立が、特別利害関係人の議決権行使による著しく不当な決議（会社法831条1項3号）として、決議取消しの対象になるとの見解や、そもそも締め出しにあたっては、「正当な事業目的」が必要であるとの見解、株主平等原則の適用があるとの見解等も主張されている。

（松嶋隆弘）

4．株式の譲渡制限

(1) 株式の譲渡制限

（株式の譲渡制限）
第1.9条　当会社の株式を譲渡により取得するには、株主総会の承認を受けなければならない。

（株式の譲渡制限）
第1.9A条　当会社の株式を譲渡により取得するには、取締役会の承認を受けなければならない。

（株式の譲渡制限）
第1.9B条　当会社の株式を譲渡により取得するには、代表取締役の承認を受けなければならない。

解説

1　規定の趣旨

(1) 譲渡制限株式の譲渡に関する承認の決定機関に関する定めの例である（会社法139条1項）。

(2) 第1.9条は、承認機関を株主総会とする場合の例である。取締役会非設置会社の場合は確認的規定（会社法139条1項本文）であるが、取締役会設置会社においては、会社法139条1項但書の別段の定めとなる。

第1.9A条は、承認機関を取締役会とする場合の例である。取締役会設置会社の場合は確認的規定（会社法139条1項本文）であるが、取締役会非設置会社においては、会社法139条1項但書の別段の定めとなる。

第1.9B条は、承認機関を代表取締役とする場合の例であるが、後記のとおり、このような定めについては、承認の可否につき一定

の基準を定め、その基準に従って個々の承認請求を処理することを委ねる形のみが認められるとする説もあるので、注意を要する。

2　譲渡制限に関する定款規定

　会社法は、株式の譲渡制限を株式の内容についての特別の定めと位置づけ、会社が発行する全部の株式の内容として譲渡による当該株式の取得について当該会社の承認を要するものとするときは、当該株式を譲渡により取得することについて当該会社の承認を要する旨を、さらに、一定の場合に当該会社が当該株式を譲渡により取得することについて承認をしたものとみなすときは、その旨及び当該一定の場合を、それぞれ定款に規定すべきものとする（会社法107条1項1号、2項1号）。そして会社が承認をするか否の決定をするには、株主総会（取締役会設置会社にあっては、取締役会）の決議によらなければならないが、定款に別段の定めがある場合は、この限りでないとする（会社法139条1項）。

3　承認機関に関する原則

　定款に株式の譲渡制限の定めを置く場合、単に会社の承認を要することだけを規定することも可能である。この場合、会社法の原則によれば、譲渡承認請求に対し承認をするか否かの決定をするのは、取締役会非設置会社においては株主総会であり、取締役会設置会社においては取締役会となる（会社法139条1項）。

　譲渡承認請求がなされた場合、承認をするか否かは請求の日から2週間以内に決定し、かつ、通知しなければならず、期間を徒過すると、承認したものとみなされるが（会社法145条1号）、株主総会・取締役会の招集手続との関係を整理すると次のとおりである。すなわち、取締役会を招集する場合は、会日の1週間（これを下回る期間を定款で定めた場合にあっては、その期間）前までに、各取締役にその通知を発しなければならないとされている。また、株主総会を開催するためには、公開会社においては会日の2週前までに招集通知を発し、非公開会社においては、原則として1週間（定款でこれを下回る

期間を定めた場合にあっては、その期間）前までに招集通知を発する必要があるとされる（会社法299条1項）。会社法の下では、非公開会社の株主総会の招集期間は原則として1週間であり、譲渡承認請求に対する決定を行うための期間が確保されていることになる。

4　許容される定款の定め

(1)　取締役会設置会社で代表取締役を承認機関とすることの可否

会社法139条1項につき、取締役会が設置されている会社において代表取締役を承認する機関とすることも可能であるとする見解があり（相澤哲＝岩崎友彦「新会社法の解説（3）株式（総則・株主名簿・株式の譲渡等）」商事法務1739号38頁（平成17年））。これを支持する立場もあるが（奥島孝康ほか編『新基本法コンメンタール会社法1』別冊法学セミナー204号261頁〔前田雅弘執筆〕（平成22年））、定款の定めによっても取締役会よりも下位の機関（取締役会設置会社の代表取締役等）を決定機関と定めることはできない（決定権限を取締役会よりも下位の機関に委ねるのであれば、承認の可否につき一定の基準を定め、その基準に従って個々の承認請求を処理することを委ねる形のみが認められる。）とする説もある（江頭憲治郎『株式会社法（第3版）』227頁、有斐閣、平成21年）。

(2)　会社の機関以外の者に決定の権限を委ねることの可否

いわゆる第三セクターにおいては、その株主である地方公共団体の長に譲渡承認の決定権限を付与することが考えられるが、会社の機関でない者に譲渡承認の決定権限を委ねることができるかについては見解の対立がある。会社法139条1項は、会社の機関相互間の権限分配に関する定めであり、会社の機関以外に決定権限を委ねる定款の規定は無効であるとする説（相澤哲ほか編『論点解説　新・会社法』63頁、商事法務、平成18年、酒巻俊雄＝龍田節編集代表『逐条解説会社法〈第2巻〉株式1』48頁〔松尾健一執筆〕、313頁〔齊藤真紀執筆〕、中央経済社、平成20年）と、定款の規定があれば第三者に決定を委任することも許されるとする説（奥島ほか編・

前掲書261頁〔前田執筆〕）が対立している。

(2) みなし承認の定め

（みなし承認）
第1.10条　当会社の株式を譲渡により取得するには、○○○の承認を受けなければならない。
2　次の各号に掲げる者が譲受人である場合には、前項の承認があったものとみなす。
(1)　当会社の株主
(2)　当会社の取締役又は従業員

解　説

1　規定の趣旨

譲渡制限株式の譲渡による取得につき、一定の場合に当該会社が当該株式を譲渡により取得することについて承認をしたものとみなすこととする場合の規定の例である（会社法107条2項1号ロ）。

2　一定の場合に会社の承認があったものとみなす旨の定め

(1)　会社法は、譲渡制限株式の取得につき、一定の場合に当該会社が当該株式を譲渡により取得することについて承認をしたものとみなすときは、その旨及び当該一定の場合を定款に規定すべきものとする（会社法107条1項1号、2項1号）。

(2)　「一定の場合」の定め方

①　特定の者が譲受人となる場合

特定の者が譲受人となる場合につき、会社の承認があったものとみなす旨の定めは有効とされている。例えば、株主が譲受人となる場合である。株式の譲渡制限の定めとして、単に会社の承認を要することだけを規定した場合は、株主間の譲渡であっても会社の承認を得なければならない。しかし、譲受人が株主である場合については会社の承認があったものとみなす旨を定めることに

より、会社の承認を求める必要がないものとすることができる。株主のほか、従業員、取締役等の役員が譲受人となる場合も有効と考えられる。

② 特定の者が譲渡人となる場合

前記①の場合と異なり、特定の者が譲渡人となる場合について会社の承認があったものとみなす旨の定めは無効とされている。株主平等原則又は株式の譲渡制限の趣旨に反するという理由である。

③ 譲渡する株式数が一定数に満たない場合

譲渡する株式数が一定数に満たない場合に会社の承認があったものとみなす旨の定めについては、見解が対立する。従来は、このような定めも株主平等原則に反し無効であるとする説が多かったが、近時は有効説が有力とされている。

(3) 指定買取人の定め

（指定買取人）

第1.11条　当会社の株式を譲渡により取得するには、取締役会の承認を受けなければならない。

2　取締役会が前項の承認をしない場合において、前項の承認を求める者が前項の承認に係る株式を買い取ることを請求するときは対象株式の全部又は一部を○○○○が買い取ることができる。

（指定買取人）

第1.11A条　当会社の株式を譲渡により取得するには、取締役会の承認を受けなければならない。

2　取締役会が前項の承認をしない場合において、前項の承認を求める者が前項の承認に係る株式を買い取ることを請求するときは、取締役会は指定買取人を定めることができる。

(指定買取人)
第1.11B条 当会社の株式を譲渡により取得するには、株主総会の承認を受けなければならない。
2 取締役会が前項の承認をしない場合において、前項の承認を求める者が前項の承認に係る株式を買い取ることを請求するときは、株主総会が指定買取人を指定することができる。

解説

1 規定の趣旨

(1) 指定買取人（会社法140条5項）に関する規定の例である。

(2) 第1.11条は、会社法140条5項但書の規定によりあらかじめ指定買取人を定款に定めておく場合の例である。これに対し、第1.11A条及び第1.11B条は、会社法140条5項本文の内容を確認的に規定する場合の例である。

2 指定買取人

(1) 意 義

株式の譲渡承認請求に際し、請求者は、会社が承認をしない旨の決定をする場合において、当該会社指定買取人が当該譲渡制限株式を買い取ることを請求するときは、その旨を明らかにしてしなければならないとされている（会社法138条1号ハ、2号ハ）。この場合、会社が承認をしない旨の決定をしたときは、会社は対象株式を買い取らなければならないが、会社は、対象株式の全部又は一部を買い取る者（指定買取人）を指定することもできる（会社法140条4項）。

(2) 手 続

指定買取人の指定は、取締役会非設置会社にあっては株主総会の特別決議（会社法309条2項1号）により、取締役会設置会社にあっては、取締役会の決議によらなければならないが、定款に別段の定めがある場合は、この限りでない（会社法140条5項）。

(3) 一部のみを買い取る指定買受人

　指定買受人を複数指定することは譲渡人に手数をかけることになるため、譲渡人の同意がなければ許されないとされている。会社法140条4項は、対象株式の一部のみを指定買取人が買い取ることを前提とするものであるが、これは、会社と指定買取人とで対象株式の全部を買い取る場合を意味するものであると解釈されている。

（北沢　豪）

第2章　株主総会

1．株主総会の招集等

（株主総会の招集）
第2.1条　定時株主総会は、毎事業年度の終了後3か月以内に招集し、臨時株主総会は、必要がある場合に招集する。

（招集手続）
第2.2条　株主総会を招集するには、会社法第298条第1項第3号又は第4号に掲げる事項を定めた場合を除き、株主総会の日の3日前までに議決権を行使することができる株主に対して招集通知を発するものとする。
2　前項の規定にかかわらず、株主総会は、その総会において議決権を行使することができる株主の全員の同意があるときは、会社法第298条第1項第3号又は第4号に掲げる事項を定めた場合を除き、招集の手続を経ることなく開催することができる。

（招集権者及び議長）
第2.3条　株主総会は、法令に別段の定めがある場合を除くほか、取締役の過半数をもって決定し、取締役社長が招集する。ただし、取締役社長に事故があるときは、あらかじめ取締役の過半数をもって定めた順序により、他の取締役が招集する。
2　株主総会において、取締役社長が議長となる。ただし、取締役社長に事故があるときは、あらかじめ取締役の過半数をもって定めた順序により他の取締役が議長となる。

（招集権者及び議長）
第2.3A条　株主総会は、法令に別段の定めがある場合を除くほか、取締役会の決議をもって決定し、取締役社長が招集する。ただし、取締役社長に事故があるときは、あらかじめ取締役会において定めた順序により、他の取締役が招集する。
2　株主総会において、取締役社長が議長となる。ただし、取締役社長に事故があるときは、あらかじめ取締役会において定めた順序により他の取締役が議長となる。

解　説

1　規定の趣旨
(1)　株主総会の招集に関する規定の例である。
(2)　第2.1条は株主総会の開催時期を定める。第2.2条は株主総会の招集方法及び招集手続の省略に関する規定の例であり、第2.3条及び第2.3A条は、招集権者及び株主総会の議長につき規定する。

2　定時株主総会の招集時期
　定時株主総会は、毎事業年度の終了後一定の時期に招集される株主総会である（会社法296条1項）。会社法上、その開催時期が定められているわけではないが、通常は、第2.1条のように、毎事業年度の終了後3か月以内に招集する旨の定款規定が置かれている。この3か月の期間は、株主総会において議決権を行使すべき株主を確定するために基準日を利用することとの関係によるものとされている（会社法124条2項）。

3　株主総会の招集方法
　公開会社の場合の招集期間は2週間であるのに対し、非公開会社の場合の招集期間は原則として1週間であり、定款の規定によりこれをさらに短縮することが認められる（会社法299条1項）。ただし、書面投票・電子投票を認める場合には、非公開会社においても、招集期間は2週間となる。書面等の情報のみによって議決権を行使することに

なるので、検討のための時間を与える趣旨とされる。

　非公開会社であって取締役会設置会社である場合、招集通知は書面（株主の承諾を得た場合には電磁的方法）によらなければならない（会社法299条2項、3項）。非公開会社であって取締役会非設置会社である場合は、書面投票・電子投票を認める場合を除き、招集通知は書面による必要はない。よって、電話等による招集も可能とされている。

　第2.2条は、その第1項において、法定の1週間の期間を短縮し、株主総会の日の3日前までの招集通知の発出を定める。なお、前記のとおり、書面投票・電子投票を認める場合における招集期間は1週間ではなく、2週間となる。

4　招集手続の省略

　株主総会は、書面投票・電子投票を認める場合を除き、株主の全員の同意があるときは、招集の手続を経ることなく開催することができる（会社法300条）。第2.2条の第2項は、これを確認的に規定するものである。

5　株主総会の招集権者

　株主総会は招集権限のある者によって招集されなければならない。取締役会設置会社の場合、株主総会の招集権者は取締役会であり、その決定を代表取締役が執行する形で招集がなされるとされている（会社法296条3項、298条4項）。招集にあたっては、株主総会の日時及び場所等所定の事項（会社法298条1項）を取締役会において決議する必要がある。

　これに対し、取締役会非設置会社においては、取締役の過半数で株主総会の招集に関する事項（会社法298条1項）を決定し、招集を行う。取締役が1名の場合は当該取締役が決定し、招集することになる。

　第2.3条は、取締役会非設置会社の場合の規定であり、第2.3A条は取締役会設置会社の場合の規定であるが、いずれも、確認的規定に

とどまる。

(北沢　豪)

2．株主総会の決議の方法

（決議の方法）
第2.4条　株主総会の決議は、法令又は定款に別段の定めがある場合を除き、出席した議決権を行使することができる株主の議決権の過半数をもって行う。
2　会社法第309条第2項に定める決議は、議決権を行使することができる株主の議決権の3分の1以上を有する株主が出席し、出席した当該株主の議決権の3分の2以上に当たる多数をもって行う。

（決議の方法）
第2.4A条　株主総会の決議は、法令又は定款に別段の定めがある場合を除き、議決権を行使することができる株主の議決権の過半数を有する株主が出席し、出席した当該株主の議決権の過半数をもって行う。
2　会社法第309条第2項に定める決議は、議決権を行使することができる株主の議決権の過半数を有する株主が出席し、出席した当該株主の議決権の4分の3以上に当たる多数をもって行う。

（決議の方法）
第2.4B条　株主総会の決議は、法令又は定款に別段の定めがある場合を除き、議決権を行使することができる株主の議決権の過半数を有する株主が出席し、出席した当該株主の議決権の過半数をもって行う。
2　会社法第309条第2項に定める決議は、議決権を行使することが

第1部 基本編

> できる株主の議決権の過半数を有する株主が出席し、出席した当該株主の議決権の4分の3以上に当たる多数をもって行う。
> 3　役員の選任及び解任は、株主全員の同意をもって行うものとする。

解　説

1　規定の趣旨

株主総会の決議の方法に関する規定の例である。

2　決議要件の加重と軽減

(1)　株主総会の決議には普通決議、特別決議及び特殊決議の3種があるが、普通決議と特別決議につき定款に規定を置く例が多い。

　　普通決議は、法令又は定款に特別の定めがある場合を除き、議決権を行使することができる株主の議決権の過半数を有する株主が出席し、出席した当該株主の議決権の過半数をもって行う（会社法309条1項）。また、定款変更等の重要事項については特別決議が要求されるが、その要件については、当該株主総会において議決権を行使することができる株主の議決権の過半数（3分の1以上の割合を定款で定めた場合にあっては、その割合以上）を有する株主が出席し、出席した当該株主の議決権の3分の2（これを上回る割合を定款で定めた場合にあっては、その割合）以上に当たる多数をもって行うこととされている（会社法309条2項）。

(2)　普通決議については、定款によって定足数の要件を排除する例が多い。第2.4条の第1項は、定足数を排除する場合の規定の例である。これに対し、第2.4A条の第1項は、会社法309条1項の趣旨を確認的に規定するものである。なお、役員（取締役、会計参与、監査役）の選任決議又は解任決議については、定款をもってしても株主の議決権の3分の1未満と定めることができないとされている（会社法341条）。

(3)　特別決議については、3分の1までであれば定款で定足数を軽減

182

することができ（会社法309条２項）、出席した当該株主の議決権の３分の２以上に当たる多数の賛成という要件についても定款による加重が認められる。第2.4条の第２項は、定足数を３分の１に軽減する場合の例である。これに対し、第2.4A条の第２項は、定足数は原則どおりとし、決議の成立には出席した株主の議決権の４分の３以上に当たる多数を要するものとして加重する場合の例である。

3　決議要件の加重の限界

頭数要件を加えることによる決議要件の加重や、株主全員の同意を決議成立要件とする定めは、いずれも原則として有効であるとされている。このような定めは、特に非公開会社において意味があるとされている。

第2.4B条の第３項は、取締役の選任・解任につき全株主の同意を要求する場合の例であるが、このような定款規定については、有効説と無効説の対立があるので、注意を要する。

（北沢　豪）

3．株主総会における議決権の代理行使

（議決権の代理行使）
第2.5条　代理人による議決権の行使については、代理人は１名とし、当会社の議決権を有する株主であることを要する。
2　前項の場合には、株主又は代理人は、代理権を証する書面を株主総会ごとに提出しなければならない。

（議決権の代理行使）
第2.5A条　株主は、当会社の議決権を有する他の株主１名を代理人として、その議決権を行使することができる。
2　前項の場合には、株主又は代理人は、代理権を証する書面を株主

総会ごとに提出しなければならない。

解 説

1 規定の趣旨

議決権の代理行使に関し、代理人資格を株主に限定する場合の規定の例である。

2 議決権の代理行使

(1) 株主は、代理人によってその議決権を行使することができる。この場合、当該株主又は代理人は、代理権を証明する書面を株式会社に提出しなければならない（会社法310条1項）。議決権の代理行使の場合の代理人資格を議決権を有する株主に限定する旨の定款規定の効力については、株主総会が株主以外の者によって攪乱されることを防止するための合理的理由に基づく制限であって有効とされている（最判昭和43年11月1日民集22巻12号2402頁）。

(2) 議決権代理行使の場合の代理人資格を株主に限定する旨の定款規定の効力に関し、最判昭和51年12月24日民集30巻11号1076頁は、株主である地方公共団体又は株式会社がその職員又は従業員に議決権を行使させても、これらの職員・従業員が組織の一員として上司の命令に服する義務を負い、議決権代理行使に当たっても法人である株主の代表者の意図に反することができないようになっているという事実関係のもとでは、定款の規定に反しないとする。また、大阪高判昭和41年8月8日下民集17巻7＝8号647頁は、入院中の株主等が株主でない親族に議決権行使を委任した場合につき、この種の定款規定を有効であるとしつつ、非株主による議決権の代理行使を認めないことが株主の議決権を事実上奪うに等しく、不当な結果となるような特段の事情がある場合、議長が非株主による議決権の代理行使を認めたことは定款に違反したことにならないとする。

非株主である弁護士が代理人である場合については、株主総会を混乱させるおそれがあるとは一般的に認めがたく、特段の事情がな

いかぎり総会出席を拒むことができないとする裁判例（神戸地尼崎支判平成12年3月28日判タ1028号288頁）と、そのように解することは、判断に明確な基準がなく受付事務を混乱させるおそれが高いため相当でないとする裁判例（宮崎地判平成14年4月25日金融・商事判例1159号43頁）がある。

(3) 代理権の授与は、株主総会ごとにしなければならないとされているが（会社法310条2項）、これは、議決権の代理行使の制度が会社支配の手段として濫用されることを防止する趣旨とされる。

3 代理人の数

会社法施行規則63条5号の規定は、議決権代理行使の代理人の数を定款に規定することできることを前提とするものと解されるところから、定款に代理人の数を規定する例が多くみられる。

4 議決権代理行使の場合の代理人資格を株主に限定する場合の表現については、代理人による議決権の行使をする場合の代理人は議決権を有する株主であることを要するとするものと、株主は議決権を有する株主を代理人として議決権を行使することができるとするものがある。第2.5条の第1項は前者の例であり、第2.5A条の第1項は後者の例である。

（北沢　豪）

4．株主総会の決議・報告の省略

（株主総会の決議・報告の省略）
第2.6条　当会社においては、特に必要がある場合を除き、会社法第319条の規定に従い、株主総会の決議を省略する。
2　当会社においては、特に必要がある場合を除き、会社法第320条の規定に従い、株主総会への報告を省略する。

（株主総会の決議・報告の省略）
第2.6A条　当会社の株主総会の目的である事項については、書面又は電磁的記録によって、議決権を行使できる株主全員の同意を得るものとする。
2　株主総会における報告事項については、取締役が株主全員に対して通知し、書面又は電磁的記録によって株主全員の同意を得るものとする。

（株主総会の決議・報告の省略）
第2.6B条　当会社においては、取締役又は株主が株主総会の目的である事項について提案をした場合において、当該提案につき株主（当該事項について議決権を行使することができるものに限る。）の全員が書面又は電磁的記録により同意の意思表示をしたときは、当該提案を可決する旨の株主総会の決議があったものとみなす。
2　当会社においては、特に必要がある場合を除き、会社法第320条の規定に従い、株主総会への報告を省略する。

（株主総会への報告の省略）
第2.6C条　当会社においては、取締役が株主の全員に対して株主総会に報告すべき事項を通知した場合において、当該事項を株主総会に報告することを要しないことにつき株主の全員が書面又は電磁的記録により同意の意思表示をしたときは、当該事項の株主総会への報告があったものとみなす。
2　当会社においては、特に必要がある場合を除き、前項の規定に従い、株主総会への報告を省略する。

解　説

1　規定の趣旨

　　第2.6条ないし第2.6C条は、株主総会の決議の省略（会社法319条

1項＝第2.6条ないし第2.6B条の各第1項）と報告の省略（会社法320条＝第2.6条ないし第2.6B条の各第2項、第2.6C条）につき規定するものである。

① 第2.6A条の第1項は、非公開会社の実態を考慮し、議決権を行使できる株主全員の同意を得ることを原則とし、全員の同意が得られれば、招集手続を経て株主総会を開催する必要性はないとするものである。

② 第2.6条第2項、第2.6B条第2項及び第2.6C条第2項は、①と同様に非公開会社の実態に合うように、「特に必要がある場合を除いて」株主総会への報告の省略を認めようとするものである。

2 非公開会社における手続規定の不遵守について

非公開会社につき第2.6条ないし第2.6C条のような規定を置く理由を以下に述べる。

株式会社の基本的運営は、会社の最高意思決定機関である株主総会及び業務運営の機関である取締役（取締役会）を通じて行われる必要がある。しかし、非公開会社（「公開会社でない株式会社」つまり、すべての株式について定款で株式の譲渡制限が付されている株式会社）では、会社法の定める株主総会や取締役会を開催しないまま、会社の業務運営がなされているといわれている。ただ通常の場合には、株主総会や取締役会の開催がなされていなくても、このことについて、株主や取締役が何も異議を述べない限りは、会社の業務運営は支障なく行われていくであろう。

これは、「株式会社制度の濫用・形骸化である」と長い間非難されてきた。法律の文言に忠実に従えば、会社法の定める正規の手続規定が履行されない限り、会社の意思決定は存在せず、会社の業務執行を行うこともできない、ということになるからである。

しかし、非公開会社では、一般に株主の数は少なく、株主が同時に取締役に就任する場合（いわゆる「所有と経営の一致」）が多くみら

れる（そのことを明らかにするために、定款で取締役の資格を株主に限る旨の規定を置いている会社もあろう（会社法331条2項但書）。）。このような会社では、株主全員が何らかの形で会社の意思決定に直接参加している限り、各株主の利益は十分に保護されていると考えられる。そのため、各種の機関の厳格な手続規定を遵守すべき旨を要求することは、多重の機関決定を無理に要求することにもなりかねない。なぜなら、かかる手続規定は、公開会社を念頭において設計されたものであるから、非公開会社については屋上屋を架すきらいがあるとさえいえるからである。

　非公開会社については、株主総会等が正規の手続を懈怠しているというよりも、所有と経営の一致している会社内部における実質的な関係を反映して、過重な手続規定が省略されているにすぎないと考えられる。すなわち、会社法の要求する厳格な手続ではなく、任意の決議方法が採用されているというべきである。このような正規の手続を欠く決議が法律上有効であるか否か問題となるのは、実際には、会社支配権の争奪や会社の清算時になったときである。

3　非公開会社における正規の手続を欠く決議の効力

　上述のように、会社法や定款の定める手続によらずに非公開会社の業務執行が広く行われている事態をどのように考えればよいのであろうか。確かに手続規定の不遵守とも評価できそうであるが、むしろ非公開会社では、株主が同時に取締役であることが多いので、株主総会と取締役（取締役会）との区別や権限の分配が明確にされていないととらえて、会社法や定款の定める正規の手続によらない任意の決議方法をとった、言い換えれば、正規の手続によらない決議が行われたと考えるべきであろう。

　そのような正規の手続によらない決議に基づいて会社の業務運営が行われた場合、その行為が法律上有効か無効かという問題が起こる。これについては、当該決議に関して議決権のある株主の全員が同意している場合には、正規の手続の不履行のみを理由として、その行為の

法的効力を否定すべきではないと考えるべきである。いわば「議決権のある株主全員の合意は会社を拘束する」効力をもつといえる（大野正道『中小会社法入門』77頁、信山社、平成16年）。このように考えれば、当該行為が株主総会の決議事項であれば株主総会の決議があったことになり、また、取締役会の決議事項であれば取締役会の決議があったとして、会社の業務運営が行われるととらえることになる。

4 　全員出席総会における決議の効力

株主総会を開催するための一定の手続のことを招集という（会社法296条以下）。株主総会を開催するには、株主全員に出席の機会と準備の余裕を与えるために、一定の招集手続を踏むことが必要とされている。

ただし、株主が1人のいわゆる一人会社の場合には、その1人の株主が出席すればそれで株主総会は成立し、招集の手続を要しないと解されているし（最判昭和46年6月24日民集25巻4号596頁）、株主が複数存在する株式会社についても、株主全員が同意して出席した場合（これは代理人の場合でも可能である。）には、招集手続を欠く場合でも、決議は有効であると判示されている（全員出席総会：最判昭和60年12月20日民集39巻8号1869頁。この点については、大野正道「正規の手続を欠く決議・取引と準組合法理—corporate irregularities における救済法理—」『非公開会社の法理—社団法理と準組合法理の交錯—』183頁以下、システムファイブ、平成19年）。

この取扱いは会社法でも明文で定められている。

(1) 招集手続の省略

株主総会は、株主全員の同意があるときは、書面投票制度（株主総会に出席しない株主が書面により議決権を行使すること（会社法298条1項3号、311条））と電子投票制度（株主総会に出席しない株主が電磁的方法により議決権を行使すること（会社法298条1項4号、312条））の場合を除いて、招集の手続を経ることなく開催することができる（会社法300条）。この取扱いは、前述の最高裁判所

の認めた「全員出席総会」以上に総会の招集手続の省略を認めるものだといえる。

(2) **決議の省略**

取締役又は株主が株主総会の議題を提案した場合において、その提案について議決権を行使できる株主全員が書面又は電磁的記録によって同意の意思表示したときは、その提案を可決する旨の株主総会の決議があったものとみなされる（会社法319条1項）。

この旨を規定するのが、第2.6条ないし第2.6B条の各第1項である。この規定の理論的根拠は、3で上述した「議決権のある株主全員の合意は会社を拘束する」との考え方を実定法化したものである。非公開会社では、登記の便宜の観点から書面による「持ち回り決議」等による活用が見込まれる（大野正道著＝コンパッソ税理士法人編『会社法創設と中小会社への影響—非公開会社法のやさしい解説—』62頁、財経詳報社、平成20年）。

(3) **報告の省略**

さらに、取締役が株主全員に対して株主総会における報告事項を通知し、株主全員が書面又は電磁的記録により同意した場合には、株主総会への報告があったものとみなされる（会社法320条）。この旨を規定するのが第2.6条ないし第2.6B条の各第2項及び第2.6C条である。

5 第2.6Aから第2.6C条について

第2.6条は、会社法の規定をダイレクトに定款条項に盛り込むものである。これならば会社法の該当条文が改正された場合、それに合わせて定款条項を改訂しなくともすむという利点がある。

しかし、第2.6条を採用した会社の中には、いちいち会社法の規定を参照しなければならず不都合であると考えるものもあろう。そこで、第2.6A条は、会社法319条と320条の規定内容を定款に盛り込むものである。

第5編　個別に追加する条項（株主総会）

　また、第2.6B条及び第2.6C条は、取締役会の決議の省略の規定を参考に、株主総会の決議・報告の省略の規定を定めるものである。
　これらの規定のいずれを選択するかは、各会社の自治に委ねられることとなる。

（大久保拓也）

第1部 基本編

第3章 取締役・取締役会・監査役

1．所有と経営の一致

（取締役の資格）
第3.1条　当会社の取締役は、当会社の株主でなければならない。

（取締役の資格）
第3.1A条　当会社の取締役は、総株主（株主総会において決議をすることができる事項の全部につき議決権を行使することができない株主を除く。）の議決権の30分の1以上に当たる議決権を有する株主又は当会社の発行済株式（自己株式を除く。）の30分の1以上の数の株式を有する株主でなければならない。

（取締役の資格）
第3.1B条　当会社の取締役は、当会社の株主であって、かつ、創業者○○の直系卑属又はその配偶者でなければならない。

解　説

1　規定の趣旨

本条は、非公開会社における所有と経営の一致を定款で規定するものである。

(1)　第3.1条

本条は、「当会社の取締役は、当会社の株主でなければならない。」としており、当該会社の株式を1株以上保有する者に取締役になる資格を与えようとするものである。さらに進んで、「各株主は当然に取締役となる」との定款の定めを置く（同時に、普通決議では解任できない旨を定める。）ことも可能と解されている（江頭

憲治郎『株式会社法（第3版）』360頁、有斐閣、平成21年）。

(2) 第3.1A条

本条は、一定数以上の株式を有する者の中から取締役を選出することを明らかにするものである。本条は、会計帳簿の閲覧等請求権（会社法433条）や、代表社債権者の選任の規定（会社法736条1項）を参考にして、「総株主（株主総会において決議をすることができる事項の全部につき議決権を行使することができない株主を除く。）の議決権の30分の1以上に当たる議決権を有する株主又は当会社の発行済株式（自己株式を除く。）の30分の1以上の数の株式を有する株主」でなければならないものとした。ただ、これは一例にすぎず、本条を定款に採用するにあたり、この要件を強化又は緩和して構わない。

非公開会社（公開会社ではない株式会社）においては、株主の持株数の増減に関わらない属人的な権利の配分を行うニーズがあるため、①剰余金の配当を受ける権利、②残余財産の分配を受ける権利、③株主総会における議決権に関する事項について、株主ごとに異なる取扱いを行う旨を定款で定めることができる（会社法109条2項）ほか、さらに定款により属人的な権利の定めを置くことができると解されており、その一例として、本条のように、定款により、取締役の資格を一定数以上の株式を有する株主に限ることも可能であると考えられている（江頭・前掲書130頁）。

(3) 第3.1B条

本条は、所有と経営の一致に関する定款規定に加えて、企業承継のための定款条項（制限的承継条項）を付加するものである。

2 所有と経営の一致

非公開会社では、機関構造のもっとも柔軟化した形態である、株主総会と取締役1名のみという形態をとることができる（会社法326条、327条1項）。非公開会社では、定款で取締役の資格を株主に限る旨の規定を置いて、所有と経営を一致させることも可能である（会社

法331条2項但書)。

2．取締役の資格

(取締役の資格)
第3.2条　当会社の取締役は、当会社の株主であって、かつ、次の各号のいずれかに該当する者でなければならない。
(1)　弁護士(司法書士、公認会計士、税理士)
(2)　当会社の使用人又は使用人であった者

解説

1　規定の趣旨

本条は、第3.1条の、株主の資格と取締役の資格を一致させる「所有と経営の一致」の派生バージョンである。

すなわち、取締役の資格を、一定の資格のある者や、当該会社の元使用人に限ろうとするものである。

公開会社においては、取締役の適任者を株主以外の者からも採用できるようにするために、定款で取締役の資格を株主に限る旨の規定を置くことはできないことから(会社法331条2項)、取締役の資格を一定期間以上同社の使用人(従業員)であった者に限ることも、この規定の理念に反して無効と解されるのに対して、非公開会社については、定款自治が広く認められるため、本条のような規定を置くことも可能である(江頭・前掲書360頁参照)。

2　一定の資格

本条第1号では、会社法333条、337条を参考に、その一例として、弁護士、司法書士、公認会計士、税理士を挙げている。もちろん、本条を定款に採用するに当たり、この要件を緩和して構わない。

本条第2号では、当該会社の元使用人に限定する旨を掲げる。もちろん、本条を定款に採用するに当たり、この要件を緩和して構わな

い。
　本条では第1号と第2号の両方を挙げているが、どちらか一方だけを採用するとしても構わない。

3．取締役の任期

（取締役の任期）
第3.3条　当会社の取締役の任期は、選任後10年以内に終了する事業年度のうち最終のものに関する定時株主総会の終結の時までとする。

（補欠取締役の選任及び任期）
第3.3A条　取締役が欠けた場合又は本定款第○条に規定する取締役の員数を欠くこととなるときに備えて、株主総会の決議により補欠の取締役を選任することができる。
2　前項の補欠取締役が取締役に就任した場合の任期は、他の在任取締役の任期の満了する時までとする。
3　第1項の補欠取締役の選任に係る決議が効力を有する期間は、当該決議後10年以内に終了する事業年度のうち最終のものに関する定時株主総会の開始の時までとする。ただし、株主総会の決議によってその期間を短縮することを妨げない。

（取締役の任期）
第3.3B条　当会社の取締役の任期は、選任後10年以内に終了する事業年度のうち最終のものに関する定時株主総会の終結の時までとする。
2　任期の満了前に退任した取締役の補欠として、又は、増員により選任された取締役の任期は、他の在任取締役の任期の満了する時ま

でとする。

> 解　説

1　規定の趣旨

　本条は、取締役の任期と補欠取締役について定めるものである。

(1)　第3.3条

　　本条では、取締役の任期を、選任後10年以内に終了する事業年度のうち最終のものに関する定時株主総会の終結の時までとする。

(2)　第3.3A条

　　本条は、補欠取締役に関する規定（会社法329条2項）を定めるものである。本条第1項は、補欠取締役を選任する旨を、本条第2項は、補欠取締役が就任した場合の任期を、本条第3項は、補欠選任決議が効力を有する期間を伸張するための規定（会社法施行規則96条）をそれぞれ設ける。

　　なお、本条第3項については、補欠取締役の選任（予選）の効力が10年間にわたって認められるかどうかについては疑問があるとの指摘もあった（なお、土井万二＝内藤卓編『新会社法定款事例集――設立認証・既存会社の定款変更――』146頁、日本加除出版、平成18年は、10年の予選を有効とする立場に立っている。）。

(3)　第3.3B条

　　本条は、第3.3条と同様に取締役の任期を選任後10年以内に終了する事業年度のうち最終のものに関する定時株主総会の終結の時までとするとともに、補欠選任等における任期の調整規定を置く場合の例である。

2　取締役の任期

　取締役の任期は、原則として、選任後2年以内に終了する事業年度のうち最終のものに関する定時株主総会の終結のときまでである（会社法332条1項本文）。すなわち、任期の始期は選任時からであり、終期については、最初の取締役であるか否かを問わず、定款に何も規定

を設けなければ当然に選任後2年以内の最終の決算期に関する定時株主総会の終結時となる。

ただし、定款又は株主総会の決議によって、その任期を短縮することもできる（会社法332条1項但書）。任期の短縮は、会計監査人設置会社、かつ監査役会設置会社において、取締役の任期の末日を選任後1年以内に終了する事業年度のうち最終のものに関する定時株主総会の終結の日までと定款に規定することにより、剰余金配当を株主総会ではなく、取締役会の権限とする場合等に活用される（会社法459条1項）。

また、委員会設置会社における取締役の任期は、選任後1年以内に終了する事業年度のうち最終のものに関する定時株主総会の終結の時までである（会社法332条3項）。

3　非公開会社における取締役の任期

これに対して、非公開会社においては、所有と経営が概ね一致している場合が大部分であり、第3.1条も、そのことを念頭において、株主の資格と取締役の資格を一致させる「所有と経営の一致」の条項を規定している。

会社法は、このような公開会社でない株式会社（ただし、委員会設置会社を除く。）については、定款により、選任後10年以内に終了する事業年度のうち最終のものに関する定時株主総会の終結の時まで伸長することができるとした（会社法332条2項）。このように取締役の任期を長期化することは、非公開会社においては、取締役の地位を安定化し、取締役の改選をめぐる争いを防止することで、会社の長期的な利益を図るためであると考えられる（この点については、大野正道著＝コンパッソ税理士法人編『会社法創設と中小会社への影響―非公開会社法のやさしい解説―』64頁、財経詳報社、平成20年）。

特に株主数の少ない非公開会社においては、取締役の改選は、一般株主の信任を問う手続ではなく、経営者同士が相互に信任を与え合う手続にすぎないから、定款で長い任期を定めることは、経営者同士が

第1部　基本編

株主間契約により相互の地位を保証し合い、さらに任期中に正当な理由なく解任された取締役には損害賠償請求権が発生することから（会社法339条2項）、この契約に違反した場合における損害賠償額の予定まで取り決めたに等しいとも指摘されている（江頭・前掲『株式会社法（第3版）』362頁）。

実務上は、株式会社では取締役の改選ごとに必要とされる登記費用（登録免許税等）を節約できるという利点もある。

4　補欠取締役の選任

取締役が任期の途中で辞任や死亡することにより、取締役が欠けたり、定款で定めた取締役の員数を欠くことになる場合がある。それに備えて、株主総会・種類株主総会において補欠の取締役を選任することが認められる（会社法329条2項）。

なお、補欠取締役の選任決議が効力を有する期間は、定款に別段の定めがない限り、当該決議後最初に開催する定時株主総会の開始の時までである（会社法施行規則96条3項）。

4．取締役会の招集権者及び議長

（取締役会の招集権者及び議長）
第3.4条　取締役会は、法令に別段の定めがある場合を除き、取締役社長が招集する。
2　取締役会の招集通知は、各取締役に対して取締役会の会日の5日前までに各取締役及び各監査役に対して発するものとする。ただし、緊急に招集する必要がある場合には、その期間を短縮することができる。
3　前項の規定にかかわらず、取締役会は、取締役及び各監査役の全員の同意があるときは、招集の手続を経ることなく開催することができる。

第5編　個別に追加する条項（取締役・取締役会・監査役）

> 解　説

1　規定の趣旨

　本条は、取締役会の招集手続の省略につき規定するものである（会社法368条2項）。

2　取締役会の招集

　株主総会と同様に、取締役会も必要に応じて開催される。取締役会を開催するための一定の手続のことを招集という（会社法366条以下）。

　取締役会は、原則として各取締役に招集権限が認められているが、定款又は取締役会の決議によって、特定の取締役（例えば取締役社長）を招集権者と定めることもできる（会社法366条1項但書）。取締役会について招集権者が定められている場合には、他の取締役は、招集権者に対して、会議の目的である事項を示して取締役会の招集を請求することができる（会社法366条2項）。この場合には、その請求日から5日以内に、請求日から2週間以内の日を取締役会の日とする招集通知が発されないときは、開催を請求した取締役自身が、取締役会を招集することができる（会社法366条3項）。

　監査役も、取締役が不正の行為やそれをするおそれがあると認めるとき、又は法令・定款に違反する事実や著しく不当な事実があると認める場合に、必要があると認めるときは、これと同じ要件のもとに取締役会を招集することができる（会社法383条2項、3項）。

3　招集通知と招集手続の省略

　取締役会を招集するには、取締役会開催日の1週間前までに各取締役（監査役設置会社の場合には各取締役及び各監査役）に招集通知を発しなければならない（会社法368条1項）。

　ただし、この通知の発出期限は定款で1週間よりも短縮することが可能である（会社法368条1項かっこ書）。また取締役全員（監査役設置会社の場合には取締役全員及び監査役全員）の同意がある場合には、招集手続を省略して取締役会を開催することもできる（会社法

199

368条2項)。この旨を定めるのが、本条である。

　例えば、事前に取締役・監査役全員で定例の日に取締役会を開催すると決めてある場合については、取締役会の招集手続をその都度とる必要はない。

5．取締役会の決議の省略

（取締役会の決議の省略）
第3.5条　当会社は、会社法第370条の要件を満たしたときは、取締役会の決議があったものとみなす。
2　当会社においては、特に必要がある場合を除き、前項の規定に従い、取締役会の決議を省略する。

（取締役会の決議の省略）
第3.5A条　当会社の取締役会の決議の目的である事項については、書面又は電磁的記録により、取締役全員の同意を得るものとする。取締役全員の同意が得られない場合には、第〇条に定める招集権者は取締役会を招集しなければならない。
2　前項に規定する場合においては、取締役は、監査役が当該目的である事項の提案について異議を述べるか否かを確認しなければならない。監査役が異議を述べた場合には、第〇条に定める招集権者は取締役会を招集しなければならない。

（取締役会の決議の省略）
第3.5B条　当会社においては、取締役が取締役会の決議の目的である事項について提案をした場合において、当該提案につき取締役（当該事項について議決に加わることができるものに限る。）の全員が書面又は電磁的記録により同意の意思表示をしたときは、取締

第5編　個別に追加する条項（取締役・取締役会・監査役）

> 役会の決議があったものとみなす。
> 2　当会社においては、特に必要がある場合を除き、前項の規定に従い、取締役会の決議を省略する。

解　説

1　規定の趣旨

　本条は、取締役会の決議の省略につき規定するものである（会社法370条）。

2　取締役会の決議

　取締役会の決議は、議決に加わることができる取締役の過半数が出席し、その過半数をもって決定される（会社法369条1項）。その取締役の出席割合も、議決割合も、定款で加重することができる（会社法369条1項かっこ書）。ただし、決議の公正性を保つために、取締役会の決議について特別の利害関係をもつ取締役（例えば解職の対象となっている代表取締役：最判昭和44年3月28日民集23巻3号645頁）は、議決に加わることができない（会社法369条2項）。

3　取締役会の決議の省略

　非公開会社においては、取締役会の招集手続を経ることなく取締役会の決議がなされること（正規の手続を欠く決議）が起こり得る。その場合については、かねてより、正規の手続を欠く決議であっても、「議決権のある取締役全員の合意は会社を拘束する」効力をもつと考えるべきであるとする主張がなされてきた（大野正道『中小会社法入門』77頁、信山社、平成16年）。

　そのような考え方が現れているのが、取締役会の決議の省略（書面決議）に関する規制である。

　取締役会の決議の省略は、取締役会設置会社が、①取締役が取締役会の決議の目的である事項について提案をした場合で、②当該提案につき議決に加わることができる取締役全員が書面又は電磁的記録により同意の意思表示をし、③監査役設置会社にあっては、監査役が当該

201

提案について異議を述べないときは、当該提案を可決する旨の取締役会の決議があったものとみなす旨を定款で定めることができると規定する（会社法370条）。取締役会の書面決議があった場合には、その内容、決議日等を取締役会の議事録に記載・記録しなければならない（会社法施行規則101条4項1号）。

6．取締役会への報告の省略

（取締役会への報告の省略）
第3.6条　取締役又は監査役が取締役の全員に対して取締役会に報告すべき事項を通知したときは、当該事項を取締役会に報告することを要しない。
2　前項の規定は、第○条の規定による報告については、適用しない。

解説

1　規定の趣旨

本条は、取締役会の報告の省略につき規定するものである（会社法372条）。

2　代表取締役・業務執行取締役の取締役会への報告

第3.5条に規定するように、取締役会の決議を省略する旨の規定を置くことはできる。ただその場合でも、最低でも3か月に1度は①代表取締役及び②業務執行取締役が自己の業務執行の状況を報告するために、取締役会を開催しなければならないことに留意しておく必要がある（会社法363条2項）。

そのため、本条を定款に定める場合には、下記のような条項を別途定めておくことが望ましい。

> （代表取締役・業務執行取締役の取締役会への報告）
> 第3.6A条　当会社の代表取締役及び業務執行取締役（代表取締役以外の取締役であって、取締役会の決議によって当会社の業務を執行する取締役として選定されたもの）は、3か月に1回以上、自己の職務の執行の状況を取締役会に報告しなければならない。

3　取締役会への報告の省略

　第3.5条と同様の趣旨で、非公開会社の実態を考慮して、取締役、会計参与、監査役又は会計監査人が当該会社の取締役（監査役設置会社においては監査役及び取締役）全員に対して、取締役会への報告事項を通知したときは、取締役会を開催して当該事項を報告する必要はないとする取締役会への報告の省略も認められる（会社法372条1項）。これは、委員会設置会社についても認められる（会社法372条3項）。

　ただその場合でも、最低でも3か月に1度は①代表取締役及び②業務執行取締役が自己の業務執行の状況を報告するための取締役会については、開催を省略できない（会社法372条2項、417条4項）。

　取締役会への報告が省略された場合には、その内容、報告を必要としないとされた日等を取締役会の議事録に記載・記録しなければならない（会社法施行規則101条4項2号）。

7．所有と経営の一致

> （監査役の資格）
> 第3.7条　当会社の監査役は、当会社の株主でなければならない。
>
> （監査役の資格）
> 第3.7A条　当会社の監査役は、当会社の株主であって、かつ、創業

> 者○○の直系卑属又はその配偶者でなければならない。

解説

1 規定の趣旨

本条は、非公開会社における所有と経営の一致を定款で規定するものである。

(1) 第3.7条

本条は、「当会社の監査役は、当会社の株主でなければならない。」としており、当該会社の株式を1株以上保有する者に監査役になる資格を与えようとするものである。

(2) 第3.7A条

本条は、所有と経営の一致に関する定款規定に加えて、企業承継のための定款条項（制限的承継条項）を付加するものである。

2 所有と経営の一致

非公開会社では、機関構造のもっとも柔軟化した形態である、株主総会と取締役1名のみという形態をとることができるし、特例有限会社と同様に取締役会を置かずに、取締役と監査役を選任することもできる（会社法326条、327条1項）。非公開会社では、定款で監査役の資格を株主に限る旨の規定を置いて、所有と経営を一致させることも可能である（会社法335条1項、331条2項但書）。

8．監査役の権限

> （監査役の権限）
> 第3.8条　監査役の監査の範囲は、会計に関するものに限定される。

第5編　個別に追加する条項（取締役・取締役会・監査役）

解　説

1　規定の趣旨

　本条は、非公開会社における監査役の権限を会計監査に限定することを規定するものである（会社法389条1項）。

2　業務監査・会計監査権

　平成17年改正前商法においては必置の機関であった監査役は、会社法の制定により機関設計が柔軟化されたため、必ずしも監査役を置く必要がなくなった。これに併せて、平成17年廃止前商法特例法では大会社・中会社・小会社の区分があったが、会社法では中会社・小会社の区分をなくしたため、監査役は、原則として、業務監査権限（取締役（会計参与設置会社については取締役・会計参与）の職務執行の監査権限）を有することとなった（会社法381条1項）。

3　非公開会社における監査役の監査権限

　ただし、非公開会社（監査役会設置会社でも会計監査人設置会社でもない場合）においては、監査役に業務監査権限が付与されると責任が重くなる。このことを考慮し、平成17年廃止前商法特例法における小会社の特例を維持して、監査役の権限を会計監査に限定することが認められている（会社法389条1項）。

9．監査役の任期

（監査役の任期）

第3.9条　当会社の監査役の任期は、選任後10年以内に終了する事業年度のうち最終のものに関する定時株主総会の終結の時までとする。

（補欠監査役の選任及び任期）

第3.9A条　監査役が欠けた場合又は本定款第○条に定める監査役の

員数を欠く場合に備えて、株主総会の決議により補欠の監査役を選任することができる。

2　前項の補欠監査役が監査役に就任した場合の任期は、退任した監査役の任期の満了すべき時までとする。

3　第1項の補欠監査役の選任に係る決議が効力を有する期間は、当該決議後10年以内に終了する事業年度のうち最終のものに関する定時株主総会の開始の時までとする。ただし、株主総会の決議によってその期間を短縮することを妨げない。

（監査役の任期）

第3.9B条　当会社の監査役の任期は、選任後10年以内に終了する事業年度のうち最終のものに関する定時株主総会の終結の時までとする。

2　任期の満了前に退任した監査役の補欠として選任された監査役の任期は、退任した監査役の任期の満了すべき時までとする。

解説

1　規定の趣旨

本条は、監査役の任期と補欠監査役について定めるものである。

(1)　第3.9条

本条では、監査役の任期を、選任後10年以内に終了する事業年度のうち最終のものに関する定時株主総会の終結の時までとする（会社法336条2項）。

(2)　第3.9A条

本条は、補欠監査役に関する規定（会社法329条2項、336条3項）を定めるものである。本条第1項は、補欠監査役を選任する旨を、本条第2項は、補欠監査役が就任した場合の任期を、本条第3項は、補欠選任決議が効力を有する期間を伸張するための規定（会社法施行規則96条）をそれぞれ設ける。

なお、本条第3項については、補欠監査役の選任（予選）の効力が10年間にわたって認められるかどうかについては疑問があるとの指摘もあった（なお、土井万二＝内藤卓編『新会社法定款事例集―設立認証・既存会社の定款変更―』146頁、日本加除出版、平成18年は、10年の予選を有効とする立場に立っている。）。

(3) 第3.9B条

本条は、第3.9条と同様に監査役の任期を選任後10年以内に終了する事業年度のうち最終のものに関する定時株主総会の終結の時までとするとともに、補欠選任における任期の調整規定を置く場合の例である。

2 監査役の任期

監査役の任期は、原則として、選任後4年以内に終了する事業年度のうち最終のものに関する定時株主総会の終結の時までである（会社法336条1項）。すなわち、任期の始期は選任時からであり、終期については、定款に何も規定を設けなければ当然に選任後4年以内の最終の決算期に関する定時株主総会の終結時となる。

3 非公開会社における取締役の任期

これに対して、非公開会社においては、所有と経営が概ね一致している場合が大部分であり、第3.1条も、そのことを念頭において、株主の資格と取締役の資格を一致させる「所有と経営の一致」の条項を規定している。

会社法は、このような公開会社でない株式会社については、定款により、選任後10年以内に終了する事業年度のうち最終のものに関する定時株主総会の終結の時まで伸長することができるとした（会社法336条2項）。このように監査役の任期を長期化することは、非公開会社においては、監査役の地位を安定化し、監査役の改選をめぐる争いを防止することで、会社の長期的な利益を図るためであると考えられる。

実務上は、株式会社では取締役の改選ごとに必要とされる登記費用

（登録免許税等）を節約することができるという利点もある。

4　補欠監査役の選任・任期

　監査役が任期の途中で、辞任や死亡により、監査役が欠けたり、定款で定めた監査役の員数を欠くことになる場合がある。それに備えて、株主総会・種類株主総会において補欠の監査役を選任することが認められる（会社法329条2項、336条3項）。

（大久保拓也）

第4章　定款の変更

（定款変更）
第4.1条　本定款は、総株主の同意がなければ、変更することができない。

解　説

1　規定の趣旨

　本条は、「本定款は、総株主の同意がなければ、変更することができない。」（会社法309条2項）と規定する。総株主の同意が必要であるとすれば、少数派株主の保護を図ることができるのを理由とするものである。

　ただ、本条については、この規定を特別決議により削除することができるとすれば、このような規定を置いてもあまり意味はない、とする指摘もある。

2　定款変更に関する会社法の規制

　会社の組織及び活動に関する根本規則を定款というが、事情によってこれを変更する必要が生じる場合もあるので、会社法は、株主総会の決議によって定款を変更することができる旨定めている（会社法466条）。この場合の株主総会の決議とは、株主総会において議決権を行使することができる株主の議決権の過半数（3分の1以上の割合を定款で定めた場合にあっては、その割合以上）を有する株主が出席し、出席した当該株主の議決権の3分の2（これを上回る割合を定款で定めた場合にあっては、その割合）以上に当たる多数をもって行わなければならない。この場合においては、当該決議の要件に加えて、一定の数以上の株主の賛成を要する旨その他の要件を定款で定めることを妨げない（会社法309条2項11号）。

　もっとも、本条のように定款変更に総株主の同意を必要とするとこ

ろまで決議要件を加重できるか否かについては、見解が分かれている。

　否定説は、定款の定めにより定款の変更の決議要件を加重することは、一般的には可能であるが、株主総会の特別決議による定款変更で「定款の変更をなすには総株主の同意を要する」旨を定めること等はできず、それは決議取消事由になるとする（江頭憲治郎『株式会社法（第3版）』763頁、有斐閣、平成21年）。

　これに対し、肯定説は、平成17年廃止前の有限会社法に基づく旧有限会社においては総社員の同意を決議要件とすることも有効であるとする見解が有力であったのであり、同法と規律を一体化させた会社法の下では、少なくとも非公開会社については総株主の同意を決議要件とする定款の定めも原則として有効と解する（落合誠一編『会社法コンメンタール（12）定款の変更・事業の譲渡等・解散・清算（1）』9〜11頁〔笠原武朗執筆〕、商事法務、平成21年）。それにとどまらず公開会社においても有効と解する見解（江頭憲治郎＝門口正人編集代表『会社法大系（1）会社法制・会社概論・設立』205〜206頁〔清水毅執筆〕、青林書院、平成20年）や、一般論として全株主の同意を必要とする決議要件の加重は可能であるとする見解（奥島孝康ほか編『新基本法コンメンタール　会社法2』別冊法学セミナー205号405頁〔得津晶執筆〕、日本評論社、平成22年）も主張されている。後説が妥当であろう。

3　定款変更の制限

　このように定款の変更決議については、出席株主の議決権の3分の2以上というように普通決議（会社法309条1項）よりも決議要件が加重されており（会社法309条2項11号、466条）、定款の変更を容易にできないように規定されている。しかし、定款変更自体が完全に不可能であるというわけではないから、定款で株主の権利が定められたとしても、後に定款変更が行われると株主は異議を述べることができなくなるという不都合が生ずるおそれがある。

第5編　個別に追加する条項（定款の変更）

　特に少数派株主の利益の保護のために定められている定款条項が変更されると、少数派に対する抑圧の手段となりかねず、多数派株主の専横が生ずるおそれがある。そこで、少数派株主の保護のために定款の変更を制限することが、非公開会社における紛争解決のためにも必要であると考えられている（大野正道著＝コンパッソ税理士法人編『会社法創設と中小会社への影響―非公開会社法のやさしい解説―』24頁、25頁、財経詳報社、平成20年、大野正道「定款」『非公開会社の法理―社団法理と準組合法理の交錯―』71頁以下、システムファイブ、平成19年）。

（大久保拓也）

第2部 応用編

第1編　総則的規定 ……………………215

第2編　譲渡条項等 ……………………233

第3編　補償条項 ………………………265

第4編　退社・除名 ……………………277

第5編　ドイツ有限会社定款 …………287

第1編

総則的規定

1. 定款と準組合法理

> （定款の効力）
> 第1.1条　当会社の定款は、当会社と各株主との間の契約として当会社と各株主とを拘束し、かつ、株主相互の間の契約として株主相互を拘束するものとする。

解説

1　社団法理の限界

　わが国の平成17年改正前商法会社編は会社を「営利社団法人」と定義していた（平成17年改正前商法52条1項、54条1項）。そして、会社法学の通説、とりわけ鈴木竹雄博士は、会社における法律関係を「社団法理」で把握することを主張していた（鈴木竹雄『新版会社法（全訂第5版）』8頁、弘文堂、平成6年）。

　鈴木竹雄博士は次のように説かれている。

　「法的形式の問題としては、構成員が相互の契約関係によって直接結合する団体を組合、構成員が団体との間の社員関係により団体を通じて間接的に結合する団体を社団と認めるべきである。組合においては、構成員が契約によって結合するため、各構成員の権利義務の形をとり、したがってまた、各構成員は団体の財産上に合有権者としての物権的持分を持っている。これに対して、社団においては、各構成員の権利義務は社員の地位（Mitgliedschaft）という団体に対する法律関係の内容となり、したがってまた、団体の財産も団体自身の所有に

215

属し、構成員は単に観念的な持分を有するにすぎない。団体の構成員間の関係を処理する方法としては、いうまでもなく社団の方が組合よりもはるかに便宜であり、ことに多数の構成員からなる団体では、社団形式によらなければその処理はほとんど不可能である。これに対し少人数からなる団体は、組合形式によっても処理できるが、簡便な処理をしたければ、社団形式をとることも不可能ではない。会社のうちいわゆる人的会社は組合として取り扱いうる団体であるが、法は人的会社についても簡易な処理をすることとしてこれを社団と定めたのである。」(鈴木竹雄「会社の社団性」『商法研究Ⅱ』7頁、有斐閣、昭和46年)。

　すなわち、社団法理とは、会社における法律関係を会社と社員(株主)間の社員関係として整序し、その法律関係を簡明に規律しようとする学説である。例えば、甲株式会社にN人の社員(株主)が存在するとすれば、甲とN1、甲とN2…という具合に甲とNnまでの合計N個の法律関係、すなわち社員関係が存在することになる。甲株式会社と社員(株主)間の法律関係の内容は全く同質である。しかし、この社団法理は、典型的な株式会社とされている上場会社・公開会社については妥当であるとしても、非公開会社において生ずる法律問題をうまく処理することができない。その理由は極めて単純なことであるが、非公開会社(非公開株式会社・特例有限会社)は、社会学的実態からみて、社団ではないからである。むしろ、非公開会社の実態を組合と把握する方が妥当な場合が多いのである。

　したがって、非公開会社の実態を組合類似のものと考えるべきである。かつて実定法上もこのように理解すべき根拠が全くなかったわけではない。平成17年の会社法の制定以前のわが国の会社法(平成17年改正前商法及び平成17年廃止前有限会社法)は、前述のように、合名会社、合資会社、株式会社及び有限会社の4つの会社形態をともに社団法人としていたが、このうち合名会社と合資会社については、「会社ノ内部ノ関係ニ付テハ定款又ハ本法ニ別段ノ定ナキトキハ組合ニ関

スル民法ノ規定ヲ準用ス」旨を定めていた（平成17年改正前商法68条、147条）。このように、会社の内部関係を組合として取り扱うことには全く根拠がなかったわけではなく、実定法上も容認されていたと思われる。

考えてみるに、社団法理では、会社と社員（株主）間の法律関係（社員関係）しか認められないので、株主間に紛争が生じた場合には、その解決に困ることになり、とりわけ非公開会社における法律関係を処理することには全く適していない会社法理であった。平成2年の商法改正で、懸案であった一人会社の容認が実現し、非公開会社の存在が法律上も認められることになったので、株主間の紛争を処理するためには、どうしても株主相互間に契約関係が存在すること、すなわち、民法上の組合に準じて会社の内部関係を処理することが必要となった。その意味では会社の社団性の理論には多くの疑念が生じていたのである。

2　準組合法理の適用

もっとも、平成17年改正前商法68条の文言は、「組合ニ関スル民法ノ規定ヲ準用ス」としていたのであって、より正確には、会社の内部関係を組合に準じて規律する準組合法理（quasi-partnership doctorine）の適用を示唆していたと解すべきであろう。単純な組合法理では、民法の組合と同様に、社員（組合員）相互間にのみ法律関係を認めるだけであって、会社と社員（組合員）間の法律関係（社員関係）の存在は認められない。例えば、乙株式会社にN人の社員（株主）が存在するとすれば、N1とN2、N1とN3……という具合にN人の社員から2名の組み合わせを作ること、すなわち、$nC_2 = n \times (n-1)/2$個の法律関係（組み合わせ）が生ずることになる。社員が5名であれば、$5 \times 4 / 2 = 10$の社員相互間の法律関係が生ずるが、乙株式会社との社員関係は一切存在しないことになる。これが厳密な意味における組合法理である。

これに対して、準組合法理では、会社と社員間に社員関係を認める

とともに、社員（株主）相互間においても法律関係の存在を認めるという会社法理論である。例えば、丙株式会社にN人の社員（株主）が存在しているとすると、丙とN1、丙とN2…という具合にN個の社員関係が存在するとともに、$nC_2 = n \times (n-1)/2$の社員相互間（株主相互間）の法律関係が存在することになる。平成17年改正前商法52条1項（社団性の規定）の存在を前提にして、後に続く平成17年改正前商法68条を読解するならば、平成17年改正前商法68条の規定は、準組合法理を採用する趣旨を鮮明にしていたと考えられる。平成17年改正前商法54条1項の定める「会社の法人性」に照らしても、単純な組合法理を示唆していたとは解しがたい。その意味では、非公開会社はあくまでも株式会社・特例有限会社であって、法律上は決して民法上の組合ではない、と断ぜざるを得ない。社団性か組合性かをめぐってかつて争われた平成17年改正前商法68条の規定の趣旨は、このように理解されるべきであろう。

はたして、平成17年に制定された「会社法」の規定においては、従来、会社の社団性の根拠とされていた平成17年改正前商法52条1項の規定に相当する規定は全く削除され、会社法3条で「会社の法人性」の規定のみが残ることとなった。このことにより、多年にわたり争われてきた会社が社団であるか、それとも準組合であるかは法律（会社法）の定める事項ではなくなり、学説における解釈に委ねられることになったのである。この点において、「会社法」は一段と進んだ会社法制を実現したと評価できるであろう。

3　設立における合同行為説と契約説

このように非公開会社における社員（株主）相互間に契約関係の存在を認めるためには、会社における基本的な法律関係を定める定款において、その契約関係の存在が認められなければならない。従来、非公開会社の内部関係における組合に準ずる法律関係の存在が等閑視されてきた一因には、わが国の会社法学者の怠慢とともに、定款作成行為の法的性格を漫然と合同行為と理解してきた会社法学の通説にも責

第1編　総則的規定（定款と準組合法理）

任の一端があると思う。

　合同行為説は、定款作成行為における原始社員（発起人）の目的実現に対する平行的な行為の集積の結果として定款の成立を基礎づけるが、その行為における各社員の同一方向の集積を認めつつも、社員相互間における法律関係の存在は否定する。そして、原始社員（発起人）相互間における法律関係を「発起人組合」と理解して、会社の成立後は解散すると考えるのである。はたして、通説が金科玉条のように信奉している会社設立における合同行為説は、非公開会社の設立に関する限りにおいて、事の実態を正確に反映しているのであろうか。

　これに対して、「契約説」は原始社員（発起設立の発起人）間の組合契約の履行行為として、会社の設立を理解し把握する。すなわち、原始社員（発起設立の発起人）の間には会社設立を目的とする「組合契約」が結ばれ、ここに原始社員（発起設立の発起人）間の法律関係が結ばれる。この「組合」が設立の登記を終えることによって会社が成立し、従来の組合契約は社員（株主）相互の法律関係に転換されるとともに、新たに組合が法人格を得たことによって会社と社員（株主）の間には、「社員関係」という法律関係が発生する。このように考察すると、会社設立における合同行為説は、非公開会社に関する限りにおいて、事の実態を正確に反映しているかはなはだ疑問である。

　イギリス1985年会社法14条1項は、基本定款及び通常定款は、それが登記されたとき、各株主が署名捺印し、かつ、そのすべての規定を遵守する旨の条項を記載した場合と同一の範囲において、会社及び株主を拘束すると規定している。本条はあたかも株主相互間で契約が締結されたかのように考えて、この契約に基づいて定款の拘束力を認めるものである。ただし、会社が独立の法人格を有する以上、会社と株主間（社員関係）においても契約としての法律関係が生じるのは当然である。このような理論構成は、イギリス2006年会社法33条1項においては、会社も定款の規定を遵守する旨の捺印証書に署名したと仮定法で規定することによって、より一層明確になっている。すなわち、

219

33条1項は、「EFFECT OF COMPANY'S CONSTITUTION」として、「The provisions of a company's constitution bind the company and its members to the same extent as if there were covenants on the part of the company and of each member to observe those provisions.」と規定している。

このように私会社の定款の効力について契約法的な理論構成がとられているのは、イギリス近代株式会社法の沿革が、19世紀中葉以降、組合が法人的特性ないし属性を漸次獲得してきた歴史といえるのであり、今日でも、株式会社法の基本構造において、依然として組合法的原理に多くを負っているからである。

この点について、小町谷操三博士は、『イギリス会社法概説』（52頁、有斐閣、昭和37年）において、「会社は法人であり、社員と全く別個の存在を有するものであるから、会社の準則たる定款を、会社と社員及び社員相互間の契約であるとみるのは理論上明らかに矛盾である」と述べている。この見解は合同行為説を採用するわが国の通説からは当然の事柄を指摘したものであるが、契約説を採用するイギリス法の沿革を全く無視したものであると評価できるであろう。

4　非公開会社の定款の効力

今般の「会社法」の立法過程において、「定款の自治」という標語が合言葉になり、法律で厳格に規制していわば会社に「拘束着」を着せたような従来の会社法制のあり方から全面的に転換して、会社の実態に応じてより一層柔軟な企業組織の形態を選択することができるようになった。

その要になるのが、会社の内部関係の規律については原則として会社の「定款」の定めるところに委ねる、という立法政策の採用であると思われる。その象徴的な規定が、定款中に「任意的記載事項」を書き込むことができると定める会社法29条の規定である。会社法29条は、「第27条各号〔定款の絶対的記載事項〕及び前条各号に掲げる事項〔変態設立事項〕のほか、株式会社の定款には、この法律の規定に

第1編　総則的規定（定款と準組合法理）

より定款の定めがなければその効力を生じない事項及びその他の事項でこの法律の規定に違反しないものを記載し、又は記録することができる。」と定めている。この規定の新設により、会社の内部関係を組合に準じて構成すること、すなわち準組合法理に基づいて会社組織の具体的内容を規律できることが法律上明確になった。

　繰り返しになるが、従来、わが国において株式会社の設立手続を理論づけるものとして採用されていた合同行為説においては、定款作成行為における株主（発起人）の社団形成という目的実現に対する同時並列的な行為の集積の結果として株式会社の定款の成立を認めるので、会社と株主間における社員関係という法律関係の存在を説明することは極めて容易であった。しかし、このように設立における各株主の同一方向の法律行為の集積を認めるが、株主（社員）相互間における法律関係の存在は理論的に解明することができず、したがって、株主（社員）相互間の契約関係の存在は否定してきた。このように通説が金科玉条のように信奉している合同行為説によって、はたして定款の作成及びその効力について、少なくとも非公開会社における定款の法的性格に関して、合理的な説明をなし得ているのであろうか大いに疑念が残るところである。従来、わが国における非公開会社について、その内部関係における組合に準じた法律関係の存在が等閑視されてきたのは、公開株式会社の研究に偏向してきた大多数の会社法学者の怠慢であるとともに、定款作成行為の法的性格を漫然と社団形成のための株主（発起人）の合同行為であるとかたくなに墨守してきた会社法学の通説にも、責任の一端があると思われる。

　本定款の条項は、イギリスに倣い、あたかも株主相互間で契約（contract）が締結されたかのように考えて、この契約としての拘束力を認めるものである。ただし、会社が株主と別個独立の法人格を有している以上、会社と株主間（社員関係）においても、契約としての法律関係が生じるのは当然である。このような考え方がイギリス2006年会社法33条1項として、より理論的に洗練された条文として引き継

221

がれているのである。わが国でも平成17年に新たに制定された「会社法」において、株式会社の定款の効力がいかなるものかについてこの機会に明確に規定し、できる限りイギリス法を参考として準組合法理を本格的に継受する必要があったと思われる。

5　定款作成実務の革新

　従来、わが国では一般に出版社により市販されている定款の様式類について何らの疑念を抱くことなく、企業の法律実務で使用され続けていた。アメリカやドイツなど諸外国では、定款作成実務が先行し、それについての学説及び判例の解釈が追随して、その法的有効性について法律判断を深めてきたのであるが、定款作成実務の画期的な進展のないわが国では、そのような企業実務の発展を前提とする学説や判例における定款の法的有効性をめぐる研究の進展は遅々として進んでいない。

　このような現状を打破するためには、企業実務に即応する企業法学の確立とともに、法律家による定款作成実務の定着が喫緊に要請されている。従来のように画一的な出来合いの市販されている定款用紙を使用するのではなく、当該会社の実態にあった定款を弁護士・司法書士及び公証人の協力を得て作成することが今後の課題である。従来の本業の片手間にやる会社の設立業務を改め、定款の作成を専門に取り扱う法律実務家がわが国においても育つことを期待したい。そのためには、定款のモデル・フォームとその解説を付した実務書の出版が会社法学者にも期待されている。平成17年に「会社法」が制定され、平成18年5月1日施行されたので、この機会に是非ともこのような提案が学会や世間に認められることを願っている。新「会社法」は定款の自治を拡大することにより、各種の新しい定款条項が柔軟に利用できるようになったので、法律実務家はそのための準備を欠くことはできない。

　定款作成実務においては、株主間の合意を尊重することが肝要であり、かつ準組合法理に基づいて株主相互間における契約関係の存在と

いう概念を導入することが不可欠である。この点については、既に繰り返し説明したところなので深くは立ち入らないが、非公開株式会社（特例有限会社）では社団法理からの決別が是が非でも必要である。イギリスの2006年の会社法33条1項においても、定款（company's constitution）が契約としての効力を有していることはそのまま受け継がれている。

　わが国の従来における会社設立実務は、非公開会社でも社団法理に基づいて、あまり専門的とはいえない法律実務家が執筆した実務書ないし手引書を台本として、これもまた法律家ではない税理士や公認会計士が設立の手続を担当するのが普通のことであった。しかし、これからは法律家、すなわち、弁護士・司法書士ないし公証人が会社設立の職務を担当すべきであると思う。弁護士及び司法書士が法律家として会社の設立を自己の守備範囲に含めることは容易に理解されると思うが、公証人も会社設立業務に携わるべきことはあまり容易に理解されないようである。しかし、会社法30条1項によって、株式会社の定款は公証人の認証を受けなければその効力を生じないのであるから、公証人役場にはさまざまな様式の定款が集まることになる。公証人は、今までのように遺言や公正証書だけを取り扱っていればよいのではなく、会社の定款についても法律家としての立場から実務上の指針を与えるべきである。その意味では、公証人の職域の拡大にもなるが、定款作成実務において公証人に期待される役割はかなり重要であるといえる。

　一般に、会社法は、組織法として、強行法規の多い法律であるが、任意法規ともいえる規定も多いのであるから、定款でどのように規定すべきか検討する余地はまだまだ多数ある。特に、平成17年に成立した「会社法」では、非公開会社（すべての株式につき譲渡制限のある株式会社及び特例有限会社）には定款で任意に定め得る余地が大幅に拡大した。例えば、会社法29条で定款に任意的記載事項が記載、又は記録できることが許容されることになった。会社法学者が学術的に定

款規定の有効性について検討するとともに、各種の法律実務家も遅れずにその成果を摂取して、新たな定款条項のモデルを構想することが今や要請されている。

(大野正道)

2．会社の非公開性

> (会社の非公開性)
> 第1.2条　当会社においては、会社法第202条の定めに従い株主に株式の割当てを受ける権利を与える場合を除き、募集株式発行による資金調達は行わないものとする。

解説

1　イギリス会社法の規定

イギリス2006年会社法は、755条から760条にかけて、私会社(private company)は、その株式又は社債を公衆(public)に対して供与(offer)することを禁じられている。このような法制は、各国における資本主義の発展段階の経済的な分析に基づいていると考えられる。イギリスは、私会社(private company)を非募集会社とし、公開会社(public company)を募集会社と明確に位置づけているが、これは資本主義の健全な発展・存続を誇示しているといえる。既に1970年代初頭に、Tom Haddenはその著書『COMPANY LAW AND CAPITALISM』においてこのような分析手法のさきがけを試みており、わが国の若き会社法学者に多大な影響を与えた。かく由私もその一人であり、原著を富山大学経済学部経営法学科(当時の勤務校)の学生の原書講読の授業として、全巻読み通すことができた。本規定は、非公開会社の特質として、持株比率を変更することのない株主割当ての場合を除いて、公衆(株式市場)から株式を募集することを禁ずるものである。しかし、募集株式発行による資金調達は行わない

が、会社支配権の変更につながらない社債の発行には当面のところ特段の制限を設けるものではない。

2 拠出資本説と調達資本説

　株式市場から資金調達を認めないという法政策は、「資本の性格」に関する論争に大きく依存している。会計学と会社法の交錯領域において優れた業績を上げた学者として、今は亡き西山忠範武蔵大学名誉教授の存在を無視することができない。西山教授は、有価証券報告書を使ったわが国の株式の所有実態の分析により、日本資本主義は、資本主義を脱却して脱資本主義社会に突入したという理論を導かれた。

　西山教授の分析では、非公開株式会社では、資本とは株主が会社に拠出する資金であって、そのため、株主が会社の所有者と認められるという「拠出資本説」が妥当する。これに反して、公開株式会社では、資本とは会社の経営者が投資家から調達する資金を意味し、この資金を「占有」していることによって会社の経営権を握ることになる、いわゆる「調達資本説」が適用になり、ここに資本の「所有」ではなく「占有」に基づく経営者支配が確立する。西山教授はこれを肯定的に評価して、株式の所有ではなく、その占有を支配の根源とする脱資本主義社会がわが国に誕生したことを高らかに宣言したのである。この学説は、現在では、コーポレート・ガバナンス（企業統治）と称して受け継がれている。

　私は、この結論に賛同することができない。私的所有権秩序に基づかない「経営者支配」はできる限り早く廃止されるべきである。「会社法」における株式・資本の制度もこのような健全な精神を体現するように取り扱われるべきである。

　　　　　　　　　　　　　　　　　　　　　　　　（大野正道）

3．定款自治

(定款変更の際の原則)
第1.3条　当会社において、定款の変更は、株主全体の利益のために善意でなされなければならない。

解　説

1　定款変更の決議

　非公開会社においては、定款で定める規定は株主相互間においても契約を構成する。例えば、株式の譲渡制限に付随して定められる補償条項は、定款の規定に挿入されることによって、株主相互間の契約としての効力を有することになる。

　このように定款で定める条項を株主相互間の契約であると解すると、実定法規である定款変更の決議との関係が問題となる。わが国では、定款変更の決議は、一般に、議決権を行使することができる株主の議決権の過半数又は定款に定める議決権数を有する株主が出席し、その議決権の3分の2以上に当たる多数をもってこれをなす、という具合に規定されている（会社法309条2項11号、466条）。定款変更の決議について、少なくとも出席株主の議決権数の3分の2以上というように加重した決議要件が課せられており、容易に定款の変更ができないように定められているが、この決議要件をクリアできれば定款の変更が可能であるから、定款変更自体が全く不可能であるというわけではない。そうすると、せっかく定款において株主の権利が保障されたとしても、後に定款が変更されてしまうと、その契約内容が無視されても株主は異議を唱えることができなくなってしまうのである。

　そのため、株主の数が少なく、それゆえ議決権の拡散の少ない非公開会社における定款の変更は、株主の権利を侵害するおそれが極めて高いので、重大な関心を持たざるを得ない。特に、少数派株主の利益の保護のために定められている定款条項が変更されてしまうと、少数

派に対する抑圧の手段となりかねず、多数派株主の横暴を防ぐためには、定款の変更をできる限り制約しなければならない場合も生ずるであろう。

したがって、少数派株主の保護のために定款変更がなし得ないという制約は、非公開会社における紛争の解決という見地からは、無視し得ざる論点であると思う。しかし、現在までのところ、この論点を明確に取り扱った邦語文献はほとんど存在せず、定款変更の決議の瑕疵についても、いまだ十分に論じられていない。そこで、この論点についてイギリスにおける判例・学説を参考にして議論してみたいと思う。

2　イギリス法における定款変更

イギリスにおいては、会社は、一般的に、株主総会の特別決議によって通常定款を変更することができるが、その変更は、自然的正義（natural justice）に反してはならず、会社及び株主全体の利益において公正かつ正当（fair and just）なものでなければならない。換言すると、株主は定款の変更という権限を行使する際に、会社全体の利益のために善意（bona fide for the benefit of the company as a whole）で行為しなければならない、とされているのである。

反対に、定款の変更が少数派株主の利益を不当に侵害する方法で行われる場合、言い換えると、少数派株主に対する詐欺（fraud on the minority）となる場合には、少数派株主は、各自、定款変更を阻止し得ることになる。しかし、定款変更を無効とする要件は、非常に抽象的にとらえられているために、はたして具体的事案において、裁判所が定款の変更を無効とすることができるか否かは難しい問題である。

そこで、定款変更に関連して判例法で形成されてきた「会社の利益のために善意で」という法概念の意味するところを仔細に検討すると、これを主観的に解釈する立場と客観的に解釈する立場に分かれていることが明瞭となる。

一応多数説とされる学説は、「会社の利益のために善意で」という

概念は、「株主は自己の忠実な意見に従って会社全体の利益であると信ずるところに基づいて行動しなければならない」と把握し、定款変更に賛成した株主の主観的判断で善意であれば足りると理解する。この学説の判断基準が株主の主観的な善意に置かれている理由は、会社の経営方針に関する決定が、裁判所の干渉により侵害されることのないように、という配慮にあると思われる。

定款の変更に公正を要求することは、多数派株主が株主総会においてその地位を濫用することに対して、裁判所が介入し得る権限を与えるものであるが、主観的な判断基準を採用する限り裁判所がその役目を果たすことは実際上できないであろう。

3　定款変更できない類型

そこで、定款変更決議の有効・無効について、どのように考えるべきであろうか。基本的には、定款変更のよって定款の有する契約としての効力が消滅させられることを防御するルールを設定することであると答えたいと思う。定款は株主間の契約を構成するから、当事者に無断でその契約内容を変更することは好ましくない。しかし、契約締結時に存在していた事情が次第に変化してくると、契約内容の変更を認めざるを得ない場合も生じるであろう。定款における契約の内容は多数人間の合意によって定められているが、定款変更が全くできないとすることまではなし得ないであろうと思われる。

そこで、定款の規定の性格によって、会社を継続していくために必要な基本的な取決めは、原則として、特段の事情がない限りは変更できないこととするとともに、逆に、それほど会社の継続にとって必要でない取決めは、通常の定款変更の手続で変更し得ると考えるのが、妥当であると思われる。

したがって、株式の譲渡の対価を定める補償条項や会社役員の地位を保証する規定は、株主、特に少数派株主の立場を根本的に変更せしめ、会社の性格を全く異なるものとしてしまうので、原則として、不利益を被る当該株主の合意のない限り、定款変更をすることができな

いと解する。このような趣旨における無効な定款変更の決議がなされた場合には、会社法830条２項の規定を準用して、不利益を被った者は、定款変更決議が無効であることの確認を、訴えをもって請求することができる、と解するべきであろう。

　このような趣旨から、本条項では、定款の変更は株主全体の利益のために善意でなされなければならない、という文言を挿入することとした。

（大野正道）

4．株主の権利に関する属人的定め

（議決権の個数）
第1.4条　当会社の株主は、株主総会において、その所有する株式の数にかかわらず、１人につき１個の議決権を有する。

（議決権の個数）
第1.4A条　当会社の株主は、株主総会において、その所有する株式１株につき１個の議決権を有する。
２　前項の規定にかかわらず、当会社の株主であって取締役である者は、株主総会において、その有する株式１株につき３個の議決権を有する。

（剰余金の配当の基準）
第1.5条　当会社の株主は、その所有する株式の数にかかわらず、同額の剰余金の配当を受けるものとする。

（剰余金の配当の基準）
第1.5A条　当会社の株主は、その所有する株式の数に応じて剰余金

の配当を受けるものとする。
2　前項の規定にかかわらず、その所有する株式が10株を超える株主は、10株を超える株式につき剰余金の配当を受けることができない。

（残余財産の分配の基準）
第1.6条　当会社の株主は、その所有する株式の数にかかわらず、同額の残余財産の分配を受けるものとする。

（残余財産の分配の基準）
第1.6A条　当会社の株主は、その所有する株式の数に応じて残余財産の分配を受けるものとする。
2　前項の規定にかかわらず、その所有する株式が10株を超える株主は、10株を超える株式につき残余財産の分配を受けることができない。

解説

1　規定の趣旨

　　会社法109条2項の規定により、議決権（第1.4条及び第1.4A条）、剰余金の配当（第1.5条及び第1.5A条）及び残余財産の分配（第1.6条及び第1.6A条）につき、株主ごとの異なる取扱いをする場合の定款例である。

2　株主の権利に関する属人的定め

　　会社法は、株式会社は、株主を、その有する株式の内容及び数に応じて、平等に取り扱わなければならないとしつつ（会社法109条1項）、公開会社でない株式会社は、株主総会における議決権、剰余金の配当を受ける権利、及び、残余財産の分配を受ける権利につき、株主ごとに異なる取扱いを行う旨を定款で定めることができるとする（会社法109条2項）。非公開会社においては、株式数に比例した扱い

でなく、属人的な取扱いをすることが適切な場合があるところから、平成17年廃止前有限会社法の制度（平成17年廃止前有限会社法39条1項、44条、73条）を、非公開会社につき承継したものであると説明されている。

以下においては、平成17年廃止前有限会社法における解釈も踏まえ、会社法上の株主の権利に関する属人的定めにつき解説する。

3　議決権に関する属人的定め

平成17年廃止前有限会社法39条は、各社員は、出資1口につき1個の議決権を有するが、定款をもって議決権の数につき別段の定めをすることを妨げないとしていた。定款による例外規定としては、出資口数を基準とせず、1人1議決権とすること、ある口数以上の出資者の議決権を一定数に制限すること等は可能だが、一部の社員の議決権をすべて否定するような定めは認められないとされていた。特定の社員に他の社員よりも多数の議決権を付与することについては見解の対立があったが、通説は、他の社員の議決権を否定することになるような多数の議決権を一部の社員に付与することは認められないが、そうでない限り、複数議決権を認めることも可能であるとしていた。会社法109条2項、105条1項3号は、この有限会社法の規定を承継したものである。

定款例第1.4条は、所有する株式数に比例するのではなく、1人1議決権とする場合の例であり、定款例第1.4A条は、複数議決権を認める場合の例である。

4　剰余金の配当に関する属人的定め

平成17年廃止前有限会社法44条は、利益の配当は定款に別段の定めがある場合を除くほか、出資の口数に応じてこれをなすべきものとしていた。定款による例外規定としては、社員全員に均等額を配当すること、特定の社員に他の社員より一定の比率だけ多い配当を認めること、配当に上限を設けること等が可能とされていた。会社法109条2項、105条1項1号は、この有限会社法の規定を承継したものである。

定款例第1.5条は、所有する株式数に比例するのではなく、全株主に均等額の配当をする場合の例であり、定款例第1.5A条は、配当額に上限を設ける場合の例である。

5 残余財産の分配に関する属人的定め

平成17年廃止前有限会社法73条は、残余財産は定款に別段の定めがある場合を除くほか、出資の口数に応じてこれを社員に分配すべきものとしていた。定款による例外規定としては、社員全員に対する均等額での分配、特定の社員に対する優先的分配、多数の出資口数を有する場合の上限の設定等が可能とされていた。会社法109条2項、105条1項2号は、この有限会社法の規定を承継したものである。

定款例第1.6条は、所有する株式数に比例するのではなく、全株主に均等額の残余財産の分配をする場合の例であり、定款例第1.6A条は、残余財産の分配に上限を設ける場合の例である。

6 属人的定めがなされた場合の会社法の適用

属人的定めに関する定款規定がある場合には、その株主が有する株式をその権利に関する事項について内容の異なる種類の株式とみなして、会社法第2編及び第5編の規定を適用するものとされている（会社法109条3項）。属人的定めがなされた場合、種類株主総会、反対株主の株式買取請求権等に関して種類株主とみなす扱いとなる。

7 定款変更により属人的定めを置く場合の手続

属人的定めは、原始定款による場合だけでなく、定款変更によって規定することもできるが、定款変更の要件は、通常の特別決議よりも加重されている。すなわち、属人的定めに関する定款の変更（当該定款の定めを廃止するものを除く。）を行う株主総会の決議は、総株主の半数以上（これを上回る割合を定款で定めた場合にあっては、その割合以上）であって、総株主の議決権の4分の3（これを上回る割合を定款で定めた場合にあっては、その割合）以上に当たる多数をもって行わなければならない（会社法309条4項）。

（北沢　豪）

第2編

譲渡条項等

1．譲渡条項

（譲渡条項）
第2.1条　株主の死亡に際して、会社は、常に、1名の相続人のみが承継者となって継続されるものとする。
2　承継者の選任は、権限のある株主の側で決定されるか、さもなければ、生存している妻によって決定される。
3　万一の場合には、管轄の商工会議所の会頭によって、相続人の中から遅滞なく承継者が決定されるものとする。

（譲渡条項）
第2.1A条　株主が死亡した場合、その相続人のうちの1名が承継者（死亡した株主の株式を取得して当会社の株主となるべき者をいう。本定款第○条、第○条及び第○条においても同様とする。）となって当会社は継続されるものとする。
2　前項に規定する承継者の指定は、株主総会の特別決議によってこれを行う。この決議においては、前項に規定する株主の相続人は議決権を行使することができない。
3　前項の規定により承継者が指定されたときは、承継者以外の相続人は、前項に規定する株主総会決議に従い、承継者に対し、本定款第○条（補償条項）の規定によって計算された対価の額をもって、相続により取得した株式を全部譲渡しなければならない。

第2部　応用編

> （譲渡条項）
> 第2.1B条　当会社の株主は、本条の規定によって成立する当会社との間の契約により、本定款第○条（補償条項）の規定によって計算された対価の額をもって、その有する株式を当会社が指定した者に全部譲渡する義務を負う。ただし、この合意は、株主の死亡によって効力を生ずるものとする。
> 2　前項の規定による株式の譲渡の相手方の指定は、株主総会の特別決議によってこれを行う。この決議においては、前項に規定する株主の相続人は議決権を行使することができない。

解　説

1　規定の趣旨

　　第2.1条は、ドイツの有限会社実務において実際に用いられている譲渡条項・移転条項の一例を直訳したものであるが、第2.1A条は、これを日本法に適合させるため、最小限の修正を施したものである。これに対し、第2.1B条は、譲渡条項・移転条項を第三者のためにする契約として構成する場合の条項である。

2　ドイツの有限会社実務における相続制限条項

(1)　ドイツの有限会社の定款において、社員が死亡した場合に、その所有していた持分の帰属がどのようになるのかについて定めた規定が置かれることがあり、これを、相続制限条項と呼ぶ。以下においては、ドイツの有限会社実務における相続制限条項の類型の検討を踏まえ、日本法のもとでの譲渡条項・移転条項につき、検討する。

(2)　相続制限条項の類型

　　相続制限条項は、持分の承継について、社員である者が死亡することにより、法定相続が生じて混乱が生じたり、また、遺言のような一方的な終意処分によって、残存社員にとり思いがけない事態に陥ることを阻止するものであって、すべての社員の要求に合致するものである、と解されている。この定款規定が存在することによっ

第 2 編　譲渡条項等（譲渡条項）

て、相続を契機として、会社にとって好ましくない人物が社員になることを防止するという目的が達成される。

　定款の規定としては、以下のものが代表的であろう。まず、死亡社員の法定相続人は、持分を会社又は第三者に譲渡（移転）する義務を負うという規定であり、これは、通常、譲渡条項又は移転条項と呼ばれている。これが現実に適用になる事例は、大別して2つになる。会社に持分が移転され、又は「第三者」が残存社員ないし会社等によって指定された死亡社員の親族でない者であれば、これによって、名実ともに持分の相続が排除されて、残存社員等によって会社が継続されることになる。その意味で、死亡社員の親族の入社が阻止され、残存社員だけで会社を継続していく継続条項として利用することができる。これに反して、「第三者」が法定相続人中の1人又は特定の相続人等の死亡社員の親族である場合には、内容的に厳密にいえば、決して持分の相続を排除したといえないのであって、親族の中から会社のパートナとして一緒に加わる者を、残存社員等が選択できるだけであり、その者に入社権を付与する入社条項の実質を有しているといえる。残存社員による会社の継続あるいは死亡社員の相続人の入社という概念は、合名会社や合資会社の持分について使用されるのであり、このことからして、有限会社における持分の相続制限条項とは、結局のところ、有限会社の内部関係（社員関係）について、人的会社と同様に処理するための法律技術にほかならないことは、容易に看取することができるであろう。系譜的にみても、人的会社における企業承継の法律実務が1950年代に有限会社における企業承継に及んだと理解するのが正確である。1957年の連邦通常裁判所の判決がこの傾向をさらに押し進めたが、実務上は1950年代初頭から、これらの定款条項が利用され始めたと考えられる。次に頻繁に用いられるのが、消却条項である。これは、社員が死亡した場合に、その所有していた持分が消却される旨を定める条項である。この条項によって、残存社員は、相続人を社

員としてそのまま受け入れるか、それとも、持分の消却決議を社員総会で行い、社員として入社することを拒絶するかの決定権を有することになるわけである。

(3) 会社法及び相続法上の問題点

　ここでとりあげた定款条項は、死亡に際して社員たる地位の承継について、定款で規定しているが、実質上、死亡社員の終意処分と同一の法的効果を有している点で、通常の定款規定と性格を異にしている。とりわけ、相続人が定款の定めに従って、持分を第三者に譲渡（移転）する義務を負っている場合には、この義務は、経済的な結果において遺贈があったのと完全に一致するから、いっそう明瞭である。同様なことは持分の消却についてもあてはまる。残存社員が定款の規定によって与えられた消却権限を行使するならば、死亡社員の持分が消滅する結果、自己の持分が会社財産に対して有する割合的な価値、すなわち分け前が比例的に上昇することになる。これは、その経済的効果において、死亡社員から残存社員に対する遺贈に異ならない、といえる。しかるに、これらすべての定めは、会社契約である定款に含まれている。それゆえに、生前の法律行為であることに疑念はない。社員は、死因の法律行為ないし死因処分を意図するものでないことは明白である。また、相続法の規定が要求する死因処分の方式を遵守しているものでもない。したがって、定款作成実務が要求するように、会社契約（定款）の締結という生前の法律行為によって、死因の法律行為に基づいてのみ生じ得る法律効果を招来させることに、まさに問題が存在するのである。相続法の規定をそのまま厳格に適用して、会社契約という生前の法律行為によっていかなる相続法上の効果も有しないとされるならば、これらの定款条項は、相続法の規定を潜脱するものとして無効ということになる。しかしながら、実務が着実に進展すると、これらの定款条項を有効とする余地がないのかどうか、議論が煮つまってきたのである。

(4) 有限会社の内部関係

そこで、まず、会社法上の問題点として、有限会社の内部関係は人的会社のそれと類似して定款自治の原則が働き、基本的には契約に基づく社員の組合的結合関係であることを確認する。有限会社は、物的会社と人的会社の混合的性格を有するのであって、この人的会社性が顕著に現われる場合が、社員の除名や退社であり、持分の相続制限である、と指摘できる。また、両者を関連づけるならば、死亡に伴う社員の除名ないし退社が、有限会社における持分の相続制限ということになる。人的会社において、社員の死亡が法定退社原因とされているのであり、以上のことは容易に理解できることであろう。そうすると、有限会社においても人的会社と同様に、社員の除名及び退社ということが認容されれば、持分の相続制限が会社法上許容される有力な根拠となり得るであろう。

ドイツの有限会社法には、現在のところ、社員の除名及び退社に関する規定は存在しない。しかし、連邦通常裁判所の判例は、社員の除名を許容しており、学説も一致して、たとえ定款に除名に関する定めがない場合にも、継続的な社員関係を維持しがたいような、信義誠実の原則に反する重大な事由が存在するときは、社員を除名することができる、と解している。また、社員の退社についても、ライヒ最高裁判所は早くから、社員が付随給付義務を負っている場合について、社員の退社を許容してきたし、学説は、重大な事由が存在する場合には、付随給付義務を負わない社員についても、もはやその社員に対して有限会社にとどまることを期待することが信義誠実の原則に照らして許されないから、退社が許容されるべきである旨を主張している。

以上の検討から明らかなように、有限会社においても、社員の除名及び退社が判例と学説で認容されているのであり、そうであるならば、社員の死亡を理由とする除名ないし退社も認められなければならない。もっとも、持分の相続制限は、社員の死亡が重大な事由

に該当しないことが明らかな以上、必ず定款において、その旨が明示的に規定されている場合に限って効力が認められることは、論をまたない。結論的には、持分の相続制限を定めた定款条項を認容した社員、すなわち、定款にその旨の規定が存在していることを知って入社した社員、又は、入社後に定款変更に応じた社員については、定款自治の及ぶ範囲であり、社員は、自ら合意した以上、会社法上完全な効力をもって、各定款条項に拘束されると解しても、何ら差し支えないであろう。

(5) 相続人に対する拘束力

しかし、社員が自分の意思表示に基づいて、持分の相続制限を定める定款条項に拘束されるとしても、ではなぜに、社員の相続人がこの条項に拘束されて、いったん、法定相続で承継した持分を、会社、残存社員、又は第三者に譲渡しなければならないこと、あるいは持分を消却されてしまうことが、法律上許容されるのであろうか。相続人は、定款の定めに従い、社員・被相続人によって引き受けられた義務を引き継ぐことになる、という説明が考えられるところであるが、それだけでは十分ではない。相続人がこれらの義務を負うためには、やはり相続法の領域に属する何らかの法的原因が存在するためであると考えざるを得ない。議論の深化は以下の叙述のように進展した。ドイツにおける議論の出発点は、移転条項や消却条項等の相続制限条項を、会社契約による死因贈与の締結と理解することである。議論の前提として若干の補足を必要とする。すなわち、持分の有する客観的交換価値、これを実際の価額ないし完全な価額と呼んでいるが、譲渡（移転）又は消却に際して、持分の完全な価額が相続人に補償される場合には、格別の問題は生じない。被相続人（社員）の死亡によって、持分が譲渡又は消却されるとしても、相続人つまり相続財産に、持分の完全な価額に相当する補償請求権が帰属する。したがって、相続制限条項が存在するために、相続利害関係人を害するおそれは生じない。相続人、遺留分権利者又

は相続債権者にとって、持分が相続財産に帰属するのか、それともその等価物が金銭債権の形で相続財産に帰属するのかは、通常、それほど重大な関心事でないといえる。しかし、持分が、無償で、又は完全な価額を下回る価額でのみ補償される場合には、その取扱いが相続法上の問題となる。この場合には、相続利害関係人の利益を考慮しなければならないことは、当然である。したがって、問題の焦点は、この無償性を相続法上どのように説明するかに絞られた。

ドイツ民法典2301条1項によって、死因贈与には、死因処分に関する規定が適用される。それゆえに、相続制限条項は、死亡社員の死因処分とみなされる限りにおいて、法律上有効となるのである。しかし、相続制限条項については、遺贈や相続契約等の死因処分のために定められた方式を欠いているため、有効な死因処分とみなすことはできない。そこで、この方式の欠缺をいかに説明するのかが、次の議論の焦点となったわけである。最も簡単な説明は、定款について公証人の認証がなされることにより、民法典2301条による死因贈与の方式が満たされていると解することである。定款の作成及びその変更は、認証を必要とするため（有限会社法2条1項、53条2項）、これは同時に、相続契約のために定められた方式をも意味する、と考えるからである（民法典1376条）。社員は定款の作成によって、実は死因処分によってのみ法的効果が発生することとなる規定を定めているのである。このようにして、定款が相続契約の方式をも満たす場合には、相続制限条項は、有効な死因贈与契約とみなされるのである。しかし、多数の論者は、会社契約の締結によって相続契約が結ばれたと解釈しないで、民法典2301条2項を手掛りとして、理由づけを試みようとした。同項によると、贈与者が出捐物を給付することによって、既に死因贈与を実行した場合には、生前贈与に関する規定が適用になり、死因処分の規定は適用されない。したがって、死因贈与が既に実行されているとみなされる場合には、方式の欠缺を理由に、相続制限条項が無効にされること

はないのである。社員のいかなる行為をもって、死因贈与が実行されたと考えるかは、争いのあるところであり、大別して、会社契約の締結そのものによってもはや死因贈与の実行がなされたと考える見解と、それだけでは不十分であって、被相続人たる社員が、その持分を客観的に自己の財産から出捐したとみなすべき徴憑が必要であると考える見解が対立する。前者は実務及び判例の採用する立場である。実務の立場はズドホフに代表される。ズドホフの見解は、次の連邦通常裁判所の判例に依拠して樹立されたものである。すなわち、ズドホフは、無償の譲渡や消却が生じても、少なくともすべての社員につき相続制限条項が同様に適用される場合には、民法典2301条との関係で疑念を生ずることはない、と主張する。相続制限条項においては、死亡を条件として効力が発生する法律行為が問題となっているのではなく、社員の生前に既に効力を生じた会社内部で持分の相続制限を取り計らった処置が問題となっているのであるから、そもそも死因処分の方式の遵守が必要であるはずはない、と主張する。連邦通常裁判所は、より詳細に、次のように考える。まず、定款は生前の法律行為であり、死因処分との差異は、その法律行為が即座に効力を生ずる点にある。社員が他人に対して何物かの出捐を約束し、あるいは客観的に既に出捐してしまった場合には、即座に法律上拘束力が生ずるのであり、それゆえに、社員が当該出捐物について改めて法律行為をなし得る余地は、生前にもはや制限されていることになる。したがって、当事者間の権利義務関係を直ちに発生させる定款上の相続制限条項は、その効果が社員の死亡の際に初めて完全な形で生ずるものであったとしても、法律概念上は、決して死因処分であり得るはずがない、と判示している。この判決の見解に従うと、定款上の贈与約束は、生前に既に実行された死因贈与として、理解されることになる。さらにこの考え方を押し進めると、相続制限条項を社員間の射倖契約と解する立場にたどりつく。定款条項がすべての社員に平等に適用ある場合には、実際上

何らかの贈与契約が存在するのではなく、社員間で有償の双務契約、つまり一種の射倖契約が存在していると考える。この見解は、相続税法の解釈をめぐる判決において、最初に出現した。各社員は、自分が死亡して相続制限条項で定める要件が発生した場合に、その持分を無償で残存社員に取得させるという冒険ないし危険を引き受けているが、他方で、自分が他の社員よりも生き延びた場合には、相続制限条項に従って受益するというチャンスが与えられている。この危険とチャンスは、すべての社員について均衡を保っている。したがって、相続制限条項は、実際には有償双務契約であり、その効力の発現が、ある社員の死亡という全くの偶然の出来事に依存しているのであるから、一種の射倖契約が存在している、と解するのである。それゆえに、贈与の存在は、相続制限条項がすべての社員に平等に適用されない場合に限って、認容されることになる。ここで、実務と判例の見解を整理すると、次のようになる。相続制限条項がすべての社員に平等に適用ある場合には、有償双務の射倖契約であって、死因贈与ではない。したがって、民法典2301条の適用はなく、死因処分の方式はそもそも必要でない。これに対して、相続制限条項がすべての社員ではなく特定の社員にのみ適用がある場合には、残存社員に対する無償の出捐が認められるから死因贈与である。しかし、この死因贈与については、定款の作成という行為によって、社員の生前に既に実行されているから、ここでも死因処分の方式は必要ないことになる。結論的には、ドイツ法において、定款による相続制限条項につき、死因処分の方式は全く必要ないということになる。この際に、有償双務の射倖契約という法律構成を使用し、また死因贈与の実行という法律概念を問題としたが、これらの考え方には異論があり、引き続いてその批判を検討する。

　まず、相続制限条項を有償双務の射倖契約と解することに対して、そのために社員間で生き残りゲームが演じられ、このゲームでは、最後まで生存する者がすべての持分を取得することになるが、

これは一種のくじ引であり、しかも死亡を条件とする忌わしい死亡宝くじを意味する、と批難されている。反対の理由として、第1点は、相続制限条項の締結によって、各社員が真正な反対給付を得たとは認められないことである。社員の死亡によって、結果として、贈与者たる死亡社員から受益者への出捐がなされるのであるが、この状況の下では、その対価が無償であるという事実が重視されるべきである、というのである。すなわち、結果として、間接的に出捐がなされたのであり、それが無償でなされたことが確かであれば、そのことで十分であって、相続制限条項によって、贈与がなされたと考えるべきである、と主張する。第2点は、1974年の相続贈与税法の改正によって、租税法上の相続制限条項の取扱いが変更になったことを強調する。なぜならば、射倖契約説は、ドイツ法の変遷において、相続贈与税法の解釈をめぐる判決に最初に現われたのであり、相続贈与税法上での定款による相続制限条項の取扱いが変更されたということは、これを参酌していた会社法上及び相続法上の相続制限条項の解釈に、重大な影響を及ぼす、と考えられるためである。相続制限条項に従って、死亡社員の持分は譲渡又は消却によって残存社員ないし会社に移転し、相続人には、その代償として定款の定め（これを補償条項と呼ぶ。）による金額が支払われる。この際、補償額が持分の有する実際の価値より低い金額である場合には、残存社員ないし会社は、その差額の範囲で利益を得ることになる。この利益は、相続贈与税法上、課税の対象となるかが問題になったわけである。そして、かつて、ライヒ財政裁判所は、死因贈与として課税することとした。しかし、連邦財政裁判所は、1953年の判決で、取扱いを変更して、原則として課税を否定したのである。理由は、相続制限条項は生前贈与と解される余地があるが、各社員にとって、前述のように冒険の引受けを意味するので、生前贈与の課税に不可欠な要件である無償性の意思に欠ける、というものである。しかし、1974年の法律改正で、この利得が課税の対象とな

ることに変更された。相続贈与税法3条1項2号は、会社契約に基づいて、死亡社員の持分が他の社員又は会社に移転する場合には、持分の価値が補償額を超える範囲において死因贈与とみなす旨の規定を新設した。また、同法7条7項では、生前における社員の退社の場合には、同一の範囲で生前贈与とみなす旨の規定が設けられた。ここでの持分の価値とは、評価法の規定に従って算定され（相続贈与税法12条）、いわゆる税務評価額のことである。このようにして、税務評価額と補償条項による金額の差額が、税法上の利得として把握されるのである。この改正によって、再び相続制限条項によって生じた持分の移転に課税がなされることになったが、その法律上の取扱いを死因贈与とみなすという形で、課税目的上の擬制をしただけであり、税法上もいまだ理論的には未解決のまま残している、という主張がある。しかしながら、理論的な性格づけに疑念が残るとしても、相続制限条項は、相続贈与税法上、死因贈与として取り扱われることになり、射倖契約説が税法上の取扱いという有力な根拠を喪失するに至ったことは、誰も否定することができない。やはり、相続制限条項に基づいて、死亡社員から受益者へ死因贈与がなされることは、相続法上の議論としても、否定しがたいと思われる。そうすると、死因贈与が存在することを前提にして、その実行が済んでいるかどうかについても、学説はさらに再検討を要求している。

　実務及び判例の立場に従うと、死因贈与は、定款に相続制限条項を設定することで、生前に既に実行されたことと解されているが、ビーデマンは、相続制限条項の設定自体によっては、死因贈与は客観的に実行されたことにはならない、と批判する。被相続人たる社員は、通常、定款を一方的に変更することができないことは確かなことであるが、例えば、各社員が会社から退社し補償請求権を生前に現金化することによって、相続制限条項に基づく死因贈与という出捐を無に帰せしめることは、容易にできる。それは、死因贈与が

まだ、客観的に実行されたものでないからである。この見解は、死因贈与の実行という法律概念について、客観説に依っている。客観説によると、出捐は、被相続人の生前に現実に財産供与がなされた場合にのみ、実行されたものと認識する。

これに対して、実務や判例の立場は、主観説に基づいている。主観説によると、被相続人がもはや出捐を撤回しようとする意図を有しないことで、実行がなされたと認識する。

他方において、死因贈与の実行を考える際に、定款変更の要件を重視するとドイブラーとヘーゲルの見解がある。相続制限条項が受益者の同意なくして変更できない場合にのみ、出捐の実行がなされたと認める立場からは、定款変更には4分の3の特別多数決が必要である（有限会社法512条2項1文）から、反対に、受益者が4分の1を超える持分を有しているときは、受益者の同意がない限り定款変更はできない。この場合には、死因贈与が既に実行されたことになる、と考えるのである。

(6) 小 括

これら各説の得失を検討する際に、死因贈与の実行という法律概念は、結局のところ、死因贈与については死因処分の方式の履践は不要である旨の結論を導くための、特殊ドイツ法固有の議論の枠組みであるという大局観を見失ってはならない。したがって、実行概念としては、実務及び判例の採用する主観説で十分である。つまり、定款において相続制限条項が設けられたとしても、これについては死因処分の方式を具備する必要はなく、定款の認証が十分にその役割を代行する。しかし、方式の具備を回避するにとどまり、死因処分の実行という概念に、それ以上の特別の効果が認められるものでない。相続制限条項は、実質的な相続法の効力規定に服するのである。したがって、相続人と受益者間の利害調整、あるいは遺留分権利者及び相続債権者の利益保護をどのように確保するかについては、別途検討を行う必要がある。

3　日本法の下における相続制限条項の許容性

(1)　これまでドイツにおける相続制度条項をめぐるさまざまな議論を紹介してきたが、ここで以上の概観のまとめを行い、日本法の下における相続制限条項の許容性について、若干の検討を試みたいと思う。

　従来、有限会社は、法律上は物的会社、すなわち小型の株式会社であると概念上把握されてきたために、持分の相続制限の重要性が、等閑視されていた。しかし、有限会社における真実の内部構造は、人的会社のそれと類似性を有する。したがって、社員間における親密さの維持、例えば、同族会社としての性格を世代を超えて維持するためには、社員の生存中における持分の譲渡制限が必要であるとともに、同時に、社員の死亡による持分の相続の際にも、定款によって、その承継に制限、より厳密にはその帰属先について統制を加えることが必要となるのである。これらの定款に基づく持分の譲渡・相続制限が、法律上どの程度まで許容されるかは、持分の法律行為による移転に関して条件を課すことを認めている、ドイツ有限会社法15条5項の解釈問題にかかっている。有限会社の定款による持分の相続制限について、有限会社法自体はフランス法のような格別の規定を設けておらず、沈黙したままであるからである。定款に規定される相続制限条項は、社員の死亡後において、その持分に関する法律関係を規律する。この意味では、死亡社員の死因処分の一面を保有している。したがって、定款による相続制限条項が法律上有効であるとして、認容されるためには、一方において、会社法の領域で、定款自治の原則が働く範囲内にとどまること、及び他方において、相続法の領域で、各社員の死因処分による財産の処分機能に背馳しないこと、この両者の条件を同時に満たす必要がある。特に、個人の有する財産の処分権能は絶対的であり、その死亡に際しては、遺言の自由として保障されている。各社員が終意処分によって、自由に自己の持分の帰属を決定することができる権能を、

定款に相続制限条項を設けることにより、侵害しているのではないかという疑念が、ここに生じ得るのである。この疑念は、学説において、民法典2301条に関する問題点として顕在化したのであるが、現在では、難なくクリアすることができるという結論に達している。すなわち、相続制限条項を、定款による社員間の死因贈与の締結、と解する立場に学説が一致しつつあり、かつ、このような定款によって締結された死因贈与には、遺言の方式に関する規定の適用はなく、実質的な相続法原則のみが適用されると解されている。遺言の方式を遵守すべきことは、遺言者が出捐を行う際に慎重であることを保障し、かつ遺言者の真意を証明するために要請されるが、このような機能は、定款が公証人の認証を受けるものとされていることによって、既に定款によって担保されているからである。やや比喩的に表現すれば、有限会社等の企業の承継につき法の欠缺が存在しているので、このような定款規定の解釈に際しては、財貨（持分）の帰属は会社法の領域に属し、その財貨の把握する価値の分配は相続法の領域に属する、と二元的に構成することとなる。この解釈は、実定法の規定が存在しない段階において、結果の妥当性を求めて、学説及び判例において発展したものである。

(2)　定款による持分の相続制限条項について、相続法上死因贈与が存在すると解され、実質的相続法原則の適用があるから、持分自体は定款条項に従って、会社、残存社員その他第三者に帰属するとしても、持分の有する実際の価額ないし完全な価額は、死亡社員の相続財産に属するものとして法的処理が行われる。したがって、持分共同相続人中の１人（通常は会社経営を引き継ぐ企業承継者）に帰属するときは、持分の価額が相続財産に持ち戻されており、民法典2050条以下の規定によって、共同相続人間で具体的相続分の計算が実行され、持分を取得することによって自己の取り分を超過する場合には、企業承継者は、その超過額について清算する義務、つまり金銭で相続財産に対して支払う義務を負う。遺留分権利者は、被相

続人（死亡社員）が企業承継者に対して、持分を先取遺贈していた場合及び持分が親族関係のない者に帰属することになる場合には、民法典2311条以下の規定に従って、自己の遺留分権が侵害された範囲で、持分を取得した者に対して、遺留分請求権を行使することができる。この際、定款に持分の価額の算定方法に関する規定、いわゆる補償条項が定められていたとしても、遺留分の算定の基礎となるのは、持分の実際の価額であって、定款による補償額ではない。この点の実務上の取扱いは、むしろ補償額を算定の基礎とする趣が強いが、理論的には、持分の実際の価額とするほうがすっきりしているであろう。最後に、その他の相続債権者の保護については、相続制限条項による持分の移転又は消却を死因贈与と構成する以上、持分自体が承継者に帰属し、相続財産から脱漏しているとしても、その代わりとして持分の実際の価額に相当する金銭債権が相続財産に含まれる、と解することになる。しかし、より相続債権者の保護を強めて、持分の移転や消却の後、残った相続財産だけではその遺産債務の弁済に十分でない場合には、利益を得た者に追及しようとする機会を与える趣旨で、破産法32条又は債権者取消法3条3号、4号に従って、被相続人の相続制限条項の締結行為を否認又は取り消すことができる、と解すべきであるとする主張も強い。

(3) 以上のドイツ法に関するまとめを参考にして、簡単に、わが国における相続制限条項についての解釈指針を述べてみる。まず、定款においては株式・持分の相続制限条項を設けることができる点は、相続人等に対する売渡請求に関する規定が、会社法174条以下において明定されたため、実定法の根拠が存在することになり、ドイツにおいて論ぜられたような疑念が生ずる余地はない。次に、定款による株式・持分の相続制限に際して、相続人に譲渡又は消却の対価が支払われないか、又は実際の価値を下回る価額しか支払われない場合には、株式・持分の把握する価値の分配という点で、相続法の領域に立ち入ることとなる。すなわち、補償条項を伴った株式・持

分の相続制限規定により、株式や持分の死因贈与がなされると解される。このような定款における相続制限規定は、定款の作成である以上、生前の法律行為であることはもちろんであるが、死亡を原因として法律効果を生ずる契約類型であり、わが国の相続法の規定では、民法554条に定める死因贈与として位置づけることができると考えられる。

　民法554条によると、死因贈与には遺贈の規定が準用されるが、死因贈与の方式については、遺贈に関する規定の準用はない（最判昭和32年5月21日民集11巻5号732頁）。これに対して、ドイツにおいて判例及び学説が一致していたように、実質的な相続法原則は全面的に適用になると考えられ、これが、わが国の判例及び民法学説の通説でもある。

　次に、企業承継者として株式を承継して会社に入社する相続人と、会社経営から除外される譲歩相続人間の利害の調整は、具体的相続分の算定において清算するのが妥当である。したがって、民法903条の規定に従って、株式を取得する相続人は、他の譲歩相続人に対して、その取得した株式の有する価額を特別受益として、相続分の計算に際して清算する義務を負うと解する。もっとも、定款とは別に、遺言によって企業承継者たる相続人に株式・持分が先取遺贈されている場合には、遺留分に関する規定に反しない範囲で、清算する義務を免れることになる（民法903条3項）。定款の規定が存在することで当然に株式・持分が先取遺贈されたと法律構成することは、ドイツの一部の学説が主張しているところであるが、採用しがたいと思われる。さらに、遺留分権利者の保護に関しては、定款条項による死因贈与が、一体生前贈与とみなされるか遺贈とみなされるか、問題になる。民法1030条によると、贈与は、相続開始前の1年間にしたものに限り、遺留分の算定の基礎となる財産に含められる。ドイツ民法典2325条3項では、この遺留分補充請求権は相続開始前10年までとされており、さらに学説によっては、その贈与時

とは、定款条項の締結時とする旨が主張されており、特に議論が多い。私見では、この点に関して、わが国の解釈としては、定款条項による死因贈与は遺贈として取り扱われ、その価額の全額が遺留分算定の基礎となる財産に含められなければならず、企業承継者は受遺者と同様に遺留分の減殺を請求されることもあり得ると考える。もっとも、わが国の遺留分減殺請求権は債権的請求権と解されているから、仮に遺留分権利者が減殺を請求しても、企業承継者は金銭を支払えば足り、受遺物である株式・持分自体は保持することができるから、企業承継者の地位を脅かされることにはならないと考える。また、補償条項との関連で、株式や持分の実際の価額が算定の基礎となるのか、それとも定款所定の補償条項の定める補償額が基礎となるかについて、一応議論の余地はあるが、わが国では、補償条項にそれほどまでに効果を認めることは、一般に否定されるであろうと予想する。

　最後に、相続債権者については、被相続人（死亡社員）から企業承継者たる相続人に直接に株式・持分が移転すると理解する以上、その代替物である持分の価額の補償請求権が金銭債権として、相続財産を構成するとしても、一番重要な財産である株式・持分が相続開始時（死亡時）には、もはや相続財産から脱漏していることになり、利益を害されるおそれが大きい。そこで、株式・持分の消却や譲渡の後に残った相続財産だけでは、その遺産債務の弁済に十分でない場合には、事情によっては、破産法160条以下の規定に従って、被相続人の相続制限条項を定款で締結する行為自体を否認したり、あるいは民法424条に従って、定款での相続制限条項の締結について、詐害行為取消権を行使することができると解すべきであろう。

4　第三者のためにする契約としての譲渡条項・移転条項

(1)　譲渡条項・移転条項の法律構成

　ドイツにおいては、譲渡条項・移転条項の法的性質を死因贈与と

解する見解が有力であるが、他に、第三者のためにする契約として理解する見解もある。

　ドイブラーの学説によると、譲渡条項・移転条項は、第三者のためにする契約であり、各社員は、その入社に際して、自己が死亡した場合に、持分を定款で定められた人物に移転するように義務づけられる。これは、各社員を諾約者、会社を要約者、定款で持分の承継者と定められる者を受益者とする第三者のためにする契約である。この被相続人（死亡社員）によって引き受けられた義務が、相続開始とともに、その権利義務の承継者である相続人に移転する。相続人は、この定款によって締結された第三者のためにする契約に基づいて、持分を受益者に移転する。この際に、被相続人の義務が、相続人の義務として履行されるのは、第三者のためにする死因契約の特色による。また、会社が買受人となる場合には、もちろん第三者のためにする契約ではない。ドイブラーによると、この場合における譲渡条項・移転条項は、社員の死亡を条件とする売買契約であると理解されるが、このような条項も許容される、と主張する。さらに、会社、相続人、遺言執行者等の定款で定められた者が、相続開始後に初めて受益者を指名する場合も、第三者のためにする契約に該当しないが、やはりこれも適法と主張されている。譲渡条項・移転条項の法的性格を議論するのは、相続人の移転義務の法律上の根拠を明らかにするためである。ドイブラーは、有限会社の持分の被相続性について、最も早く研究書を出版した（1965年）先駆者であるが、今日では、学説としては、やや古くなりつつある。学説においては、遺贈とか死因贈与によって、相続人の義務を基礎づける方向が主流になりつつある。

　なお、第三者のためにする契約理論をとりつつ、会社を諾約者とし、会社が移転義務を負うと解する立場もある。この見解は、各社員は、会社に対して、自己の死亡後にその持分を譲渡することを委託し、又は代理権を授与することになり、会社は、この権限に基づ

いて、定款で定められた第三者に持分を移転することができる、と主張する。さらに、持分は、各社員の一般財産から分離し、生前既に会社に信託的に移転しており、会社は、社員の死亡後に、その持分を第三者に移転するのである、とも説明されている。この場合の法律構成については、会社を諾約者、社員を要約者、第三者を受益者とする第三者のためにする契約が締結されていると考える。この契約に基づいて、受益者は、会社に対して、死亡社員の持分の移転を請求することができる、と主張する。思うに、このような法律構成は、全く考えられないわけではないであろう。しかし、通常の場合には、社員にはそのような意思はない、と考えられる。社員は、そのような複雑な法律構成を選ばないのであり、むしろ可能な限り単純で明快な法律構成が選択されると考えるべきであろう。したがって、第三者のためにする契約理論をとるときは、相続人が移転義務を負うと解するドイブラー説を支持すべきである。

(2) 相続人の地位

　第三者のためにする契約理論によると、相続人の地位は次のようである。すなわち、死亡社員の持分は、まずその相続人に移転する。相続人は、持分が会社や第三者に移転されるまでの間、持分から生ずるすべての権利を行使することができ、またすべての義務を負う。しかし、定款で、移転の実行までの間、権利の行使を排除し、あるいは義務を免除することもできる。この点は、定款で明示されていなくとも、別段の規定がない限り、黙示的にその旨の規定があると解される。なぜならば、相続人は、相続開始後できるだけ早く、持分を移転する義務を負っているから、その間は、相続人によって社員権の行使がなされるべきではない旨の社員の意思が推測され、社員権の停止が黙示的に定められているとみなされるからである。

　相続人は、持分を受益者以外の者に譲渡することによって、受益者を害することはできない。譲受人は、譲渡条項・移転条項に拘束

されたものとしての持分を取得するのであって、移転義務は相続人からの譲受人についても生ずる。また、この結果は、持分の譲渡について、会社の承認が課されることによっても達成される。受益者側に買受けの遅滞がある場合には、相続人は、買受権行使のための妥当な期限を設定することができる。この期限を徒過したときは、受益者の相続人に対する買受権（あるいは持分引渡請求権）は消滅し、定款に別段の定めなき限り、持分は相続人に帰属することになる。この期限を設定する権限は、信義誠実の原則に由来するものであるが、あらかじめ定款で、受益者の権利行使のための期限を定めておくことが賢明である。受益者に持分を移転した相続人には、定款に定めるところに従って、受益者から妥当な移転（譲渡）の対価が支払われることになる。補償条項が定められている場合には、その条項に定める算定方法による対価が支払われることになる。

(3) 受益者の地位

　受益者は、定款に定めるところに従い、相続人に対して、持分の買受請求権を持っている。この買受請求権は、裁判外で行使することができるが、訴訟によって行使することもできる。また、定款において、受益者の買受けを義務づけることもできる、と解されている。社員の死亡によって買受権を取得する受益者は、死亡時に初めて権利を取得するのであって、それ以前に期限付きの権利又は停止条件付きの権利を取得するものでない。したがって、定款に別段の趣旨の定めがない限り、受益者は、社員の死亡によって初めて権利を取得する。このように社員の死亡前においては、受益者は、何らの停止条件付権利も取得していないのであるから、当該社員の死亡までは、定款変更によって自由に譲渡条項・移転条項を変更できるのであり、また受益者の指定を変更することもできる。受益者は、いかなる期待権も有していないから、受益者が社員より先に死亡した場合には、受益者の相続人は、受益者たる地位を引き継ぐものでない。しかし、定款において、死亡した受益者の代わりに、その直

系卑属がその地位に入る旨を定めることは可能である。このような配慮は、受益者が特定の家族の代表者である場合には、特に適切である。

　社員が死亡して、受益者に買受請求権が帰属した後、受益者は、一方的な意思表示によって、この請求権を放棄することもできる。放棄される場合に備えて、予備的に代わりの人物を受益者として定めておくこともできる。受益者は、通常、買受請求権を譲渡することはできない。買受請求権を譲渡することは、定款で持分の相続について制限を設けた趣旨に反するからである。しかし受益者に対して、もっぱら経済的な利益を授与することを目的としていた場合には、例外的に、買受権の譲渡が許容される、と解されている。買受請求権を譲渡することはできないが、それを差押えの対象とすることはできる。しかし、買受請求権が受益者の債権者によって差し押さえられた場合について、定款で、持分の消却を定めておくこともできる。買受請求権が相続できるか否かについては、定款条項の趣旨によるが、受益者の属人的な権利とされる場合が多いから、原則として相続することはできないであろう。なお、買受請求に応じて持分が相続人から受益者に移転する場合には、その移転につき会社の承認は不要である。一方で、定款により相続人に持分の譲渡を義務づけていながら、他方で、承認を拒むことにより履行を不可能とすることは、矛盾しているからである。したがって、この場合には、持分の移転に会社の承認を要する旨が定められていても、会社の承認は必要でない、と解される。会社自体が持分の移転を受ける場合にも、基本的には受益者と同様に取り扱われる。しかし、この場合には、会社は買受請求権を第三者に譲渡できる旨を、定めることもできる。その際において、会社は、持分が移転されるべき適当な承継者を見いだすように、心掛けなければならない。会社債権者による会社の有する買受請求権の差押えは可能であるが、この場合についても、持分の消却を定めておくのが賢明な方策である。最後

に、社員の死亡後に、会社、配偶者その他の者が、受益者を決定する選択権を持っている場合がある。この場合には、相続人は、授権された者が決定を行うための妥当な期限を設定する権利を有している。遅延等により、決定権者が期限を徒過した後は、持分は相続人に終局的に帰属することになる。これとは反対に、相続人が移転に応じる旨の意思表示を拒絶する場合に備えて、定款で持分の移転とともに、その消却を定めておくことが多い。これは、譲渡条項・移転条項と消却条項を選択的に定めておくことにより、移転に応じない場合には持分を消却すると威嚇することで、相続人が移転を拒絶することを阻止しようとするものである。また、受益者が買受けに応じない場合についても、持分の消却を定めておくことができる。消却という手段は、常に次善の策として利用することが好ましいとされる。

(4) 日本法による定款規定

　前記のとおり、第2.1B条は、第三者のためにする契約としての譲渡条項・移転条項を、日本法に即して構成したものであるが、ドイブラー説により、株主を諾約者、会社を要約者、承継者を受益者とする第三者のための契約とし、かつ、死亡によって効力を生ずるものとした。定款作成時点においては受益者が特定されていない点が問題であるが、大判大正7年11月5日民録24輯2131頁は、民法537条1項の第三者は必ずしも契約当時既に存在する者であることを要せず、将来出現すべしと予期したる者をもって第三者とすることも可能であるとしているので、株主死亡後に他の株主が承継者を決定するという構成も認められる可能性があると思われる。

　なお、前記のとおり、ドイツにおいては、学説においては、死因贈与説が主流になりつつあり、第三者のためにする契約説は、既に古い学説になりつつあるので注意を要する。

（大野正道・北沢　豪）

2．制限的承継条項

(制限的承継条項)
第2.2条　株主甲の死亡に際して、当会社は、その子乙を承継者として、継続されるものとする。

(制限的承継条項)
第2.2A条　株主甲が死亡した場合、甲の株式は株主乙に移転する。

▎解　説

1　規定の趣旨

　本条は、事業承継において次代の事業承継者へと円滑な事業の継承を実現すべく、均分相続法制の下において、会社支配を根拠づける株式につき、事業承継者たる相続人にのみ相続させようとするものであり、ドイツ法における「制限的承継条項」をモデルとしている。株式の相続から排斥される譲歩相続人への配慮は、3．で解説する「消却条項」において図られる。

　会社法は、譲渡制限株式につき、事実上の相続制限を許容するが（会社法174条）、均分相続法制に配慮してか、譲歩相続人からの株式の取得を自己の株式の取得規制として規定し、その結果である事業承継者たる相続人への株式の移転については沈黙している。かかる「沈黙」は、「中小企業における経営の承継の円滑化に関する法律」（以下「経営承継円滑化法」という。）も同様であり、経営承継円滑化法は、譲歩相続人の遺留分についての民法の特則として、その額の制限についてもっぱら規定を置く。事業承継にあたり、事業承継者たる相続人への移転を明確にするためには、被相続人が、別途、遺言（例えば相続させる遺言）を用いる必要がある。

　本条は、これらの各法が沈黙する「事業承継の要」たる「事業承継者たる相続人への移転」につき、遺言としてではなく、あえて「定

款」で明確な規定を置こうとするものである。本条が宣言的意味を超えて、どこまで私法上意味を持ち得るかは、以下で解説される。

2 制限的承継条項の意義

制限的承継条項（qualifizierte Nachtfolgeklausel）とは、本条項の提唱者である大野正道教授の紹介によれば、「定款によって、特定の者、例えば特定の相続人、特定の社員その他の者が直接に被相続人の社員たる地位の承継者となる旨を定めるものである。定款でこの規定が設けられている場合において社員が死亡すると、持分は、相続開始とともに直接、定款で定められたその承継者又は定款所定の方法により選定される承継者に移転する。この条項は、遺産分割という困難かつ長期にわたる手続を回避するという利点をもっている。」とされる（大野正道『企業承継法の研究』202頁、信山社、平成6年）。要は、物権的効果を持つ相続制限であり、相続させる遺言が意図した効果を定款に置き換えたものといってよい。

大野教授の整理によれば、ドイツ法上制限的承継条項の法律構成につき、次の4つの可能性があるとされる。

(1) 特別相続説

これは制限承継条項により、社員の死亡に際して、定款で承継者として定められた者が、残余の相続財産について生ずる通常の相続と異なって、会社の持分を特別に相続するという考え方である。ドイツでは、物権的効果を持つ遺贈や第三者のためにする契約が認められないところから、かかる法技術が編み出されたものであり、ドイツ連邦通常裁判所は、合名会社につきかかる見解にたったうえで制限的承継条項の効果を認めるが、有限会社に関しては議論があり得る（詳しくは、大野・前掲書203～213頁を参照）。

(2) 終意処分説

これは、制限的承継条項によって、会社契約の上で終意処分（letztwillige Verfügung）ないし死因処分（Verfügung von Todes wegen）がなされたと理解する見解であり、相続契約というドイツ

法固有の概念を前提としている。

(3) 第三者のためにする契約説

物権的な効果を持つ第三者のためにする契約として、制限的承継条項を理解するのがこの見解である。

(4) 停止条件付権利移転説

この説は、社員の死亡を停止条件とする持分の移転と理解する考え方である。承継者が既に社員である場合には、制限的承継条項の締結によって、被相続人となる社員と承継者となる社員との間で、停止条件付で持分を移転する旨の合意が存在する。ただ、社員は、当初から停止条件付の権利移転を意図しているわけではなく、通常は、相続開始の時点での直接的な権利移転を意図しているのである（大野・前掲書215頁）。

3 検 討

(1) 相続させる遺言との対比

前述のとおり、制限的承継条項は、相続させる遺言の意図を定款に置き換えたものである。相続させる遺言につき最判平成3年4月19日民集45巻4号477頁は、「同条〔民法908条〕にいう遺産の分割の方法を定めた遺言であり、他の共同相続人も右の遺言に拘束され、これと異なる遺産分割の協議、さらには審判もなし得ないのであるから、このような遺言にあっては、遺言者の意思に合致するものとして、遺産の一部である当該遺産を当該相続人に帰属させる遺産の一部の分割がなされたのと同様の遺産の承継関係を生ぜしめるものであり、当該遺言において相続による承継を当該相続人の受諾の意思表示にかからせたなどの特段の事情のない限り、何らの行為を要せずして、被相続人の死亡の時（遺言の効力の生じた時）に直ちに当該遺産が当該相続人に相続により承継」され、遺産分割の「協議又は審判を経る余地はない」旨判示する。これは、①相続させる遺言の法的性質は、相続分の変更を伴う遺産分割方法の指定であり、②その効果として、当該資産が、遺産分割協議なくして相続

人に帰属することを許容するものである。事業承継に際し、相続させる遺言を活用することで、株式の散逸を防ぐことが可能になる。

ただ、相続させる遺言を利用する事業承継に対しては、後の遺言によりすべてが否定される可能性（民法1023条）が拭いきれず、不安定さが残る。

これに対し、定款規定として同様のことを定めた場合、定款の変更は、厳格な定款変更手続（株式会社については、株主総会の特別決議（会社法466条、309条2項11号）、持分会社については、総社員の同意（会社法637条））によらなければならないので、格段に安定性が増す。

(2) 停止条件付権利移転説

問題は、定款規定に移し替えるための法的構成である。制限的承継条項というシステム自体は、ドイツ法に由来するものであるが、日本法に継受する場合、そのすべてを受け継ぐ必要はない。特別相続説については「特別相続」、終意処分説については、その前提たる「相続契約」という、ドイツ法固有の概念によらなければならず、日本法の解釈としては、これをとることが難しい。また、第三者のためにする契約説、停止条件付権利移転説のいずれかがとり得る可能性のある法的構成ということになろう。第三者のためにする契約説は、ドイツ法上、第三者のためにする契約の効果が債権的であるところから、採用困難との批判があるが、日本法上、かかる制約は存せず、採用可能である。

あくまで私見であるが、やや技巧的な第三者のためにする契約説よりも、停止条件付権利移転説で理解するほうがよりスッキリしているのではなかろうか。

その場合の問題は、①権利移転にかかる相続人間の「合意」を、定款規定をもって代替することが可能か、②事実上の相続制限を譲渡制限株式についてのみ認める会社法174条との整合性をどうつけるか、にあろう。

①については、大野教授の提唱される「準組合法理」により、定款を社員間の株主間契約のうちもっともコアなものと理解すれば、クリアできることになる。会社法は、会社が法人であることを規定するが（会社法3条）、社団であることについて規定を置いていない。また、近時の裁判例であるみずほ証券のジェイコム株式誤発注事件（「61万円1株」の売り注文をするつもりが、端末機器の操作を誤り「1円61万株」の売り注文をした。）は、みずほ証券が、東京証券取引所を被告として取引参加者契約の不履行等を求めたものであるが（東京地判平成21年12月4日判時2072号54頁、判タ1322号149頁、金融・商事判例1330号16頁）、本件で問題となった取引参加者契約とは、会員制組織（社団）であった証券取引所が株式会社化された結果、社員―会社間の法律関係が、取引参加者「契約」として置き換えられたものである。これは、間接的ながら、社員相互間及び社員―会社間の法律関係を契約的に理解する大野説の傍証になっているといってよい。

②については、非公開会社に焦点をあててモデルを提供する本企画の趣旨からして、本来、答えるべき批判とはいえないはずである。ただ、例えば、退社、除名を持たない株式会社において、取得請求権、取得条項及び全部取得条項を用いた事実上の「退社」、事実上の「除名」が認められ得ること、とりわけ公開会社においては、後のスキームは、締め出し（スクイーズ・アウト）として広く用いられていることに鑑みれば、特にこの分野においてだけ、譲渡性が制限的承継条項の桎梏になるとは思われない。

（松嶋隆弘）

第2部　応用編

3．消却条項

> （消却条項）
> 第2.3条　死亡株主の株式は、承継権限を有しない者によって取得される場合には、消却されるか、あるいは、会社の選択によって、会社自身、1名若しくは複数の株主又は第三者に譲渡されるものとする。
>
> （消却条項）
> 第2.3A条　死亡した株主が有していた株式は、有償で消却されるか、又は当会社、他の株主、若しくは第三者に譲渡されるものとする。
>
> （消却条項）
> 第2.3B条　当会社は、相続により当会社の株式を取得した者に対し、会社法第174条の規定に基づき、当該株式を当会社に売り渡すことを請求することができる。

解　説

1　規定の趣旨（第2.3条、第2.3A条）：相続制限条項の1つとして消却条項を規定

　　本条項は、ドイツの事業承継実務に倣い、事業承継を定款に基づき行う場合の相続制限条項（定款で、株主の死亡に際して、その株主がどのようになるかを規定する条項を広く相続制限条項という。）の1つとして、「消却条項」につき規定するものである。ここに消却条項とは、持分の相続の場合について持分の消却（Einziehung）を定める定款条項である（以下の記述については、大野正道『企業承継法の研究』259頁以下、信山社、平成6年による。）。消却条項は、持分の相続一般について適用されることもあるが、会社の消却権限を一定の場合に制限すること、例えば持分が社員、あるいは死亡社員の配偶者

ないし直系卑属に承継されない場合にのみ、会社は消却権限を行使できる旨を定めるということもあり、消却条項の発効によって、社員が死亡すると、会社は残存社員のみによって継続されていくことになる。要は、定款規定による相続制限ということである。

2 会社法における「消却」概念の整理と消却条項

(1) 会社法における「消却」概念の整理

　　会社法は、次のように規定を整理し、自己株式についてのみ消却を認めるので、かかる会社法における消却条項の意義につき以下述べておく。

　　まず、会社法における「消却」概念について、旧法と対比しつつ、説明しておく。平成17年改正前商法のもとにおける株式の消却は、自己株式の消却（平成17年改正前商法212条）及びいわゆる強制消却（平成17年改正前商法213条）があり、後者はさらに定款の規定に基づく利益による消却と資本減少（資本金の額の減少）の際に行う消却とに分かれていた。

　　会社法は、これらの「消却」概念を整理し、会社が自己の株式を取得する手続（会社法155条）と、取得した自己株式を消却する手続（会社法178条）に整理することにした。つまり会社法は、自己株式についてのみ株式の消却を規定している（なお、新株予約権については、自己新株予約権の消却の手続（会社法276条1項）のほかに新株予約権の消滅の手続が存在する。会社法287条）。

　　なお用語の整理の問題であるが、会社法においては、会社が「自己の株式」を取得する手続等を行った結果、「株式会社が有する自己の株式」（会社法113条4項）となったものを「自己株式」という。

(2) 消却条項

　　しかし、近時、平成17年改正前商法のもとでの強制消却と同じことが実質的にできなくなったわけではないとの見解も主張されている（奥島孝康ほか編『新基本法コンメンタール　会社法1』別冊法

学セミナー204号320頁〔大野正道執筆〕、平成22年）。「消却＝取得＋自己株式の消却」というのが会社法の整理した図式であるが、そうであるとすれば、「取得」の中に、会社法が認める「株主の同意なくして株式を取得することができる場合（強制取得）」を代入すれば、実質的には旧法と変わらぬ強制消却ができるわけであり、そうであるならばそれを定款で明確に明示しておくことが、株主が売渡しを拒絶した場合にも粛々と取得手続を進め得ることを明確にし、定款による円滑な事業承継に資するものと思われる。第2.3条、第2.3A条は、かかる近時の見解を前提にして、そのことを明示する趣旨の規定である。

3　第2.3B条（会社法の図式に従った代案）

第2.3B条は、近時の見解でなく、会社法の図式に従い、会社法における消却条項を「株主の死亡に当たり、会社がその選択により、相続により株式を取得した者から株式を取得できる制度」として規定する代案である。本条では、会社法174条に基づく強制的な取得のみを規定し、消却は、別途自己株式についての消却に委ねる。

定款規定による相続制限につき、会社法は、「相続人等に対する売渡しの請求に関する定款の定め」（会社法174条）という形で規定を置くことにした。すなわち、会社法174条は、株式会社が、相続その他の一般承継により当該株式会社の株式（譲渡制限株式に限る。）を取得した者に対し、当該株式を当該株式会社に売り渡すことを請求することができる旨を定款で定めることができる旨規定する。

後述のごとく、「消却」概念が、「会社による自己の株式の取得」と「取得された自己株式の消却」に整理されたため、相続制限は、会社から株主に対する売渡請求という形で規定されざるを得ない。そして、かかる定款規定を設けることにより、譲歩相続人に株式が取得され、相続を契機として会社支配権が希釈化する事態を未然に防ぎ、会社の前オーナー（被相続人）から会社の支配権を受け継ぐ後継者へと、円滑に事業を承継させることができる。以下本条の特徴を2点指

第2編　譲渡条項等（消却条項）

摘しておきたい。

　第1は、会社法174条は、その対象を譲渡制限株式に限っているが、本条はかかる制限を置いていない。しかし、それは本定款が予定する「当会社」は、公開会社でない会社（会社法2条5号）であり、全株式に譲渡制限が付されているためにすぎない。

　第2は、会社法174条は、相続以外の一般承継をも対象としているが、本定款規定では、あえて相続の場合のみに対象を限定したことである。主たる理由は、冒頭に掲げたとおり、事業承継という趣旨を明確にすることであるが、派生的には、相続以外の「一般承継」、すなわち合併・分割等の組織再編行為を排除することにより、締め出し（スクイーズ・アウト）の手段として利用されることを防ぐところにある（大野正道「非公開会社の法理と企業承継」『非公開会社の法理―社団法理と準組合法理の交錯』249頁、システムファイブ、平成19年）。

（松嶋隆弘）

第3編

補償条項

（補償条項）
第3.1条　補償額については、争いがある場合、課税庁により評価期日に直近の確定された法的効力を有する持分の評価額が基礎となる。ただし、この評価額に係る後日の修正は、補償額について何らの影響を及ぼさないものとする。

（補償条項）
第3.1A条　本定款第○条、第○条及び第○条に規定する株式の対価の額は、これら各条に規定する株主の死亡の日の直近の事業年度に係る法人税の税務申告に用いられた貸借対照表上の純資産の額を当該事業年度の末日における発行済株式総数（自己株式を除く。）をもって除して得られた金額を1株当たりの対価の額とする方法によって計算する。ただし、当該株主の死亡の日の翌日以降になされた修正申告その他の修正は、この計算に影響を及ぼさないものとする。

（補償額の算定）
第3.2条　株式の評価のために、業務執行者により遅滞なく補償額の算定のための貸借対照表が作成されるものとする。このようにして作成された貸借対照表においては、清算の時点における会社資産の真実の価値を顧慮するものとする。この貸借対照表によって算定された評価額は、比率に応じて、評価の対象とされるべき株式に配分

されるものとする。
2 営業権は株式の評価に際して考慮されないものとする。
3 税務手続から生ずるすべての価額修正は考慮されないものとする。

第3.2A条 本定款第○条、第○条及び第○条に規定する株式の対価の額は、これら各条に規定する株主の死亡の日における貸借対照表を作成し、当該貸借対照表上の純資産の額を当該死亡の日における発行済株式総数（自己株式を除く。）をもって除して得られた金額を1株当たりの対価の額とする方法によって計算する。
2 前項に規定する貸借対照表の作成にあたっては、帳簿価格と実勢価格の差異及び営業権は、いずれも考慮しないものとする。

解 説

1 規定の趣旨

　第3.1条及び第3.2条は、ドイツの有限会社実務において使用されている補償条項を直訳したものであり、これらを日本法に適合するよう修正したものが第3.1A条及び第3.2A条である。第3.1A条は、直近の事業年度に係る法人税の税務申告に用いられた貸借対照表を基準とするのに対し、第3.2A条は補償額の算定のための貸借対照表を改めて作成する場合の条項である。なお、これらの条項は、種類株式が発行されていない場合を前提とする。

2 補償条項の意義

　株式会社では、その獲得利益を自己金融の目的で社内に留保しているが、譲渡制限株式の譲渡を承認せずにこれを買い取る場合（会社法140条）や、株式の相続人に対する売渡請求（会社法174条）に際して、この蓄積利益が社外に流出するならば、会社の経営が阻害されることがあり得る。事情によっては、補償額が高額のため、会社資産を売却することを余儀なくされ、遂には事業経営の継続が不可能にな

る。そこで、会社の資金から多額の補償がなされることを阻止する目的から、完全な価額（時価）を下回る価額で補償される旨を、会社の定款であらかじめ定めることが考えられる。これをドイツでは補償条項と呼び、広く利用されている。

このような目的を有する補償条項が、わが国の会社法上においても有効であるか否かについては、先例もなく必ずしも明らかではない。また、平成17年改正前商法及び平成17年廃止前有限会社法の下での解釈として、定款で持分・株式の売買価格に関する特別の定めを置くことができるか否かにつき、平成17年廃止前有限会社法19条5項、平成17年改正前商法204条ノ4第2項と異なる定款の定めは無効であるとする見解もあった（江頭憲治郎『株式会社・有限会社法（第4版）』有斐閣、平成17年、224頁）。

以下においては、補償条項をわが国の会社法の下で用いる場合の法律構成及びその有効性を検討する。

3　ドイツ法における補償条項

ドイツの有限会社において、実務上しばしば利用されるのが帳簿価額を基準とする補償条項である。帳簿価額とは、毎営業年度の決算貸借対照表に従って算出される、持分の有する資産価額のことである。これは、貸借対照表上の純資産を基本資本で割り、これに持分の額面金額を乗じたもの（純資産×持分額面÷基本資本）である。したがって、持分が貸借対照表上の資本勘定に占める分け前とも表現できる。

4　補償条項の必要性

会社法において、株主の退社は制度上は存在しないが、会社による自己株式取得は、一定の場合、実質的に株主の退社と同様の機能を果たすと考えられる。したがって、日本法における補償条項は、会社による自己株式取得の場合に、その価格算定基準を定める定款条項として位置づけられることとなる。

ドイツ法上しばしば用いられる定款規定は、帳簿価格方式と税務評価額方式であるが、改めて貸借対照表を作成することもある。このう

ち、帳簿価格方式と税務評価額方式は、日本法の下では、直近の事業年度に係る法人税の税務申告に使用された貸借対照表を基準とする方式に収斂すると思われる。また、改めて貸借対照表を作成しこれを基準とする方式においては、少なくとも、不動産・有価証券の含み益を排除することが必要とされると思われる。また、のれんを考慮しないこと、税務申告の修正申告その他基準日以降に発生した事項を考慮しないこと等は、日本法の下においても同様に規定する必要があると思われる。

5　補償条項の有効性

(1)　協同組合における脱退と持分の払戻し

　　会社経営を継続する目的から、退社員に支払われるべき補償額を縮減する定款規定、すなわち補償条項は、わが国においては、事業協同組合における組合員の脱退とそれに伴う持分の払戻しについて、近時、既に利用されている。補償条項が会社法上有効であるか否かの検討を進める前に、既に実務的に定着している事業協同組合における補償条項の取扱いについて考察を試みる。

　　事業協同組合は、中小企業等協同組合法（以下「中協法」という。）に規定するように、各自個別の事業を営んでいる組合員が相互扶助の目的で協同して経済事業を営むために任意に組織したものであるから、組合員の出資金や事業の収益を元手に、組合にとって必要な財産を保有しているのが通常であるが、何らかの理由で組合を脱退する組合員に対して、その出資分を返還することがある。中協法10条は、組合員が1口以上を出資する義務を負う旨を定めるとともに、他方で、中協法20条は、脱退した組合員が持分の払戻しを請求する権利を有する旨を規定している。この限りでは、事業協同組合は、平成17年改正前商法（現行では会社法）の準用規定も多く株式会社に極めて近い類型の法人であると考えることができる。定款で補償条項を規定する実務が生じた経緯については、わが国でしばしば生ずる土地価格の高騰の煽りを受けて、組合財産を構成して

いる事業用資産、例えば、工場敷地や共同店舗ビル等の不動産の価額が急激に上昇し、それと連動して脱退する組合員に支払わなければならない補償額（持分の払戻額）も急騰することになり、現実に組合員の脱退が生じた場合に、これらの事業用資産を売却しないかぎり、持分の払戻しに応ずることができなくなってトラブルが頻発するような事態が生ずるに至ったことが挙げられる。持分の払戻しに応ずるために事業用資産を売り払い、結局、協同組合としての事業を継続することができなくなる危険性もあるところから、脱退する組合員の利益と協同組合にとどまる組合員（ひいては協同組合自体）の利益を調和させる解決策が要請される。具体的には、脱退する組合員に支払われるべき補償額を、定款の規定によって、残存組合員が耐え得る適切な範囲に縮減することである。この種の定款規定の法的有効性について、中協法20条1項は、組合員が定款の定めるところによりその持分の全部又は一部の払戻しを請求することができる、と規定しており、持分の実際に有する価額（時価）を下回る価額での補償が有効である旨を明文で確認している。土地の高騰に伴う問題の解決策として、現在の法律実務において、持分の全額ではなく一部の払戻しとする旨の定款規定が全国で広範囲に利用されていることは、周知の事実である。なお、農業協同組合法23条及び水産業協同組合法28条は、出資組合の組合員について、同様に、脱退したときは、定款の定めるところにより、その持分の全部又は一部の払戻しを請求することができる旨を規定しているが、消費生活協同組合法21条は、その払込済出資額の全部又は一部の払戻しとしており、定款の定めにより脱退した組合員に払い戻す金額を払込済出資額以上とすることを許さない趣旨を明定している。

　事業協同組合から組合員が脱退する際に、持分の払戻しにつき定款に別段の定め（払戻金額を縮減する補償条項）がない場合には、持分の価額はどのように算定されるのかという点については、最判昭和44年12月11日民集23巻12号2447頁がリーディングケースとされ

ている。この事案は、この事業協同組合の組合員が脱退し、定款の定めに従い、その持分の全額の払戻しを請求したが、共同店舗ビルが建っている組合所有の土地の評価額について争いがあって、帳簿価額（取得価額）によるべきか、それとも時価によるべきかが問題となった。原審が持分払戻しの際における土地の評価は取得価額によるべきではなく時価によるべきものとしたのに対して、最高裁判所は、「一般に、協同組合の組合員が組合から脱退した場合における持分計算の基礎となる組合財産の価額の評価は、所論のように組合の損益計算の目的で作成されるいわゆる帳簿価額によるべきものではなく、協同組合としての事業の継続を前提とし、なるべく有利にこれを一括譲渡する場合の価額を標準とすべきものと解するのが相当である」とし、この見解に立つときは、原審が脱退時における本件土地の時価をもって本件土地の価額として、これに基づいて組合財産の価額を算定したのは正当である旨を判示した。この最高裁判決が示した「事業の継続を前提とし、なるべく有利にこれを一括譲渡する場合の価額」という基準は、後続の下級審判決によって現在でも踏襲され、最判昭和54年2月23日民集33巻1号125頁においても維持されている。

　このように払戻持分の算定に際して、組合財産が「時価」で評価されることとなると、土地の時価が高水準で推移しているときには、一部の組合員の脱退によって協同組合の事業の継続が困難となる事態が生じ得る。このような事態の発生を未然に防止するためには、定款で持分の払戻請求について、あらかじめ補償額を縮減する旨の別段の定め、すなわち補償条項を定めておくことが、協同組合の存続を可能ならしめる趣旨から望まれる。私見では、最高裁判決における事案での法律的争点は、払戻持分が有する客観的交換価値のうち、時価マイナス帳簿価額に相当する部分が、脱退組合員から残存組合員又は協同組合自体に移転することが、協同組合の存続という見地から法律上許容されるかどうかに設定されるべきであっ

た、と考えている。その意味で、中協法20条1項が、「組合員は、……脱退したときは、定款の定めるところにより、その持分の全部又は一部の払戻を請求することができる」と定めていることが重視されるべきである。すなわち、ドイツ法における補償条項を協同組合の定款に定めることを、法律の規定により、直接的に許容しているのである。したがって、協同組合の定款で、持分の算定に際して、組合財産は帳簿価額（取得価額）で評価される旨を定めておけば、その規定は法律上有効であり、持分の税務評価額による補償も許容されるであろう。なお、無償での脱退を定款で規定することについては否定説が有力と思われるが、私見ではこのような定款規定も有効であると解する。わが国の最近の組合実務では、原始定款又は定款変更をもって、脱退組合員に対する持分の払戻額（補償額）をその全額ではなく一部に縮減する旨が規定されるようになっている。この定款規定の効力は、中協法18条による任意脱退（自由脱退）に限定されず、中協法19条の法定脱退の場合にも及ぶ。

　医療法人の社員の退社についても類似の問題が存在するので、ここであわせて検討する。すなわち、医療法人は剰余金の配当をすることが認められず（医療法54条）、非営利法人とされているが、平成18年改正前の医療法のもとでは、解散した医療法人の残余財産の分配は、原則として定款の定めるところに委ねられ、出資割合に応じて出資者に分配することが許されると解されていた。退社した社員の出資の払戻しにつき、多くの医療法人は、厚生省・厚生労働省が作成したモデル定款にならい、「退社した社員はその出資額に応じて払戻しを請求することができる。」という趣旨の規定を置いていたが、この定款規定の解釈に関し、いくつかの裁判例が公表されている。

　まず、払戻請求権の算定の基礎となる医療法人の資産の評価については、事業の継続を前提として、当該資産を一括して譲渡する場合の譲渡価格（営業価格）を基準とすべきであるとするのが一般的

な傾向である（東京高判平成15年11月18日金融・商事判例1191号46頁等）。これは、事業協同組合に関する前掲最判昭和44年12月11日と同様の立場に立つものと考えられる。

次に、「出資額に応じて払戻しを請求することができる」という定款規定に関し、「出資額に応じて」というのは、医療法人の財産評価額に出資割合を乗じた額を請求できることを意味するのか（出資割合説）、それとも、出資した金額の限度でのみ請求することができることを意味するのか（出資額説）につき争いがあったが、最高裁は出資割合説の立場をとることを明らかにした（最判平成22年4月8日民集64巻3号609頁、判時2085号90頁、判タ1327号75頁）。出資割合説に対しては、法人の利益が社員に分配されることとなって非営利法人とされることと矛盾するのではないか、返還額が多額にのぼることが多くなり医療法人の経営に悪影響を及ぼすのではないか等の問題点が指摘されている。後者の問題は、補償条項が前提とする状況と共通のものであり、この点につき、前掲最判平成22年4月8日は、当該医療法人の公益性・公共性の観点その他に照らし、出資金返還請求が権利の濫用となることがあり得るとする。また、同判決の補足意見も、「持分の定めがある社団たる医療法人において、出資社員の退社による返還請求額が多額となり医療法人の存続が脅かされるという場合」があり得ること、そのような事態は権利濫用法理の適用により妥当な解決に至り得ること等を指摘する。

なお、これらの議論は、「出資額に応じて返還を請求することができる」という定款規定が存在する場合に、その解釈をめぐってなされたものであり、補償条項の許容性自体は、これらの問題とは別次元の問題であることに留意する必要がある。

(2) 平成17年改正前商法の下での合名・合資会社における退社と持分の払戻し

合名会社及び合資会社において、社員の退社が生ずる場合には、

退社員は、会社に対して持分の払戻しを請求することができる。持分の払戻しは会社の内部関係に属する事項であるから、持分の払戻額（補償額）の計算にあたっては、まず定款の規定に従い、定款に別段の定めのないときには、商法及び民法の規定に従うことになる（平成17年改正前商法１条）。したがって、退社員の持分計算は、原則として、当該社員の退社の時点における会社財産の状況に従って実行されることを要する（平成17年改正前商法68条、民法681条１項）。それゆえに、定款に別段の定めなき限り、この時点における価額を基礎とする財産目録及び貸借対照表を作成して、払戻額の計算をしなければならない。ここで問題になるのは、財産目録及び貸借対照表に記載する会社財産の評価方法である。会計帳簿に記載すべき財産の評価は取得価額を原則とするから（平成17年改正前商法34条）、会計帳簿に基づいて毎決算期に作成される（通常）貸借対照表には取得価額が記載されることになる（平成17年改正前商法33条２項）。社員の退社に伴う持分の払戻しのために作成する財産目録及び貸借対照表が、この通常貸借対照表に基づいて作成されるのであれば、財産の評価は帳簿価額（取得価額）によることとなる。しかし、このような評価方法については、この帳簿価額は歴史的な取得原価を表示しているのに過ぎず、会社財産の現在高を表示するものではない、という批判があり得る。したがって、退社による持分の払戻しが企業の一部清算の性質を有することを重視するならば、そのための財産目録及び貸借対照表は、会社の清算の際に作成される非常貸借対照表の性質を有するものでなければならず、会社財産の評価も時価によることとなる。

　合名会社及び合資会社という人的会社からの退社に伴う持分の払戻しに際して、会社財産の評価は時価によるか簿価によるか争いとなった判決として、名古屋高判昭和55年５月20日判時975号110頁がある。事案は、Ｙ合資会社（被告、控訴人）の有限責任社員たるＸ（原告、被控訴人）らが退社する際に、その持分払戻しの算定の基

礎となる財産（不動産）の評価が帳簿価額によるべきか、それとも時価によるべきかが争いとなったものである。原審が不動産を時価で評価したのに対して、Yは、取引市場に上場されず持分の流通性のない中小の同族会社の有限責任社員の持分の評価については、営業の存続を前提として、貸借対照表の純資産額を評価基準にするのが最も公平であり、不動産は帳簿価額で評価すべきものであると主張した。これに対して、名古屋高等裁判所は、「Yはその主張するような種々の根拠から、Y会社のような中小の同族会社たる合資会社の社員の払戻持分は当該会社の帳簿上の純資産額に準拠して計算するのが正当であると主張するのであるが、その前提は当該会社の不動産の評価はこれを帳簿価額によるべきであるとの趣旨にほかならないと解される。……しかしながら右の持分計算の基礎となる会社財産の価額の評価は、所論のように会社の損益計算の目的で作成されるいわゆる帳簿価額によるべきものではなく、会社としての事業の継続を前提とし、なるべく有利にこれを一括譲渡する場合の価額を標準とすべきものと解すべきであり（最判昭和44年12月11日民集23巻12号2447頁参照）、時価以下の過少評価を許すべきでないと考えられるので、Yの所論はいまだ独自のものとして当裁判所の採用しないところである」と判示し、Y会社所有の土地、建物を時価で評価した原審判決を支持して、Yの控訴を棄却した。

最高裁の示した標準は、事業協同組合からの脱退の場合に限らず、合名会社及び合資会社における退社員の払戻持分の算定の基礎となる財産評価にも妥当するという見解が有力となっている。名古屋高裁の判決により、合名会社及び合資会社における退社員の持分払戻額の計算の基礎となる会社財産の評価方法は、会社としての事業の継続を前提とし、なるべく有利にこれを一括譲渡する場合の価額を標準とするのであり、時価を下回る過少評価を許さないことが明らかになった。このように持分の払戻しに際して、会社財産が時価を下回ることのない価額で評価されることになると、一部の社員

の退社によって、会社の営業の継続が困難となる事態が生じ得る。このような事態の発生を未然に防止するためには、持分の払戻しに伴う補償額について、会社の存続を可能ならしめる趣旨から、あらかじめ定款に別段の定めを規定しておくことが望ましい。学説は、持分の払戻自体に関する規定は会社の内部関係の問題であるから、定款をもって持分の払戻し又は支払に関する計算及び実行の方法を任意に定めることができ、あるいは定款により持分の払戻しをしない旨を定めることができる、と解している（上柳克郎ほか編『新版注釈会社法（１）』342頁〔古瀬村邦夫執筆〕、有斐閣、昭和60年）。判例も、除名による退社の場合には、持分払戻請求権を失う旨の定款の定めを有効としている（東京高判昭和40年９月28日下民集16巻９号1465頁）。したがって、合名会社及び合資会社では、定款によって、持分払戻請求権を帳簿価額で評価する範囲に縮減する等の内容を含む補償条項を設定することは、法律上、当然に有効であると解する。平成17年改正前商法の規定においても、合名会社及び合資会社については、持分の払戻しにつき、定款における別段の定め（補償条項）を設定することができるとされていたのである（平成17年改正前商法89条但書、147条）。

(3) 現行会社法における非公開会社及び特例有限会社における補償条項

　以上の考察から明らかなように、事業協同組合と人的会社（合名会社及び合資会社）について、持分払戻しの縮減（払戻しを全くしない場合をも含む。）を許容するのは、立法者の高度な法律判断に基づくものであろう。払戻持分が本来有するであろう客観的価値を算定する問題と、その持分の客観的価値を前提としつつ、組合の事業又は会社の営業の存続という見地から、この価値の全部ないし一部が脱退又は退社する者から組合又は会社に移転することを法律上許容するか否かの問題は、截然と区別されるべきである。仮に、払戻持分が有する客観的価値は財産の時価で評価されるべきであると

する見解（前掲最判昭和44年12月11日の採用する立場）がそれ自体で正当であるとしても、その客観的価値による支払を縮減する旨を定める補償条項という定款規定の有効性の判断は、持分の客観的交換価値のうち、時価マイナス補償額に相当する部分が脱退組合員（退社員）から協同組合（会社）へ、ひいては残存組合員（残存社員）へ移転することが、事業の存続という見地から、法律上許容されるかどうかの法律判断に委ねられたのであって、わが国の立法者は、中協法20条及び平成17年改正前商法89条の規定で、これを許容する旨の判断を下したものと考えられる。したがって、この両条の規定は、持分の払戻しの全般に関する規定であり、単なる払戻持分の価額の算定に関する規定として矮小化して理解されてはならない。

そこで、現行会社法における非公開株式会社と特例有限会社についても、社員の退社に備えて補償条項を定款で定めることが許容されるか否かであるが、この問題は、これらの非公開会社の内部関係が人的会社のそれと同様であるか否かによって決定されると考える。そのため、非公開株式会社と特例有限会社について、会社の「社団性」と「準組合性」いう法律概念がどの程度まで妥当するかについて考察を進め、わが国において補償条項の適法性に関する論議を深める必要がある。私見としては、非公開会社について社団法理から準組合法理への転換を図り、非公開株式会社と特例有限会社について準組合法理を採用するならば、人的会社におけるがごとく、社員の退社及びその退社の際の定款における補償条項の設定が、非公開会社及び特例有限会社について許容されるべきであり、できるならばその有効性が立法で明確にされることが望ましい。

（大野正道・北沢　豪）

第4編

退社・除名

1．退社条項

（退社条項）
第4.1条　当会社の株主は、各事業年度の終了の時において退社することができる。
2　退社する株主は、当会社に対して、各事業年度の終了日の6か月前までに書面で退社の予告をしなければならない。
3　当会社は、退社する株主に対して、本定款第○条（補償条項）の定めるところにより、その保有株式の対価を支払い、直ちにその株式を消却するものとする。

解　説

1　規定の趣旨

　第4.1条は、非公開会社の株主について自らの意思に基づく任意退社の制度を認める規定であり、持分会社の社員の任意退社の規定（会社法606条）、及びドイツ有限会社の定款規定例を参照して作成したものである。

　会社法の下では、非公開会社株主の退社に関する明文規定は存在しないが、後述するように、現行法においても、株主の退社が許容されるであろうことを前提に、本条を提示するものである。

　本条は、すべての株主に退社権を認めるものであり、しかも退社の条件として重大な事由の存在などを要件としていない。退社しようとする株主は、会社に株式の対価の支払等に関する準備の機会を与える

ため、各事業年度の終了日より6か月前までに（会社法606条1項2文）、会社の代表者に予告しなければならない。適法に予告した以上、事業年度末において当然退社の効果を生じ、退社する株主は改めて退社の意思表示をする必要はない。会社は、退社する株主に対して、別に補償条項に定めるところによりその保有する株式の対価を支払い、直ちにその株式を消却するものとする。

なお、会社は取得請求権付株式（会社法2条18号）を発行することによって、事実上の退社を実現することができる。

2　ドイツ有限会社法における社員の退社

以下においては、わが国の非公開会社について退社制度を導入するうえで参照に値するドイツ有限会社法に関する学説・判例を紹介する。ドイツの有限会社法（GmbHG）では、社員の退社（Austritt）が一定の範囲で許容されている。有限会社（GmbH）は、その社員の有限責任が認められるために、外部関係においては株式会社と同様に物的会社として規整されているが、内部関係に関する限り、合名会社（OHG）や合資会社（KG）と同様に、いわゆる社団法理ではなく組合法理が適用されるとする見解がドイツの学説において支配的である。わが国の平成17年廃止前有限会社法は、昭和13（1938）年にドイツの有限会社法を継受して立法されたものであるが、その母法であるドイツ有限会社法に関する判例・学説を参照して（詳細は大野正道「有限会社における社員の除名・退社と補償条項」『非公開会社の法理—社団法理と準組合法理の交錯』141〜143頁、システムファイブ、平成19年）、わが国においても、旧有限会社あるいは特例有限会社の内部関係については人的会社あるいは持分会社と同様に把握し、組合法理を適用することが妥当であるので、社員の退社制度を認めるべきであるとする見解が有力に主張されている（大野・前掲書115〜116頁）。

もっとも、ドイツの有限会社法においても、社員の退社に関する明文規定が存在するわけではない。しかし、ライヒ大審院

（Reichtsgericht）は、早くから、社員間にカルテルが存在する場合や社員が付随給付義務（Nebenleistungspflicht；定款規定に基づき社員が基本出資の履行のほかに負担すべき義務）を負っている場合について、社員の退社を認めていた。また、学説においては、付随給付義務を負っていない社員についても、重大な事由が存在する場合には、社員の退社が認められるべきであると主張されていた。こうした判例・学説の立場を前提として、ドイツの実務においては、定款によって社員の退社に関する事項について詳細な定めを設けている。例えば、定款で、すべての社員又は特定の社員が退社権を持っており、その際に、重大な事由の存在を要件としない旨を規定することができる。ただし、社員の退社権を恣意的に剥奪することや、その退社の要件を不当に重くすることは許されない。さらに、退社の要件のみならず、その手続や効果をも定款で定めている。持分の対価（補償額）については、別に定める補償条項において、補償額の金額又は算定方法を規定している（大野・前掲書141〜142頁）。

3　非公開会社における株主の退社制度の導入

　平成17年改正前商法において、合名会社及び合資会社については退社の制度が法定されていた（平成17年改正前商法84条、147条）。人的会社の範疇に属する合名・合資会社の社員に退社が認められる理由としては、対外的に社員の責任が非常に重いので社員の意思に反してこれを会社に拘束するのは適当でないこと、並びに社員個人の人格が非常に重要性を有するので事情により特定の社員を会社関係から排除する必要があることが挙げられていた（大隅健一郎＝今井宏『会社法論上巻（第3版）』94頁、有斐閣、平成3年）、上柳克郎ほか編『新版注釈会社法（1）』304頁〔古瀬村邦夫執筆〕、有斐閣、昭和60年）。これに対して、株式会社の株主については、上記のような事情がないことから退社の制度は認められておらず、株式譲渡の自由がその代償をなしていると説明されていた（大隅＝今井・前掲書94頁）。また、外部関係において株式会社と同様に物的会社の範疇に属する有限会社の社

員にも退社制度は認められていなかった。

　会社法の下でも、退社の制度は、持分会社（合名・合資・合同会社）については法定されているが（任意退社につき会社法606条、法定退社につき同法607条）、株式会社については明文上規定されていない。しかし、現行法においても、以下の理由から、株式会社のうち、特に非公開会社については、定款の定めをもって、退社株主に株式の対価の支払を保障する上記退社条項を導入することは許されるものと解する。すなわち、①非公開会社の内部関係については、持分会社と同様に組合法理が妥当し、株主個人の人格が重要性を有するので事情により特定株主の会社関係からの離脱を認める必要があること、②非公開会社の株主は株式譲渡の制限を課されており投下資本の回収手段が制約されること（株式譲渡の承認を得られないときは買取人指定制度によらなければならない。会社法140条以下）、③会社法においては定款自治の許容範囲が大幅に拡大されていること、並びに④前述したように、比較法的には、ドイツ有限会社においては社員の退社が判例・学説上認められ、それを前提とする定款作成の実務も確立していることである。

　なお、③の定款自治の許容範囲に関しては、会社法の立案担当者によれば、会社法においては、法律に規定されている事項について定款で別段の定めを置くことができる場合には、逐一、法律でその旨を明文化することとし（会社法297条1項等）、その旨の明文規定がない場合には、法律と異なる定款の定めを置くことができないものとしたと説明されている（相澤哲＝郡谷大輔「会社法制の現代化に伴う実質改正の概要と基本的な考え方」商事法務1737号16頁（平成17年）、相澤哲＝岩崎友彦「新会社法の解説（2）会社法総則・株式会社の設立」商事法務1738号12頁（平成17年））。しかし、このように会社法の任意規定の範囲を明文規定がある場合に限定する立法指針に対しては、そもそも条文によって定款自治の範囲を完全に明確化することは不可能であるなどとする批判が学説上有力に主張されており（宍戸善一「定

款自治の範囲の拡大と明確化」商事法務1775号21頁（平成18年）、神作裕之「会社の機関」商事法務1775号41頁（平成18年）、江頭憲治郎編『会社法コンメンタール1　総則・設立（1）』336頁以下〔森淳二朗執筆〕、商事法務、平成20年）、かかる学説の立場が支持されるべきであろう。

2．除名条項

（除名条項）
第4.2条　当会社は、株主について会社に不利益をもたらす行為その他やむを得ざる事由があるときは、他の株主の全員の一致によって、当該株主を除名することができる。
2　当会社は、除名した株主に対して、その旨を通知し、本定款第○条（補償条項）に定めるところにより、その株式の対価を支払い、直ちにその株式を消却するものとする。

解　説

1　規定の趣旨

第4.2条は、非公開会社の特定の株主について、当該株主の意思に反してその株主たる資格を剥奪する除名の制度を認める規定である。本条は、わが国における持分会社・民法組合・中小企業等協同組合などの社員・組合員の除名制度（会社法859条、民法680条、中協法19条）、及びドイツ有限会社の社員の除名に関する判例・学説を参照して作成したものである。ただし、現行法の下では、本条の有効性につき疑問がないわけではないので、後述する非公開会社株主の除名制度の立法化を前提として、本条を提示するものである。

第1項は、除名事由として、会社に不利益をもたらす行為その他やむを得ざる事由を規定したうえで、除名の成立要件として除名対象株主以外の他の株主全員の一致を要求するものであって、除名の訴えに

よる裁判所の関与を必要としない（会社法859条対照）。第2項は、除名された株主に対して、除名した旨を通知するとともに（対抗要件）、その所有株式の経済的補償をするために、本定款で別に定める補償条項の規定に従って株式の対価を支払い、直ちにその株式を消却するものとする。

なお、会社は、取得条項付株式（会社法2条19号）や全部取得条項付種類株式（会社法171条、108条1項7号）を利用することによって、事実上の除名を実現することができる。

2 ドイツ有限会社法における社員の除名

ドイツの有限会社法では、社員の除名（Ausschließung）が一定の範囲で認められている。同法においても、社員の除名に関する明文規定が存在するわけではないが、ドイツの判例及び通説は、有限会社において、定款に除名に関する定めがない場合であっても、社員を除名すべき重大な事由が存在するときは、社員を除名することができると解しており、またその法的根拠を社員の会社法上の忠実義務に求めている。除名手続は、定款に別段の定めがない限り、商法典140条の合名会社に関する規定を類推して、除名訴訟（Ausschließungsklage）によって行われる。除名訴訟は、社員総会の除名決議に基づいて有限会社によって提起されることを要するが、除名決議の成立について、判例は有限会社の解散決議（有限会社法60条1項2号）と同様に4分の3の特別多数決を要求している（詳細は、大野・前掲『非公開会社の法理—社団法理と準組合法理の交錯』137〜141頁参照）。

3 非公開会社の株主の除名制度の導入

(1) 立法の必要性

平成17年改正前商法において、合名会社及び合資会社については除名の制度が法定されていたが（平成17年改正前商法86条、147条）、株式会社・有限会社についてはこの制度は設けられていなかった。除名とは、特定社員の意思に反してその社員たる資格を剥奪することをいう。合名・合資会社は社員の人的信用を基礎とする

会社であるから、社員の中にその信用を破壊する行為をする者がある場合には、これを会社から排除する手段が必要となる。しかし、その手段が、一部の社員が理由なくして他の社員を排除するために濫用されてはならない。そこで除名は、法定の事由がある場合に、社員の過半数の決議に基づく会社の請求により、裁判所の判決をもってのみ行うことができると規定されていた（大隅＝今井・前掲『会社法論上巻（第3版）』96頁、上柳ほか編・前掲『新版注釈会社法（1）』317頁〔古瀬村執筆〕）。

　会社法の下でも、持分会社（合名・合資・合同会社）については、社員の除名の訴えが法定されている。すなわち、持分会社の社員に法定の事由があるときは、持分会社は対象社員以外の過半数の決議に基づき、訴えをもって対象社員の除名を請求することができる（会社法859条）。これに対し、株式会社については、従前と同様に、除名制度は設けられていない。

　ところで、平成17年改正前商法の下で、多数派が少数派をそれなりに公正に処遇しているのに、少数派が不満を抱き会社の業務運営を混乱に落とし陥れ、遂には会社の継続を危殆に瀕せしめる事態が発生するような場合を想定して、特に旧有限会社について除名制度を導入すべきとする見解が有力であった（大野正道「有限会社における社員の除名制度—西独の判例および学説を参考にして—」商事法務1119号48頁（昭和62年）（同『中小会社法の研究』29頁以下、信山社、平成9年所収）、上柳克郎ほか編『新版注釈会社法（14）』411頁〔塩田親文執筆〕、有斐閣、平成2年）。なお、野村修也「閉鎖的資本会社における除名制度の必要性について」西南学院大学法学論集25巻2＝3号211頁以下（平成5年）は、閉鎖的株式会社及び旧有限会社の両者について除名制度の導入を主張していた。）。会社法の下でも、ドイツ有限会社法に関する判例・学説を参照して、わが国においても、旧有限会社あるいは特例有限会社の内部関係については人的会社あるいは持分会社と同様に把握し、組合法理を適

用することが妥当であるから、社員の退社制度とともに除名の制度も認めるべきであると主張されている（大野・前掲『非公開会社の法理―社団法理と準組合法理の交錯』133～134頁）。さらに私見としても、以下の理由から、非公開株式会社において、株主の除名制度を立法化すべきであると考える。①非公開会社の実体は既存株主の人的結合を基礎とした一種の排他的機構であると把握することができ、株式譲渡制限にはそれを通じて会社にとって好ましくない第三者の加入を排除しようとする既存株主の意思が反映されていることが指摘されている（酒巻俊雄＝龍田節編『逐条解説会社法（4）機関1』16頁〔酒巻俊雄執筆〕、中央経済社、平成20年）。そうであれば、非公開会社の外部からではなく、内部において好ましくない株主が出現した場合にも、当該株主を強制的に排除する方法を認めることは、他の株主全体ないしは会社全体の利益を保護することとなるし、実際上も特定株主の除名の実現を求める非公開会社の要請は大きいと思われる。②持分会社のうちの合同会社と非公開株式会社とを対比すると、社員・株主の責任の態様（間接有限責任）やその内部関係に組合法理が妥当するなどの点で共通性を有するにもかかわらず、合同会社についてだけ除名制度が法定されていることは均衡を欠いている。③株式会社については、取得条項付株式（会社法2条19号）や全部取得条項付種類株式（会社法171条、108条1項7号）を利用することによって、株式の公正な取得対価さえ保障されていれば少数株主を合法的に締め出すことが可能である。こうした手法による株主の締出しは除名と同様の効果を導くものであるが、除名制度を採用すれば、会社に対して不利益を生じさせる特定株主をより直截的に会社から締め出すことができる。④前述したように、比較法的には、ドイツ有限会社について社員の除名が判例・学説上認められていることも参照に値するであろう。

(2) **株主の除名の要件・方式**

・わが国の会社法及びドイツ有限会社法上の判例・学説のいずれの

立場においても、除名の手続としては、他の社員の除名決議に加えて、裁判所に対する除名の訴えが要求され、裁判所が除名判決を下すことによって社員の除名の効力が発生するものと解されている。これに対して、第4.2条は、除名の訴えを要求することなく、換言すれば裁判所が関与することなく、除名対象株主以外の他の株主全員の一致だけで株主の除名が成立することを予定している。

　この点に関して、平成17年改正前商法の下では、合名・合資会社の社員の除名について、定款をもって法定の除名事由を拡張し、あるいは裁判によらないで除名できる旨を定めることは許されないと判例・学説において解されていた（大決昭和13年12月30日民集17巻2318頁、東京地判平成9年10月13日判時1654号137頁、判タ977号238頁、大隅＝今井・前掲『会社法論上巻（第3版）』97頁、上柳ほか編・前掲『新版注釈会社法（1）』332頁〔古瀬村執筆〕）。

　これに対して、除名の訴えによる除名判決を要求しない立法例として、民法組合や中小企業等協同組合などの組合員の除名制度が存在する（その他の各種協同組合も同様の除名制度を規定する。消費生活協同組合法20条、水産業協同組合法27条、農業協同組合法22条）。民法組合の組合員の除名は、正当な事由がある場合に限り、他の組合員の一致によって行うことができるものとされ、除名した組合員に対する除名の通知が当該組合員に対する対抗要件として規定されている（民法680条）。また、中小企業等協同組合における組合員の除名は、法定の除名事由に該当する組合員につき、総会の特別議決によって行うことができるものとされている。この場合において、組合は、その総会の会日の10日前までに、その組合員に対しその旨を通知し、かつ、総会において、弁明する機会を与えなければならないと規定されている（中協法19条2項）。除名は、除名した組合員にその旨を通知しなければ、これをもってその組合員に対抗することができない（同条3項）。総会の特別決議においては、総組合員の半数以上が出席し、その議決権の3分の2以上の多数に

よる議決を必要とする（中協法53条）。

　非公開株式会社の株主の除名制度を立法化するに際しては、持分会社におけるように除名の訴えによる裁判所の関与を要求する方式（除名の訴えは形成訴訟であるから（相澤哲ほか編著『論点解説　新・会社法』748～749頁、商事法務、平成18年。非公開会社の株主の除名訴訟につき明文規定を要することとなる。）と、民法組合又は中小企業等協同組合の組合員の除名のように、裁判所の関与しない方式の2つが考えられる。民法組合と中小企業等協同組合との相違点は、他の組合員全員の一致によるか、総会の特別決議とはいえ多数決による除名を認めるかであり、多数決による場合には、除名対象者に弁明の機会を与えている。非公開会社の株主の除名制度の立法化に際していずれの方式を採用するかは、除名対象者たる株主の利益保護（会社にとどまる利益。除名されても所有株式の対価は補償される。）と、その他の株主の利益保護ひいては会社全体の利益保護のどちらを優先すべきかにかかっている。私見としては、株主間の人的結合を基礎とした排他的機構である非公開会社において、信頼関係の破綻した特定株主を排除する会社全体の利益保護を優先すべきと考える。したがって、持分会社における「対象社員以外の社員の過半数の決議」（会社法859条）や中小企業等協同組合における「議決権の3分の2以上の多数による議決」（中協法53条）よりも厳格な「他の株主の全員の一致」（民法680条）という要件を課すことによって、会社の内部関係において株主の除名を成立させる方式、すなわち裁判所が関与しない制度の創設を提唱したい。なお、他の株主との信頼関係の崩壊を前提に、他の株主全員の一致で特定株主を排除するものであるから、当該株主に弁明の機会を与えることにはさしたる意味がないように思われる。

（受川環大）

第5編

ドイツ有限会社定款

1．有限会社の設立手続の概要と設立証書

　ドイツにおいて、有限会社は、法律上許容される目的のために、1人又は複数の者により設立することができる（有限会社法―以下「有限」とする―1条）。社員となる者は、まず定款を作成することを要する。定款は公正証書の方式によることを要し、定款にはすべての社員が署名しなければならない（有限2条1項）。実務上は、弁護士等が定款の草案を作成し、社員となる者がその内容を検討したうえで、公証人の所へ持参する。社員は公証人の面前で署名し、その定款を公正証書（Notarielle Urkunde）という表題のついた設立証書（Gründungsurkunde）に添付する。設立証書自体にも社員と公証人が署名し、これで定款が完成する（荒木和夫『ドイツ有限会社法解説（改訂版）』30頁、商事法務、平成19年）。取締役は、定款その他の書類を添付して管轄の区裁判所へ登記申請書を提出し（有限7条、8条）、商業登記簿への登記により有限会社は成立する（有限11条1項）。

　以下は、2人以上の社員が有限会社を設立する場合における設立証書の書式例である（Haegele/Litfin,Handbuch der Familien Unternehmen, FH Lfg. 362009, Rz. 172.）。

公正証書（Notarielle Urkunde）

> 公証人の面前に次の者が出頭し、定款の認証を受ける。
> 　1．○○氏（氏名、生年月日、住所地）

2．○○氏（氏名、生年月日、住所地）
出頭者は、公正証書の認証を受けるために宣誓する。

有限会社の設立のための定款

1．設立

　私たちは、読み上げられかつ参照される本証書の内容に従って、（地方自治体の）．住所地を有する（会社の）設立のために定款を定める。

2．社員総会

　私たちは、最初の社員総会を開催し、会社の取締役として、社員である○○氏（氏名、生年月日、住所地）を選任する。

　私たちは、会社代表について、各取締役が会社を常に単独で代表すること、及び各取締役が自己又は第三者のためにする取引において会社を無制限に代表できること（筆者注—民法典181条［自己取引・双方代理の禁止］の制限を免除されること）を定める。

3．覚書

　公証人は、設立手続に関する法律規定並びに法律効果、特に資金調達と資本維持のための諸規定、有限会社登記前の行為者の責任、登記前の負担が生じる場合の社員の差額塡補責任、及び会社の成立時期について説明した。

4．委任状

　会社の登記が行われるまでは、裁判所又は官庁の求めに応じて必要となる定款又は届出の変更を宣言しかつ届け出る権限すべてを、私たちは、○○氏（氏名、生年月日、住所地）に委任する。

（最終確認、署名）

2．定款の法的性質・記載事項と規定例

　ドイツにおいて、会社の組織、活動又は社員の地位を定める根本規則である定款を意味する用語としては、「Gesellschaftsvertrag」、「Satzung」、「Statut」などが用いられている。株式会社についての基本法である株式法（Aktiengesetz）においては、「Satzung」が使用されている（株式法23条）のに対し、有限会社法（GmbHG）では、「会社契約」を意味する「Gesellschaftsvertrag」が用いられている（有限2条、3条）。

　有限会社の定款の法的性質をどのように解するかについては、3つの見解が主張されている。すなわち、定款を社員間の通常の契約であると説明する「契約説（Vertragstheorie）」、国家から権限を付与された会社設立者が規則（Satzung）の確定をもって法を創設するという「規範説（Normentheorie）」、並びに会社契約の締結は法律行為の諸規定に従うものであるとしても、会社の登記以降は完成した定款が法律に準じて扱われるとする「修正規範説」である。現在、学説上は契約説が通説であるが、判例上は修正規範説が採られている（Scholz/Emmerich, GmbHG, 8. Aufl. 1993, § 2 Anm. 4-4 a)。

　有限会社の定款の記載事項は、わが国におけると同様に、絶対的記載事項、相対的記載事項、任意的記載事項の3つに大別される。絶対的記載事項としては、①会社の商号、②会社の住所、③事業の目的、④基本資本金の額、⑤各社員が基本資本金に充てる出資（基本出資）として払い込むべき金額が要求されている（有限3条1項）。

　以下においては、複数の社員から成る有限会社の定款の規定例を紹介する（Haegele/Litfin,a.a.O.,FH Lfg. 352008, Rz. 5 Ⅷ ff.）。この規定例は、自己取引・双方代理の禁止の免除（定款第5条第3項）、持分の譲渡制限・売渡請求権（定款第10条）、持分の消却（定款第13条）などの相対的記載事項のみならず、持分の相続（定款第11条）、社員の退社（定款第12条）、退社員に対する補償（定款第14条）、競業の免除（定款第15

条)、仲裁(定款第16条)など多くの任意的記載事項を含むものであり、わが国で一般的に用いられているモデル定款と比べるとかなり詳細な内容を規定している。

ドイツ有限会社の定款規定例

第1条　商号及び住所
(1)　会社の商号は、X有限会社とする。
(2)　会社の住所は、Y市とする。

第2条　事業目的
　事業目的は、自動車部品の製造である。

第3条　基本資本金、基本出資
(1)　会社の基本資本金は25,000ユーロである。
(2)　25,000ユーロのうち、社員AAが20,000ユーロの基本出資を引き受け、社員BAが5,000ユーロの基本出資を引き受ける。
(3)　基本出資は、設立時に、全額を金銭で払い込むものとする。

第4条　事業年度
　事業年度は、毎年1月1日から12月31日までとする。

第5条　業務執行、代表
(1)　会社には1人又は2人以上の取締役を置く。
(2)　取締役が1人だけであるときは、その者が単独で会社を代表する。
　　2人以上の取締役が置かれているときは、2人の取締役が共同で会社を代表し、又は1人の取締役が支配人と共同で会社を代表する。2人以上の取締役が置かれている場合であっても、各取締役に

単独の代表権を付与することもできる。
(3) 各取締役は、民法典第181条［自己取引・双方代理の禁止］の制限を免除されるので、会社と自己との法律行為において自ら会社を代表し、又は会社と第三者との法律行為において第三者の代理人となることができる。

第6条　社員総会
(1) 会社の決議を必要とする場合、又はその他の理由から社員総会の招集が会社の利益となる場合には、社員総会を招集しなければならない。いかなる場合においても、社員総会は年度決算書の提出後2か月以内に毎年開催しなければならない。
(2) 社員総会は、代表権を有するすべての取締役によって招集される。社員総会の招集は、議題を提示して、また定時総会の場合は年度決算書を添付して、開催日の最低2週間前に書留郵便で通知する。
(3) 社員総会は、会社の住所で開催される。社員総会は、正当な理由があるときは、その他の場所で開催することもできる。
(4) 各社員は、社員総会に出席することができる。各社員は、配偶者、他の社員、職業上守秘義務を負う第三者を代理人として出席させることもできる。その他の社員は、代理人が代理権の存在を書面で証明することを請求できる。
(5) 社員総会は、議長によって運営される。議長は、出席した社員及び代理出席した社員の中から、過半数で選任される。
(6) 少なくとも基本資本金の2分の1が代表されているときは、社員総会は、定足数を満たすものとする。定足数要件を欠くときは、定足数要件を満たす新たな社員総会を、同一の議題で4週間以内に招集しなければならない。議題については、再送付される招集通知で明示しなければならない。

第7条　社員総会の決議

(1)　社員総会の決議は、法定の手続のほか、その他の方法でも行うことができる。特に、電話会議若しくはテレビ会議、その他の電信機器を使用した会議によって、又は会議における採決によって、又は会議外における議決権行使によることができる。

(2)　社員総会の決議は、定款又は法律に別段の定めがない限り、行使された議決権の過半数で行われる。

(3)　持分の数に応じて採決される。持分1ユーロにつき1個の議決権が付与される。

(4)　議長又は取締役は、決議の結果について、直ちに議事録を作成し、署名し、社員に送付しなければならない。社員は、議事録の受取後4週間以内に議事録の補正を書面で請求することができる。異論のなかった議事録又は補正された議事録は、正当かつ完全なものであると推定される。

(5)　社員総会の決議は、議事録の受取後6週間以内に限り、訴えによって取り消すことができる。

第8条　年度決算書

年度決算書は、法定の期間内に取締役によって作成され、すべての取締役がこれに署名しなければならない。

第9条　年度決算書の結果の利用

年度決算書の結果の利用については、法律規定が適用される。

第10条　譲渡制限、売渡請求権

(1)　1個の持分又はその一部の持分の譲渡又は質権設定は、それが有効となるためには、他のすべての社員の書面による承諾を必要とする。

(2) 持分を譲渡しようとする社員は、いかなる法的根拠に基づく場合でも等しく、持分の譲渡前に、他の社員に対して、自己の持分を共有分として売却する旨の申出を書面で行わなければならない。その他の社員又はその一部の社員、すなわち保有持分の多数を占める者は、売却通知の到達後4週間以内に、自らに対して持分を共有分として譲渡することを、書面で請求することができる。対価としては、本定款の補償規定より算定される持分の価格を、1回の譲渡ごとに支払わなければならない。

(3) 社員は、売渡請求権を行使しない場合には、持分の譲渡を承諾しなければならない。ただし、持分の譲受人にとって重大な理由が売渡請求権の行使を妨げるときは、この限りでない。

第11条　相続

(1) 社員が死亡した場合には、死亡社員の持分は対価を支払って消却することができる。死亡社員の相続人は、持分の消却決議において議決権をもたない。持分の消却については、6か月以内に決議しなければならない。当該期間は、会社に相続人たる地位の証明を添付した相続通知書が到達したときから起算する。

(2) 会社は、持分の消却に代えて、持分を全部又は分割して、会社自身、1人若しくは2人以上の社員又は第三者に対し譲渡することを請求することができる。

第12条　退社

(1) 各社員は会社から退社する旨の意思表示をすることができる。
　　退社は事業年度末においてのみ行うことができる。退社する旨は6か月前に書面で表示されなければならない。

(2) 退社する社員は、会社の選択に従って、その持分の全部又は一部を、会社自身、1人若しくは2人以上の社員又は会社の指定した第

三者に譲渡するか、あるいはその持分の消却を承認しなければならない。退社する社員は、退社するまでは、社員権を行使することができる。残余の社員は、退社の効力が生ずるまでに、消却又は譲渡義務について決定しなければならない。

第13条　持分の消却
(1)　持分の消却は、当該社員の同意によって、いつでも認められる。
(2)　当該社員の同意は、次の場合には要求されない。
　—当該社員の財産について破産手続が開始されるとき、又は破産財団の不足から破産手続の開始が認められないとき、又は
　—当該社員の持分に対して質権が設定され、かつ、当該質権が2か月以内に消滅しないとき、又は
　—当該社員について、会社からの除名が正当化されるその他の重大な理由が存在するとき。
(3)　1個の持分が複数の社員によって共有されている場合には、消却の理由が共有者のうちの1人に存在するだけで足りる。
(4)　会社又は社員は、持分に質権が設定されているときは、質権者に弁済した後、質権が設定されていた持分を消却することができる。持分を消却された当該社員は、その弁済に対して異議を申し立てることは認められない。当該社員は、代償請求権に基づき、質権者への弁済額を算定させることができる。
(5)　社員総会は、消却に代えて、特定の社員のうちの1人若しくは2人以上又は第三者に持分を譲渡することを決定できる。
(6)　社員は、持分に対する補償の支払の有無にかかわらず、消却に関する決議によって直ちに社員たる地位を失う。社員の社員権は、持分に対する補償の支払の有無にかかわらず、持分の譲渡義務に関する決議によって直ちに効力を生ずる。
(7)　持分の消却及び譲渡は、社員総会によって、4分の3の多数を

もってのみ決議することができる。当該社員は、議決権をもたない。当該社員の議決権は、必要とされる議決権数に算入されない。

第14条　退社員に対する補償
(1) 社員の退社に際し、退社する社員又はその権利承継者に支払われる補償に関する合意が成立しない場合には、補償の金額及び支払方法については、経営監査士又は経営監査会社が仲裁鑑定人として決定する。
(2) 仲裁鑑定人は、当事者の申立てにより、管轄の商工会議所が選任する。
(3) 持分の評価は、デュッセルドルフの経営監査士又はその後任者が、協会の定める評価の諸原則に基づき、企業評価を基礎に行われる。当該評価の諸原則が利用できないときは、仲裁鑑定人が評価方法を決定する。仲裁鑑定人はまた、評価の諸原則の具体的運用の詳細を決定する。
(4) 企業の保護を目的として、算定される企業価値又は持分価値から25パーセントを割り引かなければならない。仲裁鑑定人は、相当な利息を付して補償金額を分割で支払うことを決定することができる。
(5) 仲裁鑑定人の費用は、会社と退社する社員又はその権利承継者で半額ずつ負担する。

第15条　競業免除条項
(1) 個々の社員又はすべての社員、取締役又は社員兼取締役は、社員総会の決議によって、競業禁止を全面的に免除され、又は特定の場合若しくは活動に限定して競業禁止を免除され得る。
(2) 前項の場合において、同項の社員等は、直接又は間接に、自己又は他人の名前において、自己又は他人の計算において、競業関係に

ある会社との取引を行うことができるし、また競業企業のために活動し、又は直接若しくは仲介者を通じて競業企業に参加することができる。

第16条　仲裁条項

(1)　会社と社員間のすべての紛争及び社員関係から生ずる社員間のすべての紛争に関しては、通常の裁判手続は行われず、仲裁裁判所がこれを審理する。

(2)　仲裁裁判所は、2名の仲裁人と1名の裁判長によって構成される。各当事者は、1名の仲裁人を指名する。各当事者は、裁判官職の資格を有する1名の裁判長を指名する。この指名が4週間以内に行われないときは、会社が住所を置く商工会議所が指名する。

(3)　仲裁裁判所は、その手続自体を決定する。仲裁裁判所は、証拠を採用することができる。仲裁判断は、書面で行われなければならない。送達及び保管については、他の点についても適用がある民事訴訟法の規定が適用される。

第17条　公告

会社の法定公告は、電子連邦官報においてのみ行われる。

第18条　最終規定

(1)　個々の定款規定の無効は、信義則に反しない限り、他の定款規定の効力に影響しない。個々の定款規定が無効であるときは、無効な規定は、社員総会の決議によって、定款が確定的規定をもって計画された経済上及び法律上の目的を達成できるように修正し又は補完しなければならない。同様のことは、定款の施行に際して、補完を要する不備が明らかとなるときにも妥当する。

(2)　各社員は、会社の目的又は社員相互間の誠実義務によって要求さ

れる定款変更を行う義務を負っている。

第19条　費用
設立費用は、…ユーロを限度として、会社が負担する。

（受川環大）

第3部　条文編

定款例A【株主総会＋取締役】……………………301

定款例B【株主総会＋取締役＋監査役】…………307

定款例C【株主総会＋取締役会＋監査役】………314

特例有限会社の定款例 ………………………………323

定款例A【株主総会＋取締役】

第1章　総　則

（商号）
第1条　当会社は、株式会社○○と称する。

（目的）
第2条　当会社は、次の事業を営むことを目的とする。
　(1)　○○○○
　(2)　○○○○
　(3)　前各号に付帯関連する一切の事業

（本店の所在地）
第3条　当会社は、本店を東京都○○区に置く。

（公告方法）
第4条　当会社の公告方法は、官報に掲載する方法とする。

第2章　株　式

（発行可能株式総数）
第5条　当会社の発行可能株式総数は、○○○○株とする。

（株式の譲渡制限）
第6条　当会社の発行する株式は、すべて譲渡制限株式とする。
　2　当会社の株式を譲渡により取得するには、株主総会の普通決議による承認を要する。

（株式の相続人に対する売渡請求）
第7条 当会社は、相続により当会社の株式を取得した者に対し、当該株式を当会社に売り渡すことを請求することができる。

（株券の不発行）
第8条 当会社の株式に係る株券は、これを発行しない。

（株主名簿記載事項の記載又は記録の請求）
第9条 当会社の株式を当会社以外の者から取得した者が、当会社に対し、当該株式に係る株主名簿記載事項を株主名簿に記載し、又は記録することを請求するには、法令により共同してすることを要しないものとされる場合を除き、その取得した株式の株主として株主名簿に記載され、若しくは記録された者又はその相続人その他の一般承継人と共同して、当会社所定の書式による請求書に署名又は記名押印のうえ、これを当会社に提出しなければならない。

（募集株式の割当てを受ける権利）
第10条 当会社の株主（当会社を除く。）は、その有する株式の数に応じて募集株式の割当てを受ける権利を有する。ただし、当該株主が割当てを受ける募集株式の数に1株に満たない端数があるときは、これを切り捨てる。
2 前項の規定は、株主総会の特別決議により、募集株式の割当てに関し、これと異なる定めをすることを妨げるものではない。

（基準日）
第11条 当会社は、毎事業年度末日の最終の株主名簿に記載又は記録された議決権を有する株主をもって、その事業年度に関する定時株主総会において議決権を行使することができる株主とする。
2 前項のほか、株主又は登録株式質権者として権利を行使することができる者を確定するため必要がある場合には、2週間前に公告して、臨時に基準日を定めることができる。

第3章　株主総会

（権限）
第12条　株主総会は、法令に規定する事項及び当会社の組織、運営、管理その他当会社に関する一切の事項について決議をすることができる。

（招集）
第13条　定時株主総会は、毎事業年度末日の翌日から3か月以内に招集し、臨時株主総会は必要がある場合に招集する。
2　株主総会は、法令に別段の定めがある場合を除くほか、社長たる取締役が招集する。
3　株主総会を招集するには、会日より5日前までに、議決権を行使することができる株主に対してその通知を発しなければならない。

（招集手続の省略）
第14条　株主総会は、法令に別段の定めがある場合を除き、その株主総会において議決権を行使することができる株主の全員の同意があるときは、招集の手続を経ることなく開催することができる。

（議長）
第15条　株主総会の議長は、社長たる取締役がこれに当たる。ただし、社長たる取締役に事故又は支障があるときは、株主総会がこれを選任する。

（決議の方法）
第16条　株主総会の普通決議は、法令又は本定款に別段の定めがある場合を除き、出席した議決権を行使することができる株主の議決権の過半数をもって行う。
2　会社法第309条第2項による株主総会の特別決議は、当該株主総会において議決権を行使することができる株主の議決権の3分の1以上を有する株主が出席し、出席した当該株主の議決権の3分の2以上に当たる多数をもって行う。

（議決権の代理行使）
第17条 株主が代理人によってその議決権を行使する場合の代理人は当会社の株主とし、その人数は1名とする。

（決議等の省略）
第18条 取締役又は株主が株主総会の目的である事項について提案をした場合において、当該提案につき株主（当該事項について議決権を行使することができるものに限る。）の全員が、書面又は電磁的記録により同意の意思表示をしたときは、当該提案を可決する旨の株主総会の決議があったものとみなす。
2　取締役が株主の全員に対して株主総会に報告すべき事項を通知した場合において、当該事項を株主総会に報告することを要しないことにつき株主の全員が書面又は電磁的記録により同意の意思表示をしたときは、当該事項の株主総会への報告があったものとみなす。

（議事録）
第19条 株主総会の議事録は、書面又は電磁的記録をもって作成し、これに議事の経過の要領及びその結果その他法令に定める事項を記載又は記録しなければならない。

第4章　取締役

（取締役の員数）
第20条 取締役は、1名以上とする。

（選解任の方法）
第21条 取締役は、当会社の株主の中から選任する。ただし、必要があるときは、株主以外の者から選任することを妨げない。
2　取締役を選任する株主総会の決議は、議決権を行使することができる株主の議決権の3分の1以上を有する株主が出席し、出席した当該株主の議決権の過半数をもって行わなければならない。
3　取締役を解任する株主総会の決議は、議決権を行使することができる株

主の議決権の過半数を有する株主が出席し、出席した当該株主の議決権の過半数をもって行わなければならない。
4　取締役の選任については、累積投票によらない。

（取締役の任期）
第22条　取締役の任期は、選任後10年以内に終了する事業年度のうち最終のものに関する定時株主総会の終結の時までとする。
2　任期の満了前に退任した取締役の補欠として、又は増員により選任された取締役の任期は、退任した取締役又は他の在任取締役の任期の満了する時までとする。

（代表取締役及び社長）
第23条　当会社に取締役が2名以上いるときは、代表取締役1名を置き、取締役の互選によって定める。
2　代表取締役は社長とする。
3　取締役が1名のときは、当該取締役を社長とする。

（業務執行）
第24条　当会社に取締役が2名以上いるときは、当会社の業務は、取締役の過半数をもって決定する。

（取締役の報酬等）
第25条　取締役の報酬、賞与その他の職務執行の対価として当会社から受ける財産上の利益は、株主総会の決議によって定める。

第5章　計　算

（事業年度）
第26条　当会社の事業年度は、毎年〇月〇日から翌年〇月〇〇日までの年1期とする。

（剰余金の配当）
第27条 当会社は、毎事業年度末日の最終の株主名簿に記載又は記録された株主又は登録株式質権者に対して、剰余金の配当を行う。
2 金銭による剰余金の配当が、支払開始の日から満3年を経過してもなお受領されないときは、当会社はその支払義務を免れる。
3 前項の配当金には利息を付さない。

第6章 附　則

（設立に際して出資される財産の最低額）
第28条 当会社の設立に際して出資される財産の最低額は、金〇〇〇円とする。

（最初の事業年度）
第29条 当会社の最初の事業年度は、当会社の成立の日から平成〇〇年〇月〇〇日までとする。

（設立時取締役）
第30条 当会社の設立時取締役は、次のとおりとする。
　設立時取締役　甲野太郎
　設立時取締役　乙野次郎

（発起人の氏名及び住所）
第31条 当会社の発起人の氏名及び住所は、次のとおりである。
　東京都〇〇区〇〇一丁目〇番〇号　甲野太郎
　東京都〇〇区〇〇二丁目〇番〇号　乙野次郎

定款例B【株主総会＋取締役＋監査役】

第1章　総　則

（商号）
第1条　当会社は、株式会社〇〇と称する。

（目的）
第2条　当会社は、次の事業を営むことを目的とする。
　(1)　〇〇〇〇
　(2)　〇〇〇〇
　(3)　前各号に付帯関連する一切の事業

（本店の所在地）
第3条　当会社は、本店を東京都〇〇区に置く。

（公告方法）
第4条　当会社の公告方法は、官報に掲載する方法とする。

第2章　株　式

（発行可能株式総数）
第5条　当会社の発行可能株式総数は、〇〇〇〇株とする。

（株式の譲渡制限）
第6条　当会社の発行する株式は、すべて譲渡制限株式とする。
2　当会社の株式を譲渡により取得するには、株主総会の普通決議による承認を要する。

（株式の相続人に対する売渡請求）
第7条　当会社は、相続により当会社の株式を取得した者に対し、当該株式を当会社に売り渡すことを請求することができる。

（株券の不発行）
第8条　当会社の株式に係る株券は、これを発行しない。

（株主名簿記載事項の記載又は記録の請求）
第9条　当会社の株式を当会社以外の者から取得した者が、当会社に対し、当該株式に係る株主名簿記載事項を株主名簿に記載し、又は記録することを請求するには、法令により共同してすることを要しないものとされる場合を除き、その取得した株式の株主として株主名簿に記載され、若しくは記録された者又はその相続人その他の一般承継人と共同して、当会社所定の書式による請求書に署名又は記名押印のうえ、これを当会社に提出しなければならない。

（募集株式の割当てを受ける権利）
第10条　当会社の株主（当会社を除く。）は、その有する株式の数に応じて募集株式の割当てを受ける権利を有する。ただし、当該株主が割当てを受ける募集株式の数に1株に満たない端数があるときは、これを切り捨てる。
2　前項の規定は、株主総会の特別決議により、募集株式の割当てに関し、これと異なる定めをすることを妨げるものではない。

（基準日）
第11条　当会社は、毎事業年度末日の最終の株主名簿に記載又は記録された議決権を有する株主をもって、その事業年度に関する定時株主総会において議決権を行使することができる株主とする。
2　前項のほか、株主又は登録株式質権者として権利を行使することができる者を確定するため必要がある場合には、2週間前に公告して、臨時に基準日を定めることができる。

第3章 株主総会

（権限）
第12条 株主総会は、法令に規定する事項及び当会社の組織、運営、管理その他当会社に関する一切の事項について決議をすることができる。

（招集）
第13条 定時株主総会は、毎事業年度末日の翌日から3か月以内に招集し、臨時株主総会は必要がある場合に招集する。
2 株主総会は、法令に別段の定めがある場合を除くほか、社長たる取締役が招集する。
3 株主総会を招集するには、会日より5日前までに、議決権を行使することができる株主に対してその通知を発しなければならない。

（招集手続の省略）
第14条 株主総会は、法令に別段の定めがある場合を除き、その株主総会において議決権を行使することができる株主の全員の同意があるときは、招集の手続を経ることなく開催することができる。

（議長）
第15条 株主総会の議長は、社長たる取締役がこれに当たる。ただし、社長たる取締役に事故又は支障があるときは、株主総会がこれを選任する。

（決議の方法）
第16条 株主総会の普通決議は、法令又は本定款に別段の定めがある場合を除き、出席した議決権を行使することができる株主の議決権の過半数をもって行う。
2 会社法第309条第2項による株主総会の特別決議は、当該株主総会において議決権を行使することができる株主の議決権の3分の1以上を有する株主が出席し、出席した当該株主の議決権の3分の2以上に当たる多数をもって行う。

（議決権の代理行使）
第17条　株主が代理人によってその議決権を行使する場合の代理人は当会社の株主とし、その人数は1名とする。

（決議等の省略）
第18条　取締役又は株主が株主総会の目的である事項について提案をした場合において、当該提案につき株主（当該事項について議決権を行使することができるものに限る。）の全員が、書面又は電磁的記録により同意の意思表示をしたときは、当該提案を可決する旨の株主総会の決議があったものとみなす。
2　取締役が株主の全員に対して株主総会に報告すべき事項を通知した場合において、当該事項を株主総会に報告することを要しないことにつき株主の全員が書面又は電磁的記録により同意の意思表示をしたときは、当該事項の株主総会への報告があったものとみなす。

（議事録）
第19条　株主総会の議事録は、書面又は電磁的記録をもって作成し、これに議事の経過の要領及びその結果その他法令に定める事項を記載又は記録しなければならない。

第4章　取締役

（取締役の員数）
第20条　取締役は、1名以上とする。

（選解任の方法）
第21条　取締役は、当会社の株主の中から選任する。ただし、必要があるときは、株主以外の者から選任することを妨げない。
2　取締役を選任する株主総会の決議は、議決権を行使することができる株主の議決権の3分の1以上を有する株主が出席し、出席した当該株主の議決権の過半数をもって行わなければならない。
3　取締役を解任する株主総会の決議は、議決権を行使することができる株

主の議決権の過半数を有する株主が出席し、出席した当該株主の議決権の過半数をもって行わなければならない。
4　取締役の選任については、累積投票によらない。

（取締役の任期）
第22条　取締役の任期は、選任後10年以内に終了する事業年度のうち最終のものに関する定時株主総会の終結の時までとする。
2　任期の満了前に退任した取締役の補欠として、又は増員により選任された取締役の任期は、退任した取締役又は他の在任取締役の任期の満了する時までとする。

（代表取締役及び社長）
第23条　当会社に取締役が２名以上いるときは、代表取締役１名を置き、取締役の互選によって定める。
2　代表取締役は社長とする。
3　取締役が１名のときは、当該取締役を社長とする。

（業務執行）
第24条　当会社に取締役が２名以上いるときは、当会社の業務は、取締役の過半数をもって決定する。

（取締役の報酬等）
第25条　取締役の報酬、賞与その他の職務執行の対価として当会社から受ける財産上の利益（以下「報酬等」という。）は、株主総会の決議によって定める。

第５章　監査役

（監査役設置会社）
第26条　当会社は監査役を置き、監査役は１名以上とする。

（選解任の方法）
第27条 監査役は、当会社の株主の中から選任する。ただし、必要があるときは株主以外の者から選任することを妨げない。
2　監査役を選任する株主総会の決議は、議決権を行使することができる株主の議決権の3分の1以上を有する株主が出席し、出席した当該株主の議決権の過半数をもって行わなければならない。
3　監査役を解任する株主総会の決議は、議決権を行使することができる株主の議決権の3分の1以上を有する株主が出席し、出席した当該株主の議決権の過半数をもって行わなければならない。

（監査役の任期）
第28条 監査役の任期は、選任後10年以内に終了する事業年度のうち最終のものに関する定時株主総会の終結の時までとする。
2　任期の満了前に退任した監査役の補欠として選任された監査役の任期は、退任した監査役の任期の満了する時までとする。

（監査役の報酬等）
第29条 監査役の報酬等は、株主総会の決議によって定める。

第6章　計　算

（事業年度）
第30条 当会社の事業年度は、毎年〇月〇日から翌年〇月〇〇日までの年1期とする。

（剰余金の配当）
第31条 当会社は、毎事業年度末日の最終の株主名簿に記載又は記録された株主又は登録株式質権者に対して、剰余金の配当を行う。
2　金銭による剰余金の配当が、支払開始の日から満3年を経過してもなお受領されないときは、当会社はその支払義務を免れる。
3　前項の配当金には利息を付さない。

第7章　附　則

（設立に際して出資される財産の最低額）
第32条　当会社の設立に際して出資される財産の最低額は、金○○○円とする。

（最初の事業年度）
第33条　当会社の最初の事業年度は、当会社の成立の日から平成○○年○月○○日までとする。

（設立時取締役等）
第34条　当会社の設立時取締役及び設立時監査役は、次のとおりとする。
　　設立時取締役　　甲野太郎
　　設立時取締役　　乙野次郎
　　設立時監査役　　丙野三郎

（発起人の氏名及び住所）
第35条　当会社の発起人の氏名及び住所は、次のとおりである。
　　東京都○○区○○一丁目○番○号　　甲野太郎
　　東京都○○区○○二丁目○番○号　　乙野次郎

定款例Ｃ【株主総会＋取締役会＋監査役】

第1章　総　則

（商号）
第1条　当会社は、株式会社○○と称する。

（目的）
第2条　当会社は、次の事業を営むことを目的とする。
　(1)　○○○○
　(2)　○○○○
　(3)　前各号に付帯関連する一切の事業

（本店の所在地）
第3条　当会社は、本店を東京都○○区に置く。

（公告方法）
第4条　当会社の公告方法は、官報に掲載する方法とする。

第2章　株　式

（発行可能株式総数）
第5条　当会社の発行可能株式総数は、○○○○株とする。

（株式の譲渡制限）
第6条　当会社の発行する株式は、すべて譲渡制限株式とする。
　2　当会社の株式を譲渡により取得するには、取締役会の承認を要する。

（株式の相続人に対する売渡請求）
第7条　当会社は、相続により当会社の株式を取得した者に対し、当該株式を当会社に売り渡すことを請求することができる。

（株券の不発行）
第8条　当会社の株式に係る株券は、これを発行しない。

（株主名簿記載事項の記載又は記録の請求）
第9条　当会社の株式を当会社以外の者から取得した者が、当会社に対し、当該株式に係る株主名簿記載事項を株主名簿に記載し、又は記録することを請求するには、法令により共同してすることを要しないものとされる場合を除き、その取得した株式の株主として株主名簿に記載され、若しくは記録された者又はその相続人その他の一般承継人と共同して、当会社所定の書式による請求書に署名又は記名押印のうえ、これを当会社に提出しなければならない。

（募集株式の割当てを受ける権利）
第10条　当会社の株主（当会社を除く。）は、その有する株式の数に応じて募集株式の割当てを受ける権利を有する。ただし、当該株主が割当てを受ける募集株式の数に1株に満たない端数があるときは、これを切り捨てる。
2　前項の規定は、株主総会の特別決議により、募集株式の割当てに関し、これと異なる定めをすることを妨げるものではない。

（基準日）
第11条　当会社は、毎事業年度末日の最終の株主名簿に記載又は記録された議決権を有する株主をもって、その事業年度に関する定時株主総会において議決権を行使することができる株主とする。
2　前項のほか、株主又は登録株式質権者として権利を行使することができる者を確定するため必要がある場合には、2週間前に公告して、臨時に基準日を定めることができる。

第3章　株主総会

（権限）
第12条　株主総会は、法令に規定する事項及び本定款で定めた事項に限り、決議をすることができる。

（招集）
第13条　定時株主総会は、毎事業年度末日の翌日から3か月以内に招集し、臨時株主総会は必要がある場合に招集する。
2　株主総会は、法令に別段の定めがある場合を除き、取締役会の決議により社長たる取締役が招集する。ただし、社長たる取締役に事故又は支障があるときは、あらかじめ取締役会の決議をもって定めたところに従い、他の取締役が招集する。
3　株主総会を招集するには、会日より1週間前までに、議決権を行使することができる株主に対してその通知を発しなければならない。

（招集手続の省略）
第14条　株主総会は、法令に別段の定めがある場合を除き、その株主総会において議決権を行使することができる株主の全員の同意があるときは、招集の手続を経ずにこれを開催することができる。

（議長）
第15条　株主総会の議長は、社長たる取締役がこれに当たる。ただし、社長たる取締役に事故又は支障があるときは、あらかじめ取締役会の決議をもって定めたところに従い、他の取締役が議長となる。

（決議の方法）
第16条　株主総会の普通決議は、法令又は本定款に別段の定めがある場合を除き、出席した議決権を行使することができる株主の議決権の過半数をもって行う。
2　会社法第309条第2項による株主総会の特別決議は、当該株主総会にお

いて議決権を行使することができる株主の議決権の3分の1以上を有する株主が出席し、出席した当該株主の議決権の3分の2以上に当たる多数をもって行う。

（議決権の代理行使）
第17条 株主が代理人によってその議決権を行使する場合の代理人は当会社の株主とし、その人数は1名とする。

（決議等の省略）
第18条 取締役又は株主が株主総会の目的である事項について提案をした場合において、当該提案につき株主（当該事項について議決権を行使することができるものに限る。）の全員が、書面又は電磁的記録により同意の意思表示をしたときは、当該提案を可決する旨の株主総会の決議があったものとみなす。
2　取締役が株主の全員に対して株主総会に報告すべき事項を通知した場合において、当該事項を株主総会に報告することを要しないことにつき株主の全員が書面又は電磁的記録により同意の意思表示をしたときは、当該事項の株主総会への報告があったものとみなす。

（議事録）
第19条 株主総会の議事録は、書面又は電磁的記録をもって作成し、これに議事の経過の要領及びその結果その他法令に定める事項を記載又は記録しなければならない。

第4章　取締役、取締役会及び代表取締役

（取締役の員数）
第20条 取締役は、3名以上とする。
2　当会社は取締役会を置く。

（選解任の方法）
第21条 取締役は、当会社の株主の中から選任する。ただし、必要があると

きは、株主以外の者から選任することを妨げない。
2 　取締役を選任する株主総会の決議は、議決権を行使することができる株主の議決権の3分の1以上を有する株主が出席し、出席した当該株主の議決権の過半数をもって行わなければならない。
3 　取締役を解任する株主総会の決議は、議決権を行使することができる株主の議決権の過半数を有する株主が出席し、出席した当該株主の議決権の過半数をもって行わなければならない。
4 　取締役の選任については、累積投票によらない。

（取締役の任期）
第22条　取締役の任期は、選任後10年以内に終了する事業年度のうち最終のものに関する定時株主総会の終結の時までとする。
2 　任期の満了前に退任した取締役の補欠として、又は増員により選任された取締役の任期は、退任した取締役又は他の在任取締役の任期の満了する時までとする。

（代表取締役及び役付取締役）
第23条　取締役会は、取締役の中から代表取締役を選定しなければならない。
2 　代表取締役は当会社を代表し、業務を執行する。
3 　取締役会は、取締役の中から取締役社長1名を定め、必要に応じ、取締役会長1名並びに取締役副社長、専務取締役及び常務取締役各若干名を定めることができる。ただし、取締役社長は代表取締役でなければならない。

（取締役会の招集及び議長）
第24条　取締役会は、法令に別段の定めがある場合を除き、取締役社長がこれを招集し、その議長となる。ただし、取締役社長に事故又は支障があるときは、あらかじめ取締役会の決議をもって定めたところに従い、他の取締役がこれに代わる。
2 　取締役会を招集するには、会日より3日前までに、各取締役及び監査役に対して招集通知を発しなければならない。ただし、緊急の必要があると

きは、この期間を短縮することができる。
3　前項の規定にかかわらず、取締役会は、取締役及び監査役の全員の同意があるときは、招集の手続を経ることなく開催することができる。

（決議の方法）
第25条　取締役会の決議は、議決に加わることができる取締役の過半数が出席し、その過半数をもって行う。

（決議の省略）
第26条　取締役が取締役会の決議の目的である事項について提案をした場合において、当該提案につき、取締役（当該事項について議決に加わることができるものに限る。）の全員が書面又は電磁的記録により同意の意思表示をしたときは、当該提案を可決する旨の取締役会の決議があったものとみなす。ただし、監査役が当該提案について異議を述べたときはこの限りでない。

（議事録）
第27条　取締役会の議事録は、書面又は電磁的記録をもって作成するものとし、これに議事の経過の要領及びその結果その他法令に定める事項を記載又は記録し、出席した取締役及び監査役がこれに署名若しくは記名押印又は電子署名する。

（取締役の報酬等）
第28条　取締役の報酬、賞与その他の職務執行の対価として当会社から受ける財産上の利益（以下「報酬等」という。）は、株主総会の決議によって定める。

（取締役の責任免除）
第29条　当会社は、取締役会の決議によって、会社法第426条第１項の規定により、取締役（取締役であった者を含む。）の会社法第423条第１項の責任を、法令の限度において免除することができる。

(社外取締役との責任限定契約)
第30条 当会社は、会社法第427条第1項の規定により、社外取締役と、会社法第423条第1項の責任を限定する契約を締結することができる。
2 前項に規定する責任限定契約において、会社法第427条第1項に規定する定款所定の額は、金○○○円とする。

第5章 監査役

(監査役設置会社)
第31条 当会社は監査役を置き、監査役は1名以上とする。

(選解任の方法)
第32条 監査役は、当会社の株主の中から選任する。ただし、必要があるときは株主以外の者から選任することを妨げない。
2 監査役を選任する株主総会の決議は、議決権を行使することができる株主の議決権の3分の1以上を有する株主が出席し、出席した当該株主の議決権の過半数をもって行わなければならない。
3 監査役を解任する株主総会の決議は、議決権を行使することができる株主の議決権の3分の1以上を有する株主が出席し、出席した当該株主の議決権の過半数をもって行わなければならない。

(監査役の任期)
第33条 監査役の任期は、選任後10年以内に終了する事業年度のうち最終のものに関する定時株主総会の終結の時までとする。
2 任期の満了前に退任した監査役の補欠として選任された監査役の任期は、退任した監査役の任期の満了する時までとする。

(監査役の報酬等)
第34条 監査役の報酬等は、株主総会の決議によって定める。

(監査役の責任免除)
第35条 当会社は、取締役会の決議によって、会社法第426条第1項の規定

により、監査役（監査役であった者を含む。）の会社法第423条第1項の責任を、法令の限度において免除することができる。

（社外監査役との責任限定契約）
第36条　当会社は、会社法第427条第1項の規定により、社外監査役と、会社法第423条第1項の責任を限定する契約を締結することができる。
2　前項に規定する責任限定契約において、会社法第427条第1項に規定する定款所定の額は、金〇〇〇円とする。

第6章　計　算

（事業年度）
第37条　当会社の事業年度は、毎年〇月〇日から翌年〇月〇〇日までの年1期とする。

（剰余金の配当）
第38条　当会社は、毎事業年度末日の最終の株主名簿に記載又は記録された株主又は登録株式質権者に対して、剰余金の配当を行う。
2　金銭による剰余金の配当が、支払開始の日から満3年を経過してもなお受領されないときは、当会社はその支払義務を免れる。
3　前項の配当金には利息を付さない。

第7章　附　則

（設立に際して出資される財産の最低額）
第39条　当会社の設立に際して出資される財産の最低額は、金〇〇〇円とする。

（最初の事業年度）
第40条　当会社の最初の事業年度は、当会社の成立の日から平成〇〇年〇月〇〇日までとする。

第3部　条文編

（設立時取締役等）

第41条　当会社の設立時取締役及び設立時監査役は、次のとおりとする。
　　設立時取締役　　甲野太郎
　　設立時取締役　　乙野次郎
　　設立時取締役　　丙野三郎
　　設立時監査役　　丁野四郎

（発起人の氏名及び住所）

第42条　当会社の発起人の氏名及び住所は、次のとおりである。
　　東京都〇〇区〇〇一丁目〇番〇号　甲野太郎
　　東京都〇〇区〇〇二丁目〇番〇号　乙野次郎
　　東京都〇〇区〇〇三丁目〇番〇号　丙野三郎
　　東京都〇〇区〇〇四丁目〇番〇号　丁野四郎

特例有限会社の定款例

第1章　総　則

（商号）
第1条　当会社は、有限会社○○と称する。

（目的）
第2条　当会社は、次の事業を営むことを目的とする。
　(1)　○○
　(2)　○○
　(3)　前各号に付帯関連する一切の業務

（本店の所在地）
第3条　当会社は、本店を東京都○○区に置く。

（公告方法）
第4条　当会社の公告方法は、官報に掲載する方法とする。

第2章　株　式

（発行可能株式総数）
第5条　当会社の発行可能株式総数は、○○株とする。

（株式の譲渡制限）
第6条　当会社の株式を譲渡により取得することには、当会社の承認を要する。当会社の株主が当会社の株式を譲渡により取得する場合においては当会社が承認したものとみなす。

2　前項の承認機関は、代表取締役とする。

（株式の相続制限）
第7条　当会社は、相続により当会社の株式を取得した者に対し、当該株式を当会社に売り渡すことを請求することができる。

（株主名簿記載事項の記載又は記録の請求）
第8条　当会社の株式を当会社以外の者から取得した者が、当会社に対し、当該株式に係る株主名簿記載事項を株主名簿に記載し、又は記録することを請求するには、法令により共同してすることを要しないものとされる場合を除き、その取得した株式の株主として株主名簿に記載され、若しくは記録された者又はその相続人その他の一般承継人と共同して、当会社所定の書式による請求書に署名又は記名押印のうえ、これを当会社に提出しなければならない。

（基準日）
第9条　当会社は、毎事業年度末日の最終の株主名簿に記載又は記録された議決権を有する株主をもって、その事業年度に関する定時株主総会において権利を行使することができる株主とする。
2　前項のほか、株主又は登録株式質権者として権利を行使することができる者を確定するため必要があるときは、取締役はあらかじめ公告して臨時に基準日を定めることができる。

第3章　株主総会

（株主総会決議事項）
第10条　株主総会は、会社法に規定する事項及び株式会社の組織、運営、管理その他株式会社に関する一切の事項について決議をすることができる。

（招集）
第11条　定時株主総会は、毎事業年度末日の翌日から3か月以内に招集し、臨時株主総会は必要がある場合に招集する。

2　株主総会は、法令に別段の定めがある場合を除くほか、社長たる取締役が招集する。
3　株主総会を招集するには、会日より5日前までに、株主に対してその通知を発しなければならない。

（招集手続の省略）
第12条　株主総会は、法令に別段の定めがある場合を除き、その株主総会において議決権を行使することができる株主の全員の同意があるときは、招集の手続を経ずにこれを開催することができる。

（議長）
第13条　株主総会の議長は、社長たる取締役がこれに当たる。ただし、社長たる取締役に事故又は支障があるときは、株主総会がこれを選任する。

（決議の方法）
第14条　株主総会の決議は、法令又は定款に別段の定めがある場合を除き、出席した株主の議決権の過半数をもって行う。
2　会社法第309条第2項に定める決議は、総株主の半数以上であって、当該株主の議決権の4分の3以上に当たる多数をもって行う。

（議決権の代理行使）
第15条　株主が代理人によってその議決権を行使する場合の代理人は、当会社の株主とし、その人数は1名とする。

（決議等の省略）
第16条　取締役又は株主が株主総会の目的である事項について提案をした場合において、当該提案につき議決権を行使することができる株主の全員が、書面又は電磁的記録により同意の意思表示をしたときは、当該提案を可決する旨の株主総会の決議があったものとみなす。
2　取締役が株主の全員に対して株主総会に報告すべき事項を通知した場合において、当該事項を株主総会に報告することを要しないことにつき株主の全員が書面又は電磁的記録により同意の意思表示をしたときは、当該事

項の株主総会への報告があったものとみなす。

（議事録）
第17条 株主総会の議事録は、書面又は電磁的記録をもって作成し、これに議事の経過の要領及びその結果その他法令に定める事項を記載又は記録しなければならない。

第4章　株主総会以外の機関

（取締役の員数）
第18条 取締役は、1名以上とする。

（監査役の設置及び監査役の員数）
第19条 当会社は、監査役1名を置く。
2　監査役の監査の範囲は、会計に関するものに限定する。

（取締役及び監査役の選任）
第20条 当会社の取締役及び監査役は、当会社の株主の中から選任する。ただし、必要があるときは、株主以外の者から選任することを妨げない。
2　取締役及び監査役の選任決議は、株主総会において、議決権を行使することができる株主の議決権の3分の1以上を有する株主が出席し、出席した当該株主の議決権の過半数をもって行う。
3　取締役の選任決議は、累積投票によらないものとする。

（代表取締役及び社長）
第21条 当会社に取締役が2名以上いるときは、代表取締役1名を置き、取締役の互選によって定める。
2　代表取締役は社長とする。
3　取締役が1名のときは、当該取締役を社長とする。

（報酬等）
第22条 取締役及び監査役の報酬、賞与その他の職務執行の対価として当会

社から受ける財産上の利益は、株主総会の決議によって定める。

第5章　計　算

（事業年度）
第23条　当会社の事業年度は、毎年〇月〇日から翌年〇月〇日までとする。

（剰余金の配当）
第24条　剰余金の配当は、毎事業年度末日現在の最終の株主名簿に記載又は記録された株主及び登録株式質権者に対して行う。
2　剰余金の配当がその支払開始の日から満3年を経過しても受領されないときは、当会社は、その支払義務を免れる。
3　前項の配当金には利息を付さない。

第6章　附　則

（定款に定めのない事項）
第25条　本定款に定めのない事項は、すべて会社法その他の法令の定めるところによる。

サービス・インフォメーション
─────────────────── 通話無料 ───
① 商品に関するご照会・お申込みのご依頼
　　　　TEL 0120(203)694／FAX 0120(302)640
② ご住所・ご名義等各種変更のご連絡
　　　　TEL 0120(203)696／FAX 0120(202)974
③ 請求・お支払いに関するご照会・ご要望
　　　　TEL 0120(203)695／FAX 0120(202)973

●フリーダイヤル（TEL）の受付時間は、土・日・祝日を除く
　9:00〜17:30です。
●FAXは24時間受け付けておりますので、あわせてご利用ください。

増補改訂版　会社法　中小企業モデル定款
　　──株式譲渡制限会社定款参考例──

平成23年7月30日　初版発行

編　者　全国中小企業団体中央会
発行者　田　中　英　弥
発行所　第一法規株式会社
　　　　〒107-8560　東京都港区南青山2-11-17
　　　　ホームページ　http://www.daiichihoki.co.jp/

中小企業モデル改　ISBN978-4-474-02710-7　C2032　(2)

Ⓒ 2011, 全国中小企業団体中央会　　Printed in Japan